JN028270

グローバル経済の歴史

河﨑信樹・村上 衛・山本千映 ［著］

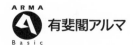

ARMA
A
Basic
有斐閣アルマ

●**各部扉** 関連のある写真とともに，各部で学ぶことや全体のなかでの位置づけを述べている。各章を読み進める前に，これから各部で学ぶことのイメージをもってほしい。

●**各部の見取り図** 各部扉の裏に，部内の章や節の関係を図示している。これは各章を読み進めていく際の「地図」である。各章の関係や位置づけがわからなくなったときなどに参照してほしい。

●**各節の問いかけ** 各章は節に分かれていて，節番号が付いている。各節の冒頭には，その節で学ぶべき事柄について，漠然と読み進んでしまわないよう，重要な事柄について問いかけを置いている。ぜひ問いかけを念頭に置きながら読み進んでほしい。

●***Column*** 本文中には Column が挿入されている。その章で学ぶ内容に関連深いテーマが取り上げられている。ぜひ本文とあわせて読んでほしい。

●**ゴチック体** 各節冒頭の問いかけに応ずる，重要なヒントや答えとなる本文個所をゴチック体で示している。

●**用語解説** 復習や説明が必要と思われる用語については，本文中に（⇨ **解説**）と示し，そのページの下に簡単な解説を付している。

●**章末問題** 章全体で学んだことをもとに考える課題を設けている。復習とさらなる学習に役立ててほしい。

●**参考文献** 各部ごとの参考文献を巻末に置き，一覧できるようにしている。

i

著者紹介 (50音順) ────

Authors
A History of the Global Economy

河﨑信樹 (かわさき のぶき)

研究テーマ　アメリカ経済史
現　在　関西大学政策創造学部教授
主な著作　『アメリカのドイツ政策の史的展開──モーゲンソ
　　　　　ープランからマーシャルプランへ』関西大学出版部,
　　　　　2012年。
　　　　　『現代アメリカの経済社会──理念とダイナミズム』
　　　　　(共著), 東京大学出版会, 2018年。

村上　衛 (むらかみ えい)

研究テーマ　中国近代社会経済史
現　在　京都大学人文科学研究所准教授
主な著作　『近現代中国における社会経済制度の再編』(編著),
　　　　　京都大学人文科学研究所附属現代中国センター, 2016
　　　　　年。
　　　　　『海の近代中国──福建人の活動とイギリス・清朝』
　　　　　名古屋大学出版会, 2013年。

山本千映 (やまもと ちあき)

研究テーマ　イギリス経済史
現　在　大阪大学大学院経済学研究科教授
主な著作　「生活水準の比較史──イギリスと日本」秋田茂・
　　　　　桃木至朗編著『グローバルヒストリーから考える新し
　　　　　い大学歴史教育──日本史と世界史のあいだで』大阪
　　　　　大学出版会, 2020年, 所収。
　　　　　『西洋経済史』(共著), 有斐閣, 2010年。
　　　　　"Two Labour Markets in Nineteenth-century English
　　　　　Agriculture: the Trentham Home Farm, Staffordshire,"
　　　　　Rural History, 15(1), 2004.

序章　グローバル化と経済史

第1部　前・近代の経済
グローバル化へのあゆみ

第1章　グローバル化以前の世界（～15世紀）

多様な経済

第**2**部　長い**19**世紀
グローバル経済の成立

第**5**章　工業化の開始と普及

機械制生産の広がり

第6章　ヒト・モノ・カネの移動の拡大と制度的枠組みの変化
グローバル化のインフラストラクチュア

第8章 | 工業化の新しい波と世界大戦
新興国の台頭と国際秩序の変化

第3部　停滞から再始動へ
グローバル化の新たな展開

第9章 | 世界大恐慌とグローバル化の停滞
両大戦間期の世界経済

第**10**章　再始動するグローバル化
自由貿易体制の再建と金融グローバル化

第**11**章　グローバル化と開発

自由貿易体制とどう向き合うのか？

第**12**章　加速するグローバル化

多極化する世界経済

終章 グローバル化の行方

Column 一覧

序章 | グローバル化と経済史

世界経済の中心はどこか、と問われた場合、以前のように欧米や日本であると即答できなくなりつつある。世界経済の中心が欧米からアジア・太平洋地域にシフトしているからである。今後も、ペースに変化はあっても、その傾向は変わらないであろう。こうした変化を後押ししているのがグローバル化である。本書ではグローバル化を、地球規模での世界の一体化と定義する。つまり、地球規模での交流や相互依存関係が維持・拡大し、深まっていく現象を指す。

20世紀末以降のこうしたグローバル化の進展によって世界各地で経済的な関係が深まり、異なる背景をもつ人間相互の交渉や、企業をはじめとする組織同士の接触が増えるに従って、ビジネス上のトラブルをはじめとしてさまざまな摩擦も生じ、世界各地の経済面における個性も明らかになってきている。

このような状況のなかで、依然として日本における経済史の叙述は、西欧経済史および日本経済史といったきわめて限られた地域を対象とする研究から導かれた考え方に基づいて叙述される傾向にある。こうした「世界経済史」にアジア経済史などが含まれるとしても、その多くは西欧・日本経済史の付け足しに過ぎず、叙述の中核には組み込まれていない。

しかし、欧米や日本のみを経済発展の基準とした「世界」経済史のとらえ方では、現在の世界の動向を理解できなくなっている。本書は、こうした転換期に応えるための新しいグローバルな経済史である。

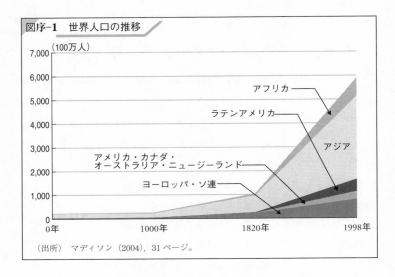

図序-1　世界人口の推移

（100万人）

7,000

6,000

5,000 ── アフリカ

4,000 ── ラテンアメリカ

3,000 ── アジア

アメリカ・カナダ・
オーストラリア・ニュージーランド

2,000

ヨーロッパ・ソ連

1,000

0年　　　　　　1000年　　　　　　1820年　　　　　1998年

（出所）　マディソン（2004），31ページ。

　グローバルな経済史を考える場合，長期的な視野が重要となる。長期的に経済を俯瞰する際には，人口変動を見るのが最もわかりやすい。農業が経済の基幹であり，大多数の人々が農業に従事していた前近代においては，人口は経済規模を一定程度示す。図序-1は世界の人口の推移を示すが，米の単位面積当たりの収穫量は小麦よりはるかに多いため，前近代における東アジア・南アジアを中心とするアジアへの人口の偏りは著しい。各地域における1人当たりの生産や消費に大差がないと思われる1600年頃で見れば，アジアの人口は3億数千万人であったと推計され，1億2000万人程度と推計されているロシアを含むヨーロッパの約3倍の規模をもっていたことがうかがえる。その後のヨーロッパにおける1人当たりの生産性向上を考慮してもヨーロッパとアジアの人口には大差があったから，ヨーロッパにアメリカを加えた大西洋世界に経済の中心があったのはここ200年余りのことと考えられる。したがって，現在，アジア・太平洋地域に経済の中心

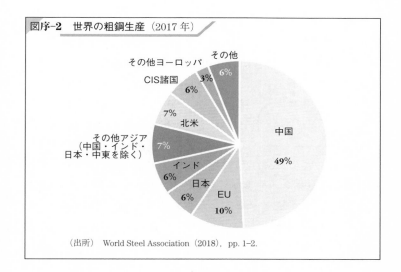

図序-2　世界の粗鋼生産（2017年）

その他　6%
その他ヨーロッパ　3%
CIS諸国　6%
北米　7%
その他アジア
（中国・インド・
日本・中東を除く）　7%
インド　6%
日本　6%
EU　10%
中国　49%

（出所）World Steel Association（2018），pp. 1–2.

が移動しつつあるのは，自然な流れと見ることができる。ちなみに現在はアジアの人口は約45億人，ロシアを含むヨーロッパの人口は8億人余りであるから，人口だけで見るならば，前近代よりもアジアとヨーロッパの差はむしろ拡大していることになる。

　20世紀以降になると，それまで統計史料が比較的少なかったアジア・アフリカ諸地域の統計も充実してくる。したがって，グローバル経済を概観するには，マディソンの作成したGDP推計もある程度有効である。20世紀初頭から20世紀末までの世界の実質GDP推計を見ると，この100年ほどの間に，第一次世界大戦前の西欧（1913年において世界の33.5%）から第二次世界大戦後のアメリカ（1950年に世界の27.3%），さらには日本を含むアジア（1998年に世界の37.2%）へと経済の中心が移動しているのを見てとることができる。

　また，近代化の指標となっていた工業生産について見れば，すでに経済の中心はアジアに移動している。図序-2が示す，世界

の主要国・地域の粗鋼生産の割合を見てもそれは明らかである。ここからも，欧米や日本などの「先進国」を中心とする特定の地域の経済動向のみに注目していては，今後を見通せないことがわかる。

グローバル・ヒストリーの発展

こうした近30年ほどの世界経済の変動やグローバル化を背景としつつ，英語圏を中心にグローバル・ヒストリー研究が進展してきた。先鞭をつけたのは社会学者のウォーラーステインが提起した世界システム論である。ウォーラーステインは16世紀以降に西欧諸国を中核とする資本主義的世界経済が出現し，その世界システムが周辺となったその他の世界を包摂していくという見方を示した。これは従属学派（⇨ **解説** ）の影響を受けた西欧中心的な見方ではあったが，国家の枠組みを超えた世界の一体的理解の重要性を示し，グローバル・ヒストリーの議論を活性化させた。

1990年代以降には英語圏において西欧中心史観を相対化するようなアジア経済史の見直しが進んできた。アジアについて先鞭をつけたのは中国史研究者のビン・ウォンである。ビン・ウォンは『転形期の中国』において従来の比較史が西欧を経済発展の基準とし，その基準に照らして西欧以外の地域が不足している点を指摘してきたのに対し，西欧を基準としないで西欧と中国の比較を行い，歴史的径路における経済的な類似性と政治的な相違点を指摘し，英語圏に新たな比較史の手法を持ち込んだ。次いで従属学派であったフランクが，『リオリエント』を著し，中国が18

解説 従属学派　　世界市場を通じて「周辺」諸地域では「中核」に収奪される経済的体質が作り出されたと見なし，第三世界の近代化は先進国の経済発展に従属する形で行われると主張する，フランクをはじめとする研究者たちを指す。

世紀半ばまで一貫して世界システムの中心にあったとして，ウォーラーステインなどの西欧中心史観を批判し，その見直しを訴えた。

そして，中国史研究者のポメランツが『大分岐』において，18世紀末までのアジアと西欧の中核地域の経済水準に差はなく，その後のアジアと西欧の「大分岐」をもたらしたのは，新大陸と石炭資源へのアクセスの違いという偶然的なものであったことを論じ，英語圏の経済史研究に大きな衝撃を与えた。ポメランツをはじめとする従来の西欧中心史観の見直しを強調する学者たちは「カリフォルニア学派」とも呼ばれ，中国を研究対象とするアジア史研究者を中心とし，どちらかといえば西欧と中国の類似性，あるいは両者が18世紀末までといった一定の時期まで同水準であったことを強調する傾向にある。

ポメランツらによるアジア経済を再評価する研究の衝撃を受け，英語圏では比較経済史研究が進展し，長期的な視野での計量的な研究も進んだ。近年ではイギリス・オランダ・イタリア・スペインと中国・日本・インドを比較したブロードベリーの研究が，北西ヨーロッパと中国の間の大分岐は遅くとも16世紀頃には始まっていたとし，ポメランツが示した分岐の時期に修正を迫っている。そして，①高付加価値で資本集約的かつ人力を節約する農業のあり方，②高い初婚年齢と出生力抑制による人的資本蓄積の進展，③労働供給の柔軟性，④私的所有権の保護や強力な軍隊を維持する国家の存在が，大分岐の原因だと主張している。

グローバル・ヒストリーの課題

以上のような比較経済史は興味深い論点を呈示しており，英語圏の議論の前提となっているからふまえておく必要がある。ただし，依然として課題が残されている。欧米における西欧経済史研究で議論されてきた指標や発想をもとに比較を行い，西欧と

アジアの類似性を強調して多様性を軽視したり，あるいは相違点からその後の西欧とその他の地域の分岐を強調したりするだけでは，現在の世界経済の状況に対応できているとはいいがたい。事実，現在の世界経済の発展のあり方が，先進国と同じ手法を用いて後進国が経済発展するといった単線的なものではなく，より多様であることは，現代中国経済研究者の加藤弘之や梶谷懐あるいは丸川知雄らが指摘してきた近年の中国のユニークな経済発展のあり方を見ても，ますます明らかになりつつある。そもそも，こうした先進国をモデルとした理論や仮説，たとえば新古典派経済学に見られる「市場の自由化」をそのまま適用した一律の経済発展は見られず，経済発展には一定の政治的・制度的な前提条件が必要であることは，すでに開発経済学では長らく論じられてきたことである。

　また，計量的な研究について見れば，欧米・日本と比較した場合の中国における信頼できるデータの不足により，依然として比較が困難な状況にある。たとえばブロードベリーの宋代経済に対する高い評価や，18 世紀初頭から始まる中国の 1 人当たり GDP の低下については，中国において 19 世紀中葉以前の信頼できる統計資料が皆無なこともあって根拠が薄弱で，慎重に再検討する必要があり，そのまま利用することは望ましくない。

　さらに，これらの比較史の多くが近年の中国近代経済史研究の動向を十分反映していない。そのため，中華人民共和国成立以降の中国における歴史的評価，すなわち清朝末期から中華民国期（19 世紀中葉～20 世紀中葉）に対する否定的評価の影響をうけた比較的古い研究に基づき，清末民国期の中国経済について極端に低い評価を与えている点も問題である。我々はこうした英語圏の研究成果を吸収しつつ，その問題点についても十分に意識して使用していく必要がある。

前近代のアジア経済の見直しについていえば，日本ではすでに
1980年代から始まっている。日本経済史の川勝平太は江戸時代
の日本における輸入代替の進展と東アジア開港後のアジア間競争
に注目した。中国経済史の濱下武志は前近代からの連続性を意識
して「朝貢貿易システム」を提起した。アジア経済史の杉原薫は
19世紀末から20世紀初頭にかけてのアジア間貿易の成長率の高
さに着目した。いずれも否定的にとらえられてきたアジア経済の
再評価を行い，国家の枠組みを前提とする一国経済史研究を乗り
越えるものとなった。これらの研究をうけたアジア交易圏論と呼
ばれる一連の研究によって，中国経済史を中心にアジア経済史研
究が進展し，アジア経済史を確立させてきた。したがって，現在
の段階では前近代のアジア経済を再評価するだけでは物足りない。
中国の海関（税関）統計などの計量分析に依存してきたアジア交
易圏論の課題はすでに指摘されており，その後に進展してきた，
より長期的な中国経済の特質について検討する研究にも注意をは
らわなければならない。

　また，日本においては重厚な日本経済史研究が存在しているし，
西洋経済史研究においても，欧米とは異なる独自の進展が見られ
た。さらに，日本におけるアジア経済史研究が20世紀初頭以来
の日本の研究者による中国における調査などの成果を生かしてき
たことや，1980年代以降の明清時代の社会経済史研究の大きな
成果も忘れてはならない。そして，こうした研究成果のほとんど
は日本語で発信され，英語圏では十分に理解されていないから，
英語圏の研究を利用する際にはその点にも留意する必要がある。

　このほか，英語圏を中心に，生産から消費文化へと関心が移っ
てきたこと，世界金融危機の影響もあって世界恐慌やグローバル
な金融システムへの関心が高まったことによる研究成果も，吸収
したほうがよいだろう。

以上の課題をふまえ，本書は，世界的な連動を重視しつつ，比較史の観点を意識して世界の多様性にも注目する。世界的な連動の点では，ヒト・モノ・カネの移動を重視する。比較史の点では，人々の行動様式といったミクロ的な観点も意識し，グローバル化のなかで各地域の多様な個性がいかに変化し，また変化しなかったのかを考え，グローバル化の中身を考えることとする。その際には英語圏をはじめとする欧米の経済史研究，グローバル・ヒストリーの成果を参照するとともに，日本において進展してきた日本経済史・アジア経済史研究，そして西洋経済史研究の成果を吸収し，日本発のグローバルな経済史を考えてみたい。

それでは，グローバルな経済の起点はどこにあると考えればよいのだろうか。人口の増減を見れば，前近代においてもグローバルな連動は存在する。たとえば 14 世紀前半や 17 世紀前半において，同時期にユーラシアの東西，とりわけ中国とヨーロッパで人口が減少している。これは地球規模の気候変動，すなわち寒冷化が農業の生産性に影響を与えたことが背景にある。また，14 世紀前半の場合，ペストがユーラシアの各地域の人口を大幅に減少させているし，17 世紀前半にも疫病が流行している。さらに，寒冷化は遊牧地帯の家畜生産にも大きな打撃を与えたため，寒冷期には遊牧民をはじめとする北方の諸民族が温帯の農耕地帯に南下し，動乱を引き起こすことも多い。こうした複合的要因もあり，3〜5 世紀の古代帝国の崩壊，14 世紀のユーラシアレベルでのモンゴル帝国の崩壊，17 世紀の中国における明清交替や西欧における動乱に見られるように，世界の多くの地域で同時期に政治・社会・経済にまたがる大変動が生じており，前近代におけるグローバルな連動を考える手がかりになる。とはいえ，気候変動の影響は地域によって大きく異なり，こうした危機もユーラシア全体

に等しく影響を与えたわけではない。長期的に見ても，西欧と東アジアは連動している時期もあるが，西欧・東アジアと南アジア・西アジアは連動しないケースも多い。また，東アジア内部においても，中国と日本が連動しない時期も存在し，地域的な差異は大きい。そしてユーラシアと南北アメリカ大陸は，連動していないことが多い。南北アメリカ大陸を含めて，各地の経済圏がつながり，世界が本格的な連動を始めるのは16世紀以降になるだろう。そこで本書では16世紀以降を主たる対象とする。

　もっとも，経済現象は地域によってはほとんど記録されず，資料が存在しないために経済史を描けないこともあり，前近代については記述にかなりの地域的な偏りが生じることは，理解していただきたい。こうした地域的偏りがなくなるのは，欧米の世界進出と植民地拡大によって欧米諸語を中心とする記述資料や欧米人が作成した統計が世界全体を扱っていくようになる19世紀後半以降を待たなければならない。こうした他者の眼による資料の拡大も，まさにグローバル化を示すものであるといえよう。

　本書の構成は3部からなる。第1部はグローバル化が始まった16世紀から18世紀までの時期，時代区分では「近世」といわれる時代を中心とする。まず，グローバル化以前の15世紀までの世界経済を概観したうえで，グローバル化が始まり，生産・商業の拡大や近世国家の成立が見られる16世紀，ユーラシアの両端における危機の時代にもかかわらずグローバル化が継続した17世紀，世界貿易が拡大し，生産・人口の増大が見られる18世紀を取り上げ，グローバル化が本格化する以前の各地域の経済の多様なあり方や課題について考えてみたい。

　第2部は，「長い19世紀」といわれる18世紀末から第一次世界大戦までの時期を扱う。イギリスで始まった工業化が大陸ヨーロッパ諸国やアメリカ合衆国に広がり，新しい技術を用いた鉄道

や蒸気船，電信網により世界の一体化が加速する本格的なグローバル化の時代である。機械制生産による巨大な生産力をもつに至った欧米諸国は，政治的には独立していくラテンアメリカ諸国を経済的に従属させ，アジアやアフリカでも新たな植民地体制を築いていった。他方で，欧米諸国の影響を強くうけつつも，各地域では工業化に向けたさまざまな動きが見られた。真の意味で世界経済が形成されていく過程で，各国・各地域がどのように対応し，どのような問題が生じたのかを考察していく。

第3部は，第一次世界大戦から1990年代までの時期を対象とする。そこでは1920年代におけるグローバル化の再建の動きが世界大恐慌と第二次世界大戦によって途切れ，第二次世界大戦後，アメリカを中心に再びグローバル化の潮流が動き出すなかで，途上国が経済成長へのダイナミズムをつかんでいくプロセスを描く。終章では，グローバル化のなかで生じてきた21世紀における国際経済の構造変化について概観するとともに，一方においてグローバル化のなかで生み出されているさまざまな問題について議論していきたい。

本書を通じて少しでもグローバルな経済史に対する関心が高まり，よりバランスのとれた眼で現在の世界経済を見るようになることを期待したい。

本書の読み進め方であるが（巻頭のinformation参照），本書では各部ごとに各章，各節の関係を示した図を付している。読んでいくなかで，前後の関係がわからなくなったとき，あるいは途中から読み進める場合の手がかりとしてもらえればと思う。また各節の冒頭には問いかけがある。問いかけを読み，その答えを探すように本文を読み進めていくこともできる。問いの答えに相当する部分は**太字**で示している。各章の章末にも問いがあるから，各章を読み終えた後で，その内容をふりかえってほしい。

istock.com / bvh2228

第1部　前・近代の経済
グローバル化へのあゆみ

　前近代の経済の中心は何だろうか。

　現在とは異なり，前近代の経済は農業に依存していた。世界の人々のほとんどは農民で，農村に住んでいた。米と小麦といった穀物の生産だけではなく，手工業でも，麻糸は麻から，綿糸は綿花から作られたように，原料は農業から生み出された。また，そうした手工業を担っていたのも農民であり，農作業のない農閑期には農家のなかで生産が行われていた。こうした農業の重要性ゆえに，気候変動は農業生産だけではなく，政治・社会・経済に大きな影響を与えてきた。

istock.com / mareandmare.com

第 1 部の見取り図

第 1 章　グローバル化以前の世界（〜15 世紀）

1 古代帝国

2 多極化する世界

3 モンゴル帝国とその後

4 グローバル化開始直前の世界

第 2 章　グローバル化の開始（16 世紀）

1 グローバル化の開始　→　**2** 経済の拡大　→　**3** 近世国家

第 3 章　危機の時代（17 世紀）

1 17 世紀の危機　←→　**2** グローバル化の継続

3 国家体制の安定

第 4 章　近世経済の成立（18 世紀）

1 貿易の拡大　→　**2** 経済の拡大

3 近世国家の分岐　→　**4** 多様な世界

多様な制度

グローバル化以前の世界 (〜15世紀)

多様な経済

　グローバル化の開始以前，アメリカ大陸を除けば世界の各地域の交流は存在し，相互の連動がなかったわけではない。すでに古代から海と陸の交易ルートはユーラシアの東西を結びつけるようになっていたし，気候変動は同時期に世界各地で大きな変動をもたらした。しかし，こうしたユーラシアレベルの交流や変動はあったものの，世界の各地域においては，それぞれの固有の諸制度が生まれ，政治・社会・経済のあり方は多様であった。

1 古代帝国

●成立と崩壊

> ▶　古代帝国成立はユーラシア経済にどのような影響を与えたのだろうか。
> ▶　古代帝国はどのように崩壊したのか，考えてみよう。
> ▶　隋唐帝国・アッバース朝の成立はユーラシア世界に何をもたらしただろうか。

古代帝国の成立

　人類の経済活動の大きな画期は，狩猟採集社会から農業社会への転換である。約1万年前，オリエント（現在の中東）に始まった小麦・大麦の栽培，羊・山羊・豚さらには牛の飼育をともなう農耕・牧畜はユーラシア世界に拡大し，移動社会から定住社会への転換が進んだ。また，遅くとも8000年前には東アジアで稲作が始まり，南アジアにまで拡大した。

オリエントをはじめとして，東アジア・南アジアからヨーロッパに至る広範な地域においては，灌漑技術の発達もあって農業生産が増大し，文字が発明され，金属器の使用も始まった。人口が増大するなかで，大河川流域を中心に大型集落から次第に都市国家（⇨ **解説**）が成立していった。都市間の広域的な交易も始まり，交易の拡大にともなって金属貨幣を含む貨幣も使用されるようになった。

　都市国家が成長して相互に争うなかで，多数の都市国家を統治する国家が出現する。そうした国家が拡大し，オリエントにおいては紀元前 8 世紀以降にアッシリアなどの大規模国家が成立した。人類史上，最初の巨大帝国となったのは紀元前 6 世紀にオリエント世界を統一したアケメネス朝ペルシア（前 550〜前 330 年）であった。アケメネス朝の中央集権的な官僚制度や，首都から帝国全体に延びる交通網の整備，度量衡の統一，金属貨幣の鋳造，フェニキア人による海上貿易に対する保護などは，その後の巨大帝国のモデルとなった。紀元前 4 世紀前半にアケメネス朝を滅ぼしたマケドニアのアレクサンドロス（在位前 336〜前 323 年）が築き上げた広大な帝国は，すぐに分裂してヘレニズム諸国となり，ギリシア風の都市が各地に建設され，ギリシア文化がオリエントに広まった。東アジアでは紀元前 8 世紀から 500 年にわたる春秋・戦国の動乱期に，農業生産が発展して農民が本人および家族労働力をもって独立して農業を営む小農経営が広がり，商工業も進展するなかで，次第に国家統合が進展するとともに各国の中央集権化が進んだ。

　紀元前 3 世紀から紀元前後にかけて，ユーラシア各地で巨大帝国（⇨ **解説**）が誕生した。東アジアでは紀元前 221 年に最初の統

解説 都市国家　　都市とその周辺地域からなる国家。

一帝国を成立させた秦（前8世紀頃〜前206年）は短期で滅亡し，その後，前漢（前202〜後8年）が成立して中国本土の大半を統合した。前漢成立とほぼ同時期に北方のモンゴル高原では，匈奴が台頭して巨大な帝国を形成，その後の遊牧国家の原型となる政治・軍事組織を作り上げた。以後，中央ユーラシアの遊牧国家は16〜17世紀に至るまで騎兵の戦闘力と機動力によって，歩兵を主体とする農耕民の国家よりも軍事的に優位に立ち，東西の陸上交易ルートをおさえ，ユーラシアの歴史に大きな影響を与えていく。南アジアでも紀元前3世紀後半にマウリヤ朝（前317頃〜前180年頃）がインド亜大陸の大半を版図とする統一帝国を形成した。漢やマウリヤ朝は官僚制を整備し，中央集権的な支配を目指した。イタリアでは都市国家から発展したローマが前3世紀にイタリアを統一，共和政から帝政へと転換しつつ領域を拡大して紀元前後に地中海世界を統一した。帝政前期のローマには大規模な帝国官僚制度はなく，都市を介して属州（⇨解説）を支配した。マウリヤ朝のインド亜大陸支配は半世紀で崩壊して紀元前180年頃に滅亡したが，ローマや漢帝国においては比較的安定した支配が続いた。農業技術の発達もあって人口は増大し，ローマ帝国は最盛期に6000万人，首都ローマの人口は100万人近くに達した。漢帝国の人口も前漢最盛期には6000万人近くであり，前漢と後漢（25〜220年）の間の混乱期に激減したが，後漢最盛期にも5500万人程度に達した。

　帝国による交通路整備は帝国内の流通の増大のみならず，ユーラ

解説 **帝国**　広大な領域をもち，その内部に支配的な地域と従属的な地域を含む国家。

　　属州　イタリア半島以外にある，ローマの支配地。帝国の東側の属州には旧来から都市が存在したが，都市が少なかった西側の属州でもローマによる征服後に都市が創出され，こうした都市の有力者を通じた属州支配が行われた。

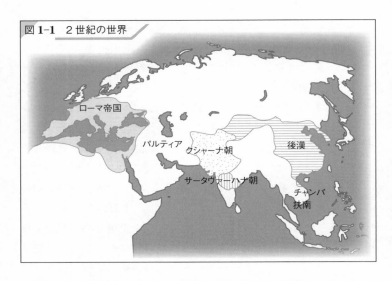

図 1-1　2世紀の世界

ローマ帝国

パルティア

クシャーナ朝

サータヴァーハナ朝

後漢

チャンパ
扶南

シアレベルでの東西の陸上・海上交易を活性化させた。陸上では
中央アジアのオアシス都市を介してローマと中国を結ぶルートが
成立した。海上でも地中海貿易が繁栄したほか，ローマとインド
の間の海上貿易も発達した。前3世紀にイランに成立した遊牧系
のパルティア（前248頃〜後224年）や，1〜3世紀に中央アジア
から北インドを支配したクシャーナ朝（1〜3世紀）はこの東西交
通の要路にあって貿易活動で繁栄し，南インドではサータヴァー
ハナ朝（前1〜後3世紀）もローマとの交易を盛んに行った。イ
ンドからは香辛料，宝石，中国産の絹がローマに輸出されて大幅
な輸出超過となり，インドには大量のローマ金貨が流入した。ま
た，インドと中国の間の海上貿易も活性化し，インド人が東南ア
ジアに来航した。東南アジアではタイ湾に面した扶南やインドシ
ナ半島東岸のチャンパなどの港市国家（⇨ 解説 ）が誕生し，イン

解説 港市国家　　港市の交易活動を国家形成の基盤とする国家。

ドとの交易の影響で4〜5世紀に仏教・ヒンドゥー教，サンスクリット語，インド神話をはじめとするインド的要素が支配層に受容されていった。

古代帝国の崩壊

3〜5世紀に世界的な寒冷化・乾燥化が進展して農業生産性が低下するなかで，北方の草原地帯から遊牧民が南下したこともあり，ユーラシアの東西両端において古代帝国は崩壊した。

東アジアでは3世紀に中国で黄巾の乱を契機に漢帝国が崩壊し，三国時代以後の分裂の時代に入り，北方の遊牧民族の華北への進出も進んだ。4世紀になると三国を統一した晋（265〜316年）の内乱を契機として，遊牧民族は自立して国家を建設，五胡十六国から南北朝時代まで分裂時代は続いた。この動乱のなかで国家が把握した人口は，後漢最盛期の5500万人から三国時代の1000万人にまで減少している。豪族の庇護下に入った人々が把握されなくなっているため，実際の人口減少数は不明だが，いずれにしても，動乱の続いた華北を中心に，大幅な人口減少と経済的縮小が生じていたと考えられる。一方で，遊牧民に押し出される形で華北から南方への漢人の移民が増大し，長江下流域の開発が進み，開発を主導した貴族・豪族による大土地所有が展開することになる。もっとも，農村においては小農のプレゼンスが大きく，貴族・豪族がヨーロッパのように領主になることはなかった。

華北は5世紀前半には遊牧民系統の鮮卑族拓跋部の北魏（386〜534年）によって統一され，以後，唐に至るまで拓跋国家が続く。この北魏によって政府が土地を再配分する均田制などの制度が導入され，小農が税と役務（兵役を含む諸役務）を負担するシステムが成立，このシステムは唐代中期の8世紀まで続いた。

ユーラシアの西端のローマ帝国においては3世紀末以降，ゲルマン民族やササン朝に対処するため，帝国の東西への分割が進め

られ，行政改革が行われて官僚制の整備も進んだ。しかし，4世紀後半からアジア系フン族の西進に圧迫されたゲルマン民族はローマ帝国に流入，西欧各地にはゲルマンの諸部族が割拠して国家を建設し，5世紀後半には西ローマ帝国が滅亡した。一方で東欧では東ローマ帝国（ビザンツ帝国）による統一が続き，コンスタンティノープルを中心とする都市経済が維持され，商業も繁栄し，西欧とは異なる道を歩んだ。ビザンツ帝国は6世紀前半にはユスティニアヌス（在位527～565年）の時に地中海方面に大きく領土を拡大して最盛期を迎えることになる。

　南アジアはユーラシアの東西両端とは異なって遊牧民族の影響をすぐにはうけなかったが，ササン朝（224～651年）の攻撃でクシャーナ朝は衰退した。4世紀になるとグプタ朝（320頃～550年頃）が勃興して北インドの大半を統一，ゆるやかな封建的支配を行った。陸上・海上交易も活発で都市の経済が繁栄し，多様な金貨を鋳造した。グプタ朝のもとではヒンドゥー教が興隆し，次第に仏教に代わっていった。しかしローマ帝国の衰退や中国の政治的混乱の結果，ユーラシアの他地域との遠距離貿易が打撃をうけた。さらに5～6世紀には北方の遊牧民族エフタルの侵入によって交通路が破壊されて都市も衰退し，6世紀半ば頃に滅亡する。7世紀半ばに北インドを支配したヴァルダナ朝の支配も半世紀で崩壊し，南アジアは13世紀初めまでの長い分裂の時代に入る。分裂の続く北インドにおいて経済活動は停滞したが，パッラヴァ朝（3～9世紀）などのインド南端部の王権は積極的な貿易政策を進め，経済都市が繁栄した。また，こうした混乱期にインドにおけるカースト（⇨解説）社会が形成されていった。

解説 **カースト**　　排他的な社会集団カーストに基づくインド固有の社会制度。インドでは生まれを同じくする集団という意味の「ジャーティー」という語で呼ばれる。職業の分化に応じて現在ではジャーティーの数はイン

西アジアでは，3 世紀にササン朝がパルティアを滅ぼしてイランを支配した。ササン朝は 5 世紀以降，エフタルの侵入に悩まされたが，6 世紀には突厥と結んでこれを滅ぼして最盛期を迎え，東西交易で繁栄した。その後，ビザンツ帝国との戦争で消耗し，7 世紀になるとイスラム勢力に滅ぼされた。

隋唐帝国・アッバース
朝の発展

　ユーラシアにおける混乱は，7 世紀後半から世界的な気温が上昇したことも影響して収束へと向かい，再び巨大帝国が成立した。東アジアでは北魏以降，北朝が南朝を圧倒しており，7 世紀には北方の隋（581〜618 年）が南方を征服して中国を統一した。隋は 1500 km に及ぶ大運河を建設し，中国経済の中心地となりつつある江南と政治的中心地の華北を結ぶ南北の大動脈を整備した。隋を継いだ唐（618〜907 年）は，突厥を破ってモンゴル高原や東西交易ルートを影響下に置き，8 世紀前半に最盛期を迎えた。江南開発の進展もあり，人口は 5000 万人を超えて，最盛期には 8000 万〜9000 万人に達していた可能性がある。首都長安には多くの民族が到来し，人口 100 万人を超えるコスモポリタンな大都市となって繁栄したが，商業に対する規制は強かった。隋唐時代を通じて法律体系である律令制が完成し，均田制と府兵制によって小農が租（穀物類）・調（織物類）・役（労働力）を負担する財政・軍事システムの整備も進み，これらは周辺諸国のモデルとなった。

　隋唐帝国の成立は東アジア各地に大きな衝撃を与え，国家形成を促した。朝鮮は 5 世紀以降，三国が鼎立していたが，隋唐帝国の朝鮮半島への介入もあって，7 世紀後半に新羅（4 世紀半ば〜935

ド全体で 2000〜3000 に達する。憲法では否定されているが，現在でも差別の解消には至っていない。

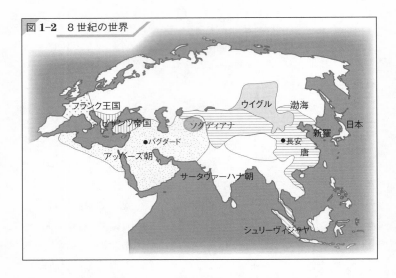

図1-2　8世紀の世界

年）によって統一された。新羅は氏族的な身分制度をベースにし
つつ，律令制を導入し，官僚制国家を形成した。また，新羅人は
8世紀後半から9世紀半ばまで，朝鮮半島から長江河口域までの
海域の交易活動で活躍した。中国東北から朝鮮北部では7世紀末
に渤海（698〜926年）が成立し，律令などの唐の制度を導入し，
周辺諸国との交易を行った。日本も4世紀以降，豪族の連合体で
あるヤマト政権のもとでの統一が進んでいたが，次第に大王を中
心とする中央集権化を進め，7世紀後半から8世紀初頭にかけて
唐の律令を導入，中央集権的な官僚国家体制を整備した。大陸か
らの移民の流入と彼らが持ち込んだ稲作技術による農業生産増大
もあって人口も増大し，8世紀には500万人に達した。

　西アジアでは7世紀初頭にアラビア半島に成立したイスラム国
家が651年にはササン朝を滅ぼし，ビザンツ帝国からシリアと
エジプトを奪取して急速に拡大した。7世紀中葉に成立したウマ
イヤ朝（661〜750年）のもとでは，中央アジアから西アジア，北

アフリカ，さらにはイベリア半島に至る巨大国家が成立した。8世紀半ばにはウマイヤ朝を滅ぼしてアッバース朝（750〜1258年）が成立，人口100万人に達した首都バグダードをはじめとして，イラン・イラクの諸都市，中央アジアのオアシス都市，地中海沿岸の港湾都市が発展した。アッバース朝が駅伝網を整備したこともあり，バグダードを中心として地中海とペルシア湾を結ぶ貿易ネットワークが成長した。豊富な金銀地金（じがね）の流入もあって，法定通貨である金貨・銀貨を中心とする貨幣経済が浸透した。金融面では各都市に設置された両替商が中心的な役割を果たし，小切手の現金化などによって遠隔地商業の発展を支えた。都市の発展にともない農業生産が拡大し，イラク南部では大規模な投資による開発と灌漑事業が推進されて米栽培が広まったほか，綿花・亜麻・サトウキビなどの商品作物栽培も拡大した。

　隋唐帝国とアッバース朝の成立は世界的な交易を再び活性化させた。中央アジアのソグディアナ出身のソグド人商人は中国に至るオアシス都市に拠点を置き，唐の公的な運輸体制にも参画しつつ，ユーラシアの東西の陸上交易を発展させた。また，西アフリカでもサハラ砂漠を横断して地中海と結ぶ貿易が拡大し，7世紀頃に西スーダンにガーナ王国（7世紀頃〜13世紀半ば頃）が成立した。海上貿易も活性化し，東南アジアのスマトラ島ではマラッカ海峡をおさえたシュリーヴィジャヤ（7〜14世紀）がインドと中国を結ぶ中継交易の拠点として繁栄した。アラブ系やイラン系のムスリム商人は西アジア発祥のダウ船を駆使して東アフリカから中国に至る海上の東西貿易を担い，中国の広州から東アフリカの港湾都市に至るまで，海上ルートの主要な港市にアラブ人が多数居住し，イスラム化を促した。

分裂の時代へ　しかし，8世紀中葉から9世紀にかけて，再び世界各地で動乱が発生し，地域的な

統合が弱まり，分裂傾向が強まってくる。唐においてはすでに均田制は機能しなくなり，傭兵を募集する募兵制の導入により，小農をベースとする兵役システムが転換していた。8世紀中葉の安史の乱は，まさにこの募兵制に基づく軍隊を率いる節度使による反乱であった。この乱を契機として，北方の遊牧民族の勢力が伸張したうえ，内部では節度使や観察使が軍と財政を統括する藩鎮が各地に割拠し，分裂状況に陥った。唐は財政再建のために780年に両税法（⇨ **解説** ）を導入して私的土地所有を公認し，塩の専売を強化したが，塩の密売人の黄巣が引き起こした乱によって907年に滅亡に追い込まれた。唐の動揺は東アジアの他地域にも影響し，10世紀には朝鮮では新羅が滅亡し，北東アジアで契丹が勃興するなかで，渤海も滅亡した。

　西アジアでも9世紀になると各地に独立政権ができてアッバース朝のカリフの権威は低下し，中央集権的な体制は崩壊し，南イラクでは反乱もあって農業生産は減少，バグダードを中心とする貿易ネットワークは停滞した。

　東欧では6世紀後半以降，スラブ人をはじめとする諸民族が流入し，ビザンツ帝国は解体を始めた。西欧でも，8世紀以降にイスラム勢力やスラブ人，さらにはノルマン人の侵入が続いていた。そのなかで8世紀後半にフランク王国のシャルルマーニュ（在位768〜814年）が広範な地域を統一，キリスト教を利用しつつ皇帝の称号を得て集権的支配を行ったが，その死後の9世紀半ばにはのちにフランス・ドイツ・イタリアとなっていく国家に分裂した。

解説 **両税法**　　租庸調制に代わり導入された税制で，基本的にその後800年にわたり続いた。夏と秋の2度に分けて徴収することから両税と呼ばれた。土地資産に応じて現住地で課税され，銅銭建てであったが，実際には現物に換算して徴収された。

2 多極化する世界

> ▷ 8～9世紀の変動を経て，東アジア各地の変動によって生まれた制度とは何だろうか。
> ▷ 10世紀以降，イスラム世界で成立した長期的な制度を挙げてみよう。
> ▷ 8世紀以降の混乱のなかで，西欧ではどのような制度が形成されたのだろうか。

　8～9世紀の動乱期を経て，10～12世紀になると世界各地は多極化しつつも安定し，従来とは異なる新たな諸制度が成立した。これを「古代」から「中世」への転換と呼称するかどうかはともかく，各地で数世紀ないしそれ以上にわたり長期的に社会・経済を規定する固有の制度が生まれた。以下，各地域に分けて見ていきたい。

　　東アジア 　中国が五代十国の時代となり分裂する一方で，北方の遊牧民の勢力が強くなり，契丹は遼（916～1125年）を建てて華北の一部をも支配下に置き，陝西・甘粛ではタングートの西夏（1038～1227年）が成立するなど，多極的な状況が生まれた。こうした混乱のなかで，中国本土において世襲的な貴族は弱体化した。10世紀半ば，中国本土を統一した宋（960～1276年）では，**官吏を試験によって登用する科挙をもとにした中央集権的官僚制**が確立し，科挙を通じて新興の大土地所有者が多数を占める士大夫層が支配階級となった。科挙制度は20世紀初頭まで続き，中国社会を規定していく。

　宋は北方の遼・金・西夏といった強力な遊牧国家に対抗するために膨大な軍隊が必要であったことから財政難に陥り，財政難に

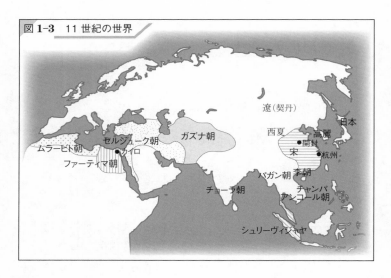

図**1-3** 11 世紀の世界

遼(契丹)

日本

西夏　　高麗

ガズナ朝

セルジューク朝　　開封　宋　杭州

ムラービト朝　　カイロ

ファーティマ朝　　李朝

パガン朝

チョーラ朝　　チャンパ

アンコール朝

シュリーヴィジャヤ

対応するための政治改革が政争を招いた。一方，北方では女真族が勃興して 1125 年には遼，1127 年には北宋を滅ぼして金（1115〜1234 年）を建て，北方に金，南方に南宋，西北に西夏が鼎立する状態になった。

　宋代においては技術革新が農業生産を大きく向上させた。江南では水路網の整備と防潮堤建設が進み，堤防で囲んだ農地が造成され，低湿地の開拓によって耕地が増大した。品種の改良も進んで生産も安定し，一部では集約的な農法も導入された。こうした農業の発展もあって，南宋・金・西夏をあわせた人口は 1 億人を突破した。宋が南に移動するのと同時に，華中・華南の開発もいっそう進展し，中国の経済的な重心も南に移動した。商業への規制は弱まり，流通が発達した。開封や杭州といった大都市に加え，草市・鎮と呼ばれる地方都市が発展，行・作という同業組合が成立し，牙人（がじん）と呼ばれる仲介業者の役割が大きくなった（84 ページの（**解説**）参照）。ジャンクを使用した中国人商人の海上進出が本格

化したことによって海上貿易が拡大し、泉州・明州（寧波）・広州をはじめとする港市も発展した。製造業も発展し、コークス製造法が発明されて鉄生産が飛躍的に向上したほか、絹に代わって主要輸出品となった陶磁器の生産も拡大した。北宋期には総計2億数千万貫から3億貫に及ぶ中国史上最大の量の銅銭鋳造が行われたが、これは大量の軍需物資調達が目的であった。南宋においては銅銭鋳造量が減少したため、会子と呼ばれる紙幣の使用が増大した。

　日本は12世紀後半から武士の勢力が拡大、平氏政権の後に鎌倉幕府が成立し、貴族から武士に権力が移行し始め、朝廷と幕府の二元体制へと転換し、19世紀半ばまで続く**武士を中心とする政治体制**が始まった。商業も発展して同業者団体である座が生まれ、貨幣としては日宋貿易で入手した宋銭が使用され、遠隔地取引には為替も利用された。

　朝鮮は10世紀に新羅から高麗（918～1392年）に王朝交替するなかで、氏族的な身分制度が崩壊し、**武班（武官）**と科挙に基づく**文班（文官）**からなる**両班を中心とする官僚制国家**となった。この両班の制度が19世紀に至るまで朝鮮社会を規定していく。

東南アジア

大陸部では9世紀初頭にインドシナ半島にアンコール朝（802頃～1432年）が成立し、貯水・導水などの発達した灌漑技術による稲作を基盤に勢力を拡大、12世紀にはアンコール・ワットを建設した。紅河デルタを中心とするベトナム北部は10世紀に中国の支配から独立した。11世紀に成立した李朝（1009～1225年）はタンロン（現在のハノイ）に都を置き、国号を大越とし、中国からは安南国王に封じられ、この体制は18世紀まで続いた。李朝は国内の耕地拡大を進め、南のチャンパから領土を獲得した。またビルマでも11世紀にエーヤワーディー川下流域に成立したパガン朝（1044

　前近代の貿易において船舶はその積載量の多さから，次第に重
要性を増していくことになった。遠距離海上貿易において大きな
役割を果たしたのがダウ船とジャンクである。ダウ船はインド洋
の西海域，アラビア海，ペルシア湾，紅海を中心に用いられた木
造船であり，1〜2本のマストに1枚ずつの三角の帆をもち，船
材としてはチークやココヤシが用いられた。建造する際に，外板
を固定するのに鉄釘を使用せず，板に穴をあけてココヤシのコイ
ルを通して縫い合わせ，縫い穴や外板の隙間を樹脂や魚油で充填
していた。外板を先に張って，肋骨材を後で挿入し，外板と接合
するシェル型であるとともに，船首・船尾とも鋭く尖ったダブ
ル・エンダー型という特徴をもっている。ただし，上述の形状の
船舶がダウと呼ばれるようになったのは，16世紀以降にインド
洋に進出した西洋人がザウ，ダウと呼んでからのことであり，古
来この形状であったかは確認されていない。

　ダウ船は紀元前後からインド洋で使用されていたとされる。7
世紀末から8世紀初頭になると，アラブ人・ペルシア人はダウ船
に乗って西は東アフリカ，東は中国に至る海域で活躍した。現在
でも木造ダウ船はモンスーン航海技術を保持するものがインド洋
において活躍しているほか，モーターや船外機を装備したタイプ
も使用されている。現在のダウ船は大型のものは200〜250トン，
中型は70〜120トンに達するが，5トン程度の小型船もある。

　ジャンクは中国発祥の四角帆をもつ木造帆船であり，船材とし
ては外板用に杉，船底用に松，梁に樟が使用された。竜骨をもた
ず，梁で区切られた隔壁構造をもち，船の横方向への強度補強と
防水に有効であった。河川や運河，遠浅の地域に適した平底のジ
ャンクや外洋航海に適した吃水の深いジャンクなど，さまざまな
タイプが存在する。大型船は数百トン以上，最大で2000トンに
達したが，数十トン以下の小型のジャンクが多数を占めた。

ジャンク
istock.com / Pimpay

ARAB DHOW
ダウ船
istock.com / duncan 1890

　ジャンクは8～9世紀に出現し，10世紀以降，中国商人はこれによって東シナ海・南シナ海交易の主役となり，東南アジアへの華人の展開が進んだ。ジャンクの積載量が大きいことから貿易量も激増し，東西交易において海上交易の比重が高まっていくことになった。明代の鄭和（1371～1434年頃）の遠征では，諸説はあるものの，少なくとも全長50～60 m，数百トンに達する大型船60隻余りが用いられた。19世紀半ば以降に蒸気船が中国の航路に進出したのちにも近距離用に用いられ，20世紀にはエンジンをつけて使用されたが，1990年代以降は急速にその数を減少させ，現在はほとんど見ることができない。

〜1299年）が灌漑技術を用いて農業開発を進めた。以後，東南アジア大陸部では農業地域を核とする王権が成立していく。

南アジア　　　10世紀末にアフガニスタンにおいてトルコ系イスラム王朝のガズナ朝（962～1186年）が勃興し，北インドへの侵入を繰り返し，次いで成立したゴール朝（1148頃～1215年）は北インドに進出し，イスラム王朝のインド征服の端緒となった。かくして北インドが西北のイスラム世界とのつながりを深める一方で，南インドはインド洋海域との関係を深めた。チョーラ朝（前3～後13世紀）はインド洋の

海上貿易活動を積極的に行うとともに，中国貿易拡大を図って宋に使節を派遣するだけではなく，1025年にはスマトラやマレー半島に遠征を行って中国＝インド間の中継貿易を独占していたシュリーヴィジャヤに打撃を与えた。

> 西アジア・アフリカ

10世紀にはアッバース朝のカリフの実権は失われ，エジプトのファーティマ朝（909～1171年）とイベリア半島の後ウマイヤ朝（756～1031年）の成立でコルドバ・カイロ・バグダードに3人のカリフが並び立つようになり，イスラム世界の分裂は決定的になった。マムルーク軍人の台頭のなかで，**軍役を負う軍人に租税徴収権を与えるイクター制が導入され**，西アジア全域に広まり，後述するオスマン帝国のティマール制にも引き継がれた。また，中央アジア出身のトルコ系民族が西方へ進出した。このトルコ系のセルジューク朝（1038～1194年）はバグダードを占領，カリフからスルタン（王朝の支配者）の称号を与えられて**スルタン制度が成立し**，スルタン制はマムルーク朝やオスマン帝国に継承されて20世紀初頭まで続くことになる。セルジューク朝は11世紀末には西アジアの大半を支配したが，その後は分裂して各地に小政権が分立するようになった。

　政治的には分裂していたが，イスラム世界の商業はバグダードを中心とするネットワークからカイロを中心とするエジプト・紅海を軸とするネットワークに移行して展開し，カーリミー商人と呼ばれる大規模な商人集団がインドとエジプト・シリアを結ぶ中継貿易で活躍した。金銀地金の流入量が大幅に減少するなかで，両替商のネットワークによる為替手形の利用が遠隔地商業を支えた。これは優れた会計システムとあわせてのちにヨーロッパに伝わり，大きな影響を与えることになる。

　東アフリカでは来航したムスリム商人の影響でイスラム化が進

み，商業的色彩の強いスワヒリ文化が形成された。西アフリカでは 11 世紀後半には北アフリカのムラービト朝がガーナ王国を攻撃して衰退させ，イスラム化が始まった。

```
ヨーロッパ
```

西欧では 9 世紀以来の外部からの侵入によって社会が混乱するなかで，人々が強者に保護を求めたために，**主君が家臣に領地を与えて保護し，家臣は主君に忠誠を誓って軍役を負う封建制が成立した。封建領主の所有地である荘園が拡大し**，農民は**農奴**と呼ばれる不自由身分となったが，生命の安全は保証された。封建社会で相対的に王権が弱体化するなかで，ローマ＝カトリック教会の権威は高く，教皇を頂点とする階層的組織がつくられ，教会も荘園をもつ領主となった。

11～13 世紀には三圃制が導入されて農業生産が拡大し，人口も増大して 14 世紀までに 6000 万～7000 万人になった。このような人口の拡大を背景として，11 世紀末以降，十字軍が繰り返し派遣されたほか，ドイツ人の東方植民（⇨**解説**）やイベリア半島のレコンキスタ（再征服運動）の進展，ノルマン人のシチリア島征服などヨーロッパの拡大につながった。また，ビザンツ帝国やイスラム世界との東方貿易によってヴェネツィアをはじめとするイタリアの諸都市も繁栄した。イタリアとならんで都市が発展したのはフランドル地方であり，毛織物業をはじめとする工業も盛んであった。

11～12 世紀の商業の復活によって域内の交易も活性化し，12 世紀にはイタリアと低地地方の中間に位置し，南北の交通の要衝である北東フランスにおいて，4 つの都市を巡回して年間 6 回の

解説 東方植民　12～14 世紀，エルベ川以東のスラヴ人居住地域において行われたドイツ人の植民運動。

定期市が開かれるシャンパーニュ大市が成立した。大市を形成する都市では信用手形や商業裁判所の前身も出現した。特定の地域性をもつ商人たちによるギルドも広範に出現し，地方領主から特定のタイプの貿易を排他的に行う特権を獲得した。

　このように各地に固有な制度が成立してきたなかで起こったのがモンゴルによるユーラシアレベルでの統合であった。

3 モンゴル帝国とその後
●ユーラシアレベルの一体化

> ▷▷ モンゴルはどのような仕組みでユーラシアの一体化を促進したのだろうか。
> ▷▷ モンゴル帝国はなぜ崩壊したのだろうか。
> ▷▷ モンゴル帝国の崩壊はユーラシア各地にどのような影響を与えたのだろうか。

モンゴル帝国の勃興　　13世紀初頭にチンギス＝ハン（在位1206〜1227年）が遊牧民のモンゴル・トルコ系諸部族を統一して成立したモンゴル国は大規模な征服活動を開始した。13世紀後半のフビライ（在位1260〜1294年）の時期には南宋を征服して中国を支配，東アジアから東欧，西アジアに至るユーラシアの大半の地域を領域とする空前の巨大帝国が成立した。モンゴルは，**駅伝制などの交通インフラを整備**し，陸上・海上の東西交易を活性化させ，ユーラシアレベルでの一体化を促進した。フビライが現在の北京の位置に建設した大都は，運河で海と結ばれ，**陸上と海上の東西交通路は大都でリンクし，巨大な環流が形成された**が，この巨大な物流を担うムスリム商人が重視された。フビライは納入された税をモンゴル王家や諸王侯，貴族に賜与し，モンゴル王家らはその資金をムスリム商人の商業組織

のオルトクに貸付をし，オルトクはその資金でビジネスを展開した。中央の財政は塩の専売と商税に依存していたが，専売されている塩の手形である塩引（えんいん）の使用とリンクしつつ，銀がユーラシア世界で広く流通した。もっとも，一般的には交鈔（こうしょう）という紙幣が交換・支払手段として広く使用され，小額支払には銅銭も併用された。モンゴルの対外戦争は貿易を長期的に停滞させることはなく，元寇や東南アジア遠征にもかかわらず日本や東南アジアとの海上貿易も盛んで，泉州は中国最大の港として繁栄し

至元通行宝鈔：モンゴル時代の交鈔でフビライの時期（至元年間）に発行された。価値は2貫で高額紙幣にあたる。
日本銀行金融研究所貨幣博物館所蔵

た。交鈔の使用によって需要の減少した宋銭は日本をはじめ周辺諸国に大量に流入し，各地で宋銭の使用が進むなど貨幣面での変化も見られた。さらに，東西の交易が活性化するなかで，イランのコバルト顔料と中国の白磁が結びついて染付が発展するなど，新たな世界的商品も生まれた。

　東南アジアではモンゴルのビルマ・ベトナム・ジャワなどへの侵攻の影響で，各地で王朝が交替した。大陸部ではアンコール，パガン，チャンパなどに代わりベトナムの陳朝（1225〜1400年）やタイのスコータイ朝（13〜15世紀）など，島嶼部ではシュリーヴィジャヤをはじめとする諸王朝に代わりジャワのマジャパヒト（1293〜1520年頃）が台頭した。また，従来のヒンドゥー教的な文化・思想が後退し，大陸部では上座部仏教が広まり，島嶼部では13世紀末にスマトラ島の港市パサイにおいて最初のイスラム

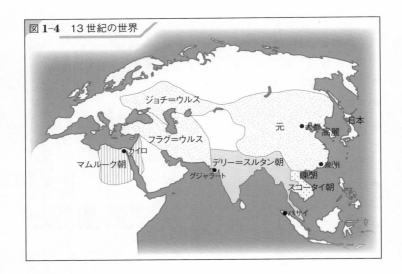

図1-4　13世紀の世界

国家が成立した。

　南アジアでは13世紀初頭の奴隷王朝以降，3世紀にわたって
インド北部にトルコ系あるいはアフガン系のイスラム政権である
デリー＝スルタン朝（1206〜1526年）が樹立された。デリー＝ス
ルタン朝は北西インドに侵入を繰り返すモンゴルやインド南部の
諸勢力に対抗して，強力な軍事力を維持する必要があったため，
財政改革を行い，地租徴収の効率化を図った。デリー＝スルタン
朝のもと，グジャラートは西アジア，東アフリカ方面との海上貿
易で重要な役割を果たし，その繁栄はムガル帝国時代まで続いた。
一方，海上貿易で繁栄していた南インドのチョーラ朝は12世紀
後半に各地の領主層が台頭して衰退し，13世紀後半に滅亡する
ことになる。

　中央アジアではチンギス＝ハンの時代に新興のホラズム＝シャ
ー朝（1077〜1231年）が滅ぼされてモンゴルの支配が進んでいた
が，西アジアではモンゴルのフラグ（在位1260〜65年）がバグダ

ブルッへの鐘楼：鐘楼はもともと毛織物業のギルドによって13世紀に建造され，16世紀に現在の形となった。北海から15kmほど内陸にあるブルッへは水路で海と結ばれた。

istock.com / Oleg Albinsky

ードを攻略してアッバース朝を滅ぼし，フラグ＝ウルス（イル＝ハン国）を建てた。13世紀末にフラグ＝ウルスのガザン＝ハン（在位1295〜1304年）はイスラムに改宗してイスラム教徒との融和を図るとともに，イクター制の導入によって財政を確立して繁栄した。モンゴルを退けたマムルーク朝（1250〜1517年）はエジプト・シリアを支配し，安定した農業基盤と優れた綿・亜麻の織物業，そして東西交易ルートの支配によって繁栄し，首都カイロは中国以外では最大の都市に成長した。

　ヨーロッパではバトゥ（1207〜55年）のモンゴル軍がロシア・東欧に進攻してジョチ＝ウルス（キプチャク＝ハン国）を建て，ロシアを間接統治することになったが，東欧はその支配を免れた。西欧はモンゴルの侵入をうけず，経済は活性化して商業が発展し，とくに海上貿易が活性化した。地中海東部との東方貿易が拡大したほか，14世紀初頭にはヴェネツィアとジェノヴァは地中海の港からフランドルのブルッへ（ブリュージュ）に直接商品を運搬

するようになり，地中海から北海への貿易も盛んになった。結果的にシャンパーニュ大市の機能は低下し，ブルッヘが商業・金融の中心となり，毛織物業の中心のヘント（ガン）とともに繁栄した。バルト海・北海の貿易も発展してドイツの諸都市が取引を支配するようになって相互に協力関係を結び，1367年にはハンザ（⇨解説）が正式に組織された。

こうした商業の拡大のなかで，西欧の最先端地域であるイタリアにおける商業の仕組みや技術は西欧各地に拡散した。たとえば，イタリアで生まれた会社組織やイタリアで発展していた為替手形などの金融技術は，イタリア商人がフランドルをはじめとして西欧各地に展開したことで，西欧全体に普及していった。また，貨幣需要が高まるなかで，南ドイツで銀鉱の開発が進んで金銀二重貨幣となり，安定した品位の通貨として1252年にフィレンツェでフローリン金貨が鋳造され，ヨーロッパで広く流通した。

モンゴル帝国の崩壊

13世紀後半からの世界的な気温低下は，生産の減少と経済の悪化をもたらした。さらに，中央アジアないし東アジアで発生したペストはモンゴル時代に整備された東西ルートを通じて急速にユーラシア全域に拡大，中国では人口が半減し，ヨーロッパでも人口の3割以上が死亡するなど，各地で人口が大幅に減少した。こうした状況下で，ユーラシア各地で動乱が発生，モンゴル帝国は崩壊し，東西の陸上交通も寸断されて衰退した。元朝支配下の中国では交鈔が暴落し，内紛が勃発した。飢饉のなかで紅巾の乱が勃発して支配は動揺し，明朝（1368〜1644年）が成立して元朝を北方に追いやった。

解説　ハンザ　　中世ヨーロッパの北方海域に成立した多数の都市の連合勢力。安全で円滑な取引の確保を目指し国王や諸侯と対等にわたりあい，14世紀後半に最盛期を迎えた。近世諸国家の台頭のなかで衰退し，16世紀末に事実上解体した。

明朝の初代皇帝・朱元璋（在位1368〜98年）は国内では農業を重視した引締政策をとり，税を穀物や飼料などの現物で徴収した。銅銭などの貨幣の十分な供給を行わず，発行した紙幣の信用維持にも失敗し，貨幣経済は衰退した。また，海上貿易に関しては倭寇（前期倭寇）をひとつの口実としつつ民間の対外海上貿易を禁止し（海禁），朝貢貿易のみを認めるという閉鎖的体制をとったために，世界経済の東の中心の交易活動が衰えたことから，**陸路に加えて海上の東西の流通も衰退し，ユーラシアレベルでの一体化はここに停止した。**

　日本でも14世紀前半に鎌倉幕府が滅亡し，室町幕府が成立したが，南北朝の動乱が続いた。そのなかで，北九州を拠点とする海賊集団（前期倭寇）が朝鮮半島や中国沿岸を襲撃した。朝鮮では倭寇を撃退した武将の李成桂（在位1392〜98年）が高麗を倒して朝鮮王朝（1392〜1910年）を成立させた。

　南アジアの北部ではデリー＝スルタン朝が続いていたが，支配は安定せず，ティムール朝の侵入をうけてデリーを占領されるなど，いっそう混乱した。西アジアでもエジプトをはじめとしてペストが流行し，人口が大幅に減少した。商業活動も後退し，農業や手工業も大打撃をうけ，マムルーク朝は衰退した。

　ヨーロッパでは飢饉が増大していたうえにペストが流行し，人口が著しく減少した。また，英仏百年戦争などの戦争や，英仏における農民の反乱などの動乱が続いた。

新体制の成立

　世界の気温は14世紀後半から上昇し始め，ユーラシア各地で農業生産が回復していった。15世紀初頭になると東アジアでは明の永楽帝（在位1402〜24年）が首都を北京に移すとともに，ベトナムやモンゴルなどへの遠征を行った。また，朝貢関係の拡大を目指し，鄭和の南海遠征を行い，東南アジア方面での朝貢国を拡大した。大半の

図1-5 15世紀の世界

諸国にとって朝貢のメリットは経済面にあり，朝貢貿易を利用し
たマラッカ王国（14世紀末～1511年）・琉球王国は中継貿易で繁
栄し，東南アジアは「商業の時代」といわれる時代に入った。

　日本は将軍足利義満（在職1368～94年）が南北朝の混乱を統一
し，明に対して朝貢を行い，勘合貿易によって自らの経済基盤を
強化した。二毛作・三毛作の導入や品種改良にともなう農業の生
産性向上によって，人口は1000万人程度に達した。商業も発達
し，宋銭に加えて明銭が使用され，私鋳銭の使用も増大するなど，
貨幣経済が発展し，土倉などの金融業者が成長した。さらに，遠
隔地取引の発展によって為替の使用も活発になった。

　西アジアでは，14世紀後半からはティムール朝（1370～1507
年）が征服活動を開始して中央アジアを支配，さらに北インドや
シリアにまで進出し，首都のサマルカンドが繁栄した。また，13
世紀末にアナトリアで勃興したオスマン帝国（1299～1922年）は，
14世紀半ばにはバルカン半島に領域を拡大していた。

4 グローバル化開始直前の世界

●多様な社会・経済

▷ 15世紀までの東アジアの社会・経済の特徴について考えてみよう。

▷ 15世紀以降，東南アジアではどのような都市が勃興したのだろうか。

▷ 14世紀以降の西欧では旧来の体制にいかなる変化が生じたのだろうか。

　モンゴル時代とその後の動乱を経て，10〜12世紀に形成されてきた制度は，地域によっては大きな変動を迫られていた。以下，グローバル化開始直前の各地域の社会・経済状況を概観してみたい。

```
東アジア
```

東アジアは中国に加えて朝鮮・日本も小農をベースにする社会へと転換しつつあり，集約的な農業が行われるようになっていた。中国の政治・経済・文化的影響力は大きかったが，各地域の体制は多様であった。明朝の支配下にある中国では，**科挙に基づく中央集権的官僚制**が整備され，そのうえで**皇帝独裁体制**が強化されていた。科挙官僚の多くは郷紳（⇨ **解説** ）といわれる地域のエリート層から供給されていた。官僚制度は整備されていたが，中央政府の財政規模は小さく，徴税などの重要な業務は郷紳や徴税請負人などに委託するなど，**ゆるやかな統治**が行われていた。対外貿易は海禁政策によって朝貢国との貿易のみに制限され，民間の海上貿易の発展は見られなかった。15世紀後半以降の世界的な気温低下は遊牧民の南下を招き，明朝は北方のモンゴルへの対応に追われた。この

解説 郷紳　地域社会で勢力をもっていた官僚経験者や科挙試験の資格保持者。

北方に軍需物資を輸送する見返りとして，多大の利益を生む塩の販売権を与えるという政策を行ったことにより，北辺に位置する山西・陝西の山陝商人が成長し，最有力の商人集団となった。彼らは長江流域で生産される綿布・絹・茶を華北や北方に供給し，華北から長江流域に綿花をもたらした。江南ではデルタ地域の環境の変化や税負担がとくに重かったことによる現金収入の必要性から，綿花や桑などの商品作物の栽培と綿製品・生糸などの手工業生産が拡大し，長江中流域が江南に代わって穀倉地帯となった。国内全体の物流も増大，社会の流動化が進む一方，銀の使用が増大し，人口は増加して1億人を超えていた。

　朝鮮は国王大権のもとで，科挙をベースにした官僚制が発展し，**両班**による**支配体制**が確立していた。経済面では14世紀に導入された綿花が，15世紀になると南部で広く栽培され，麻に代わって綿布が普及し，綿布は米と並んで貨幣としての機能を果たすとともに，15世紀後半から大量に日本に輸出された。

　日本では**武家政権**が続いていたが，15世紀半ば以降の気温低下が飢饉を頻発させるなか，1467年には応仁の乱が勃発し，室町幕府による統制は衰え，各地に大名が割拠する戦国時代に入った。戦乱のなかでも戦国大名の富国強兵政策もあって，治水により農業は成長し，商人保護により商業は発展して遠隔地取引も拡大，鉱山開発も進められていった。また，散村から集村への変化のなかで村が自然発生的に生まれ，農民たちが作り出した自立的な惣村（⇨ **解説**）が広まっていった。

東南アジア

東南アジアは15世紀以来商業が発展し，**後背地で生産される香辛料をはじめとす**

解説 惣村　鎌倉時代後期から戦国時代末期にかけて，近畿地方やその周辺部に出現した自立的・自治的な村落。

る商品作物や米を輸出する港市が台頭し，交易活動が経済活動の中心となった。島嶼部ではこうした**港市国家**とそれらを仲介するマラッカ王国が発展した。マラッカは東アジア方面とインド洋・西アジア方面から到来する東西の商人が出会う港市となり，東西から多様な外来商人が来航して逗留するコスモポリタンな都市となった。

　また，大陸部ではチャンパに加え，シャムのアユタヤ王国（1351～1767 年）やビルマのペグーなど海上交易活動を基盤とする王権が繁栄した。当初スマトラ西岸に広まっていたイスラム教は，イスラム教に改宗したマラッカ王国のネットワークによって島嶼部の広範な地域に拡大し，北スマトラには 15 世紀末にアチェ王国（15 世紀末～1903 年）が成立した。

　　　　南アジア　　　南アジアではティムールの侵攻以降，インド北部にはデリー＝スルタン朝以外のムスリム地方王朝が展開した。宗教的にはヒンドゥー教が圧倒的であったが，13 世紀以降，インド北部にイスラム王朝が続いたことや，スーフィー（⇨解説）の活動もあってイスラム教が北西部の都市住民などに浸透した。南インドでは 14 世紀に誕生したヴィジャヤナガル王国（1336～1649 年）が，綿織物業とムスリム商人によるインド洋交易で繁栄していた。

　　　　西アジア　　　15 世紀末になると，ティムール帝国が崩壊し，中央アジア方面においては，以後はトルコ民族とモンゴル民族の世界に二分されていった。一方，オスマン帝国は 1402 年にティムールに敗北したものの，1453 年

解説 **スーフィー**　イスラーム神秘主義者。羊毛（スーフ）で作った粗末な衣服を着て，清貧に甘んじながら精神的修行に励むムスリム。一部のスーフィーは聖者として崇められ，広く民衆を組織して教団を形成することもあった。

にコンスタンティノープルを陥落させてビザンツ帝国を滅ぼし，都をコンスタンティノープル（のちにイスタンブルと改称）に移してバルカンとアナトリア支配を確立した。オスマン帝国はスルタンがアナトリアやバルカン出身の騎士たちに町や村の徴税権を一代限りで与える代わりに，騎士たちが軍役を負うティマール制を実施した。これに加えて主にバルカン半島の農村から優秀なキリスト教臣民の子弟を登用して，エリートとスルタンの近衛歩兵常備軍であるイェニチェリ軍団の人材を確保するデヴシルメ制度を用い，中央集権的な体制を整備していった。

ヨーロッパ

西欧では貨幣経済の進展によって荘園に基づく旧来の体制が崩壊し始めた。14世紀におけるペストなどによる人口の減少によって，農民の立場は強くなり，**領主権力は弱体化**して農民の身分的束縛は弱まり，**農奴制は消滅**へと向かった。

　英仏百年戦争（1337〜1453年）が15世紀半ばに終結し，バラ戦争（1455〜85年）を経たイングランドや，ブルゴーニュ公国を吸収したフランスでは中央集権化が進展した。教皇権が衰退する一方で，ドイツは皇帝権力が弱体化して領邦国家（⇨ **解説**）になった。イベリア半島では15世紀末にスペインがグラナダを陥落させてレコンキスタが完成した。

　15世紀後半以降には農業生産の回復もあり，人口が増大して5700万人に達した。商業活動の発展のなかで，ヴェネツィア，ミラノ，ジェノヴァ，フィレンツェをはじめとする中・北部イタリアの諸都市は繁栄し，ルネサンスの経済的背景となった。フランドル経済も回復したが，ブルッヘ港の閉塞によって，その中心

解説 領邦国家　　中世のドイツにおいて王権（皇帝権）からの自立性を強めた多数の領邦が，中世後期から近世にかけて事実上の国家に等しい独立性を獲得し，分立した状態。

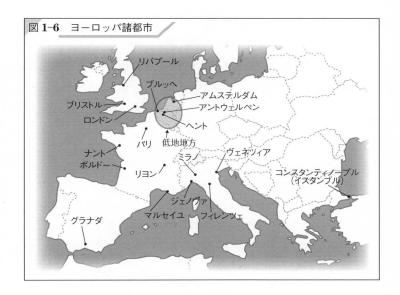

図1-6　ヨーロッパ諸都市

（地図中のラベル）
リバプール
ブルッヘ
ブリストル
アムステルダム
アントウェルペン
ロンドン
ヘント
パリ
低地地方
ナント
ミラノ
ヴェネツィア
ボルドー
コンスタンティノープル
（イスタンブル）
リヨン
グラナダ
ジェノヴァ
マルセイユ
フィレンツェ

はアントウェルペンに移行した。毛織物産業はイタリアとフランドルが中心ではあったが，イングランド・オランダでも毛織物工業が勃興，鉱工業も進展した。

　東欧ではビザンツ帝国が滅亡する一方で，15世紀前半にはジョチ=ウルスの分裂もあり，モスクワ大公国が勢力を拡大した。モスクワ大公国や東欧では貴族の影響力が強く，西欧とは逆に農民の自由は制限されていった。

| アフリカ |

西アフリカはサハラ砂漠縦断ルートで地中海と結ばれ，金・奴隷を輸出し塩と交換する貿易で繁栄していた。650年から1500年にサハラ砂漠越えで運ばれた奴隷は約430万人に達したと推計されている。西スーダンではガーナ王国滅亡後の13〜15世紀にマリ王国（1240〜1473年），15〜16世紀にはソンガイ王国（1464〜1591年）が交易で栄えていた。これらの国家は金の産出による富を基盤とし，サ

ハラ縦断貿易を支配して保護を加え，各地に点在する交易の拠点をおさえることで，広大な領域を支配していた。

<table><tr><td>アメリカ</td></tr></table>

　アメリカ大陸は，ユーラシアと隔絶した状態で独自の文明を発展させていた。ユカタン半島のマヤ文明は都市を中心とした文明であり，9世紀に最盛期を迎えたが，15世紀以降衰退していた。一方，メキシコ高原ではアステカ人が14世紀に王国を形成し，テノチティトランを建設して首都とし，16世紀には太平洋岸まで支配するようになっていた。アステカは道路網を整備して商業を活性化させるとともに，浮島上の畑での食糧生産にも尽力し，人口は1000万人を超えていた。アンデス高地ではインカ帝国が15世紀半ば以降に急速に拡大し，コロンビアからチリに至る南北4000kmに及ぶ広大な領域と，人口1600万人に達する多様な民族を支配するに至った。インカ帝国は諸都市をつなぐ道路網で国内を結び，優れた灌漑設備による農業を基盤として繁栄していた。

　以上のように，15世紀以前の世界は遊牧民の活動や交易活動によるユーラシアレベルでの連動は存在したが，必ずしもユーラシア全域が同時に変動するわけではなく，またアメリカのようにユーラシアとまったく関係をもたない地域も存在し，各地域の政治・社会・経済のあり方は多様であった。そして14世紀以降において，西欧のように既存の社会・経済の仕組みが大きく変容を迫られる地域もあった。次章からは，16世紀以降のグローバル化による経済変動がいかに各地域の個性に影響を与えたのかを見ていきたい。

1　ユーラシアレベルの変動は何が原因で，どのような影響を与えたのか，考えてみよう。

2　モンゴル帝国の成立は，ユーラシア世界にどのような影響を与えたのか，考えてみよう。

3　グローバル化が始まる直前の時期における各地域の経済の特徴について考えてみよう。

第2章

グローバル化の開始
(16世紀)

経済発展と近世国家

　本章では，いよいよグローバル化が本格的に進行する。スペインのアメリカ征服とポルトガルのアジア進出がもたらしたグローバル化は，「コロンブスの交換」や世界的な銀の流れによって各地に大きな変化を引き起こした。そしてこうしたグローバル化は，世界各地において農業生産の拡大と商業や都市の発展を促した。世界的な経済変動のなか，東アジアにおいては近世（⇨ 解説 ）国家が胎動しており，西アジアやヨーロッパでは近世国家が成熟した姿を見せていた。

1 グローバル化の開始
●イベリア半島諸国の進出の衝撃

▶︎　スペインによって征服されたアメリカではどのような土地制度が生まれたのだろうか。

▶︎　「コロンブスの交換」は東半球と西半球にそれぞれ何をもたらしたのだろうか。

▶︎　日本銀とアメリカ銀の増産は東アジアとヨーロッパに何をもたらしただろうか。

スペインのアメリカ征服

イベリア半島におけるレコンキスタは，15世紀末のスペインによるグラナダの占領で完成する。レコンキスタのなかで

解説 近世　ここでは16～18世紀を指して用いる。

図2-1　ラテンアメリカ

ジャマイカ
イスパニューラ島
小アンティル諸島
ボゴダ
赤道
メキシコ
アカプルコ
パナマ
キト
リマ
ポトシ銀山
サンティアゴ

　成立してきたスペイン・ポルトガルは，地中海からインド洋への
ルートをおさえるイスラム諸国の仲介を経ないで香辛料・貴金属
を直接入手することと，カトリックの布教とをねらい，15世紀
から海外進出を開始した。これに先立って船舶の設計，造船，磁
気羅針盤などの航海用器機の技術進歩が生じ，以前より大型化
した船体をもつ船による，長距離かつ安全な航海が可能となってお
り，それが海外進出を後押しした。これによってグローバル化が
始まり，その動きは16世紀に本格化した。
　スペインは1492年にコロンブス（1451～1506年）がカリブ海
に到達したことを契機としてアメリカ大陸への進出を始め，
1522年にはマゼラン（1480頃～1521年）の船隊が世界を周航した。
民間人である征服者たちはスペイン国王と協定を結び，征服者は
遠征で得られた収益から5分の1を上納する代わりに，これか
ら征服する土地の総督に任じられた。彼らスペイン人征服者は火
器や鉄製武器，馬の使用もあって1521年にアステカ王国を，

1534年にインカ帝国を滅ぼし，アメリカ大陸の植民地化と領域支配を進め，その領域はラテンアメリカから北は現在のアメリカ合衆国南西部・中部とフロリダ半島に及んだ。スペイン人はメキシコ，パナマ，リマ，キト，ボゴダ，サンティアゴといった都市を次々と建設してそこに居住した。これら都市住民のなかで総督によって市民に選ばれた者は，都市の周囲の先住民首長国や村を**エンコミエンダ**（⇨**解説**）として与えられ，農村部の所領としてそこから労働力と収入を得た。こうしたエンコミエンダを得た市民は大きな世帯を維持し，スペイン領アメリカ社会の支配層を形成していった。しかし，スペイン政府は領主権につながりかねないエンコミエンダに制約を加え，人口減もあってエンコミエンダは空洞化した。そこで16世紀後半になると，**アシエンダ**（⇨**解説**）といわれる大農園が形成され，大土地所有制が広まっていく。

コロンブスの交換

スペインのアメリカ征服とグローバルな交易の拡大によって，コロンブスの交換（Columbian Exchange）といわれるように，東半球と西半球の間で動物・植物・人口・病原菌・鉄器の交換が行われて双方に大きな影響を与えた。

ユーラシア大陸ではアメリカ原産のジャガイモやサツマイモ，トウモロコシの普及が**人口増**を引き起こした。タバコも，ユーラシア各地の政権が禁止したにもかかわらず，喫煙は止まないどころかかえって広く普及した。中国においては，商品作物で労働集約的なタバコと自給作物で労働節約的（第7章197ページ参照）

解説 エンコミエンダ　　先住民の共同体から労働力を調達し，租税を徴収する権利をスペイン人に与えた制度。先住民を酷使したためにその人口の急減を招いた。

　　アシエンダ　　ラテンアメリカの旧スペイン領地域の大農園。メキシコ・アンデス地方で発展した。

なサツマイモ・トウモロコシの栽培が組み合わさって内陸の山地開発が移住民によって進められ，18世紀に中国の人口が倍増するひとつの背景となった。日本においてもサツマイモの栽培は西日本に広まっていたが，1735年に青木昆陽が江戸幕府に甘薯栽培を提言したこともあり，全国的に栽培が広がった。キャッサバ（タピオカの原料）・サツマイモ・トウモロコシはアフリカにも普及して生産能力を高めて人口増加をもたらし，東南アジアでもキャッサバの栽培が広がった。

　ヨーロッパにおいてはジャガイモが，ドイツでは30年戦争時に広まり，その後18世紀にはプロイセン，フランス，ポーランドやロシアに普及したほか，アイルランドでも18世紀に普及して主食となり大幅な人口増が見られた。このほか，トマトやチョコレート（ココア），落花生，唐辛子などの導入もユーラシアの食文化を豊かにした。

　一方，アメリカ大陸では馬・牛・ロバが導入されて移動・運搬・牽引に重要な役割を果たすようになったほか，羊・山羊・豚・鶏などの家畜類が持ち込まれた。植物では小麦・米などの穀類が普及した。また，サトウキビ・コーヒーは中南米において重要な商品作物となり，各地のプランテーション（大農園）で栽培されるようになった。

　また，相互に病原菌が交換されることになり，とくにアメリカ大陸には天然痘，はしか，チフス，インフルエンザ，ジフテリアなどの病原菌が持ち込まれ，**免疫のなかった先住民の大半が死亡するという悲劇**が生じた。急激な人口減はアメリカ各地の社会を混乱させ，スペインによる**アステカ王国やインカ帝国の征服を容易**にした。さらに，土地価格の下落はアシエンダ制の成立を促進した。

　人口の減少にともない，スペイン領アメリカの鉱山やポルトガ

喜望峰：周辺の海域は荒天が多く，バルトロメウ・ディアスは「嵐の岬」と名付けたが，インド航路の開拓につながったことからポルトガル王ジョアン2世が「希望の岬」と名付けた。本来日本語でも「希望岬」とするところであるが，誤解により「喜望峰」となって今に至る。

istock.com / Ahrys Art

ル領ブラジルのサトウキビ栽培を行うプランテーションの労働力が不足した。そこで，アフリカに進出した**ポルトガルは西アフリカや現在のコンゴからアンゴラにかけての西中央アフリカから黒人奴隷をアメリカに輸送する大西洋奴隷貿易を開始した。**

| ポルトガルのアジア進出

ポルトガルは15世紀初頭からジェノヴァの資金をうけつつ，大西洋に向けた探検航海を開始した。15世紀後半には西アフリカから中部アフリカへの探検を進め，1488年にはアフリカ最南端の喜望峰に到達，1498年にはヴァスコ・ダ・ガマがインドのカリカットに到達し，インド航路を開いた。ポルトガルは1509年にはディウ沖の海戦でマムルーク朝・グジャラートなどの連合軍を破ってアラビア海の制海権を確保し，翌1510年にはインドのゴアを占領してポルトガルのアジア展開の中心とした。さらに1515年にはホルムズを占領してペルシア湾口をおさえた。

ポルトガルは東南アジア方面では 1511 年にマラッカ王国を滅ぼしてここを占領，1530 年代には香料諸島（モルッカ諸島）の支配を確立し，香辛料貿易の拠点を確保した。さらに東アジアにも進出して倭寇（後期倭寇）とともに中国と日本の間の密貿易を行い，1557 年にはマカオに居住権を得て貿易拠点とした。日本には 1543 年に中国船に搭乗して種子島に到来し，火縄銃を伝えた。1549 年以降はイエズス会をはじめとするカトリックの宣教師が布教をしつつ，平戸などを拠点として中国産生糸と日本銀を交換する日中貿易で大きな利益をあげた。このように，ポルトガルはスペインとは異なり，ほとんど植民をせず，重要な軍事拠点や交易地をおさえてヨーロッパとアジアの間の主要な海上交易路の掌握を進めていった。しかし，ポルトガルの本国人口は 150 万人に過ぎず，船舶数やマンパワーがまったく不足していた。したがって，広大な海域における海上貿易の独占はできず，16 世紀半ば以降は紅海・地中海経由の香辛料貿易も復活してポルトガルの独占は失われた。

　ポルトガルの進出の刺激もあってインド洋貿易は発展し，インド洋港湾都市を成長させた。南インドのヴィジャヤナガル王国はポルトガル人商人を優遇して，彼らを通じて西アジアの馬を大量に入手し，その軍事力を維持していた。これに対し，東南アジアではマラッカの旧勢力がマレー半島南端のビンタン島にジョホール王国を建てるなど，現地勢力がポルトガルに対抗した。さらに，北スマトラのアチェやジャワのバンテン，スラウェシのマカッサルなどは，ポルトガルのおさえるマラッカ海峡を経由せずにスマトラ西海岸を経由するスンダ海峡ルートを利用して貿易の拠点とし，東南アジアの交易を活性化し，港市国家の繁栄を招いた。

銀の動き

イベリア半島諸国の海外進出を契機としてグローバル化が始まったが，その牽引

図2-2　東アジア・東南アジア海域

石見銀山
平戸
種子島
蘇州
双嶼
寧波
海澄
マカオ
マニラ
アユタヤ
マラッカ
アチェ
パタニ
マラッカ海峡
ビンタン
マカッサル
バンテン
スンダ海峡
モルッカ諸島

力となったのは銀の生産と世界的な流通であった。日本では戦国
大名の富国強兵策によって金山・銀山をはじめとする鉱山開発が
進んでいた。1533年になると，優れた金・銀の抽出技術である
灰吹法が朝鮮から石見銀山に伝えられて全国に広まり，金・銀の
生産量が激増した。16世紀後半には優れた銀抽出法である水銀
アマルガム法がメキシコで開発されて南米ペルーのポトシ銀山や
南ドイツの銀山に導入されたこともあり，世界的に銀の採掘量は
飛躍的な増大を見せ，銀流通が拡大した。

　銀の最大の流入先が中国であった。16世紀中葉，明朝はモン
ゴルの朝貢を認めなかったため，中国との貿易ができなくなった
モンゴルは，貿易を求めてたびたび明朝に侵攻した。そこで明朝
は万里の長城を現在見られるような堅固なものに修築するととも
に，長城線に大軍を配備した。その軍需物資調達のために北方の
前線付近に銀が集中し，その結果として国内は銀不足に陥ってい
た。しかし，大量の銀を産出する日本との勘合貿易は，将軍に代

わり貿易の利権を掌握していた大内氏と細川氏が争った1523年の寧波の乱以降は減少していた。その後，勘合貿易の利権を掌握していた大内氏が1551年に滅亡したことにより，公式の日中貿易は完全に中断した。

このような状況になっても，明朝は明代初期に定められた海禁政策を墨守して民間の海上貿易を認めなかった。そこで**倭寇（後期倭寇）**といわれる中国東南沿海の中国人を中心とする多国籍の武装密貿易集団やポルトガル人らが舟山群島の双嶼を拠点として日中貿易を行い，日本銀は中国産生糸・木綿などの代価として中国へ流入した。1543年に日本に鉄砲をもたらしたポルトガル人を乗せていたのも，倭寇の有力なリーダーの王直の船であったといわれる。中国の沿海部では官僚や地域エリートも倭寇のパトロンとなり，その貿易の利益に与った。かくして，16世紀半ばには「北虜南倭」といわれるようにモンゴルの侵攻と倭寇の活動は最盛期を迎えた。これに対して明朝は軍事力を用いて倭寇を鎮圧したものの，もはや海禁政策の維持は困難であった。そこで1567年には福建省南部の港である海澄において中国人商人による対東南アジア貿易を認可し，**海禁政策を緩和**した。中国人商人の出航後の行動をコントロールすることはできなかったため，この緩和によって多くの中国人商人が日本に赴くようになり，日中貿易が大幅に拡大した。また，1571年には明朝とモンゴルの和議が結ばれてモンゴルとの貿易が再開され，「北虜南倭」の危機は過ぎ去った。

一方，ペルーやメキシコで生産されたアメリカ銀はメキシコ・パナマを発った船団によって大西洋を横断してスペインのセビーリャに流入した。銀はそこからアメリカ向けの毛織物を生産するネーデルラントや，スペイン国王に金を貸し付けているジェノヴァの銀行家をはじめとする西欧各地に流れていった。さらにヨー

ロッパ諸国のアジア貿易によって銀はインドや中国にも流入した。このほか，スペインは1571年にフィリピンのマニラを拠点とし，メキシコのアカプルコとマニラの間の太平洋を横断する**ガレオン貿易**（⇨ 解説 ）を展開し，その結果，アメリカ銀は生糸をはじめとする中国産品の代価としてマニラ経由で中国に流入した。一方で大量の生糸のアメリカへの流入とそれを使用したメキシコの絹織物業は，スペインの絹織物業に大きな打撃を与えていった。

　ヨーロッパでは人口増大に食糧供給が対応できなかったうえ，こうしたアメリカ銀のほか，南ドイツにおける銀の生産増大やアメリカからの金の流入もあり，価格が上昇する**「価格革命」**が発生し，16世紀末の物価は16世紀初頭と比較して3〜4倍となり，実質賃金の低下をもたらした。

　一方，大量の銀が流入していた中国においては軍事的緊張が続く北方に銀が集中し，国内では銀不足が続いたため，西欧のような価格上昇は発生しなかった。

2 経済の拡大

●生産増大と商業の発展

▶　16世紀にユーラシア各地ではどのような商品生産が拡大したのだろうか。

▶　16世紀に繁栄した都市について考えてみよう。

▶　16世紀頃，東アジアやヨーロッパの商人やその集団にはどのような変化が見られたのだろうか。

解説 **ガレオン貿易**　　大型帆船であるガレオン船を用いるスペインの太平洋航海船団による貿易。毎年3月にアカプルコ港を出港し，5月にマニラに到着，7月にマニラを出港して12月にアカプルコに帰還した。

| 農業と商品生産の拡大 | 世界的な貿易活性化と同時に，各地で農業生産と人口増大が見られた。東アジア |

では低地開発が進展し，稲作などの集約的な農業に適した小農社会が中国だけではなく，その他の地域にも拡大していた。中国では江南デルタの開発は完了し，東南アジアから伝えられた「占城米」といわれるインディカ米（⇨ 解説 ）の導入もあって農業生産が増え，人口も増大して，16世紀末までに1億人程度に達した。手工業も発展し，繊維製品では江南デルタの東部の微高地に当たる 松江（しょうこう）・太倉（たいそう）などで生産される**綿布**，江南デルタ西部の湖州などで生産される**生糸**の生産も増大した。これらは農家の家内副業であり，綿糸・生糸の糸繰りや綿布の機織りには女性労働力も使用された。多人数を用いて大規模に生産される方式は蘇州や杭州などの大都市において製造される高級絹織物に限られた。このほか，景徳鎮などにおける染付をはじめとする**陶磁器**の生産も拡大した。これらの製品は中国内で大量に消費されたほか，日本をはじめとするアジア諸国や西欧などの海外に輸出された。

　日本は戦国の動乱期であったが，戦国大名の治水・灌漑事業によって農業生産は増大し，人口も1450年の約960万人から1600年には1700万人程度にまで増大したと推計されている。商品作物では16世紀後半には**木綿**の生産が始まり，麻に代わって庶民の衣料となっていった。一方で，16世紀後半以降に銀の代価として大量の中国産生糸が流入したことは，14世紀に始まっていた日本の生糸生産に打撃を与えた。

　朝鮮においても山間平地部の開墾や西海岸の干拓によって耕地面積が増大し，井堰（いせき）による灌漑が始まった。また，日本の綿布自

解説 **インディカ米**　　細長い長粒種の米，「タイ米」などがそれに相当する。日本で通常食べられているのは短粒種のジャポニカ米。

給体制が整わない16世紀前半までは、大量の**綿布**が日本に輸出され、輸出制限がかけられるほどであった。

　南アジアでも人口が増大し、1600年の段階での人口は1億1400万人に達したと推定されている。北インドではムガル朝（1526〜1858年）の支配のもと、大麦・米などのほかに**綿花・サトウキビ・インディゴ**などの商品作物の栽培が進展した。南インドではポルトガル船の来航による海上貿易の活性化もあって、ヴィジャヤナガル王国の支配のもとで綿布や砂糖生産のような手工業が発展した。

　西欧では15世紀後半以降、干拓などによる耕作面積の拡大、輪作の導入による面積当たりの生産量増大もあって農業生産が増大し、人口も1600年には約7400万人に達していたと見られる。また、特産地の形成が進み、**毛織物**の場合、従来は低地地方の都市を中心に生産が行われてきたが、都市周辺の農村地帯でも安価な毛織物生産が進んだ。毛織物生産はすでにイタリア・フランドルからオランダに拡大していたが、牧羊地帯であるイングランドとスペインにおいても「**新種毛織物**」と呼ばれる薄手の毛織物生産が増大して羊毛の代わりに輸出が始まるなど、生産地はいっそう拡大した。イングランドは最大の毛織物生産地へと成長していくが、スペインはアメリカの需要量に応じた毛織物を十分に生産できず、結局は低地地方などの毛織物がアメリカ銀の代価となり、これらの地域の生産も増大した。

　また、西欧の都市の発展にともない、食糧供給地となった東欧やロシアにおいては、**穀物輸出**が増大した。市場向けの穀物生産を行う領主が直営地を拡大して農場領主制が広まるなかで農民の隷属化が進み、新たな農奴制（再版農奴制）（⇨ **解説**）が展開する

────────────────────

解説 **再版農奴制**　　西欧で農奴制が消滅しつつあったのに対し、エルベ川以東に

ことになった。こうした農奴制を基盤とする貴族層は，ポーランド，チェコ，ハンガリーなどにおいて大貴族の支配する国会と中小貴族のおさえる地方議会という二院制国会を通じて王権を制約した。

東南アジアではベトナム北部の紅河デルタ，ミャンマーのエーヤワディー（イラワジ）川中流域，ジャワ島の一部を除き東アジアのような小農を中心とする集約的農業は発展しなかった。人口も相対的に希薄で，東南アジア全体でも3000万人程度にとどまっていた。

オスマン帝国治下では，エジプトやメソポタミアでは灌漑が行われ，アナトリアとバルカンにおいて商品作物栽培は拡大したが，基本的に農業技術に変化はなく，天水に頼って小麦と大麦を栽培していた。スレイマン1世（在位1520〜66年）の時代の人口は3000万人ほどと推定されており，領域は広大であったが人口は希薄であった。

商業と都市の発展

流通の増大にともない，中国では江南を中心として小都市（鎮・市）が発展し，その数も増加した。結果として，大都市・中規模都市と比較して圧倒的に小都市の層が厚いという中国の都市化の方向が定まった。

蘇州に代表されるような大都市も繁栄し，消費も拡大した。遠隔地商業の発展のなかで，先述の山陝商人に次ぐ商人集団の形成が見られた。15世紀末になると，北方に穀物を輸送する代わりに，銀を納入すれば塩の販売権を得られることになったため，山陝商人に加えて，塩の生産地と経済の中心地である江南に近い徽州（新安）商人が揚州と杭州に進出して最も有力な塩商となり，拡大

おいて16〜17世紀にかけて農奴制が強化されたために，再版農奴制と呼ぶ。

Column ② 　商工業者の団体 〰〰〰〰〰〰〰〰〰〰〰〰〰〰〰〰〰〰〰〰〰

　ヨーロッパにおいては，宗教ギルドが母体となって商人ギルド
やクラフト・ギルドが形成された。商人ギルドは 11 世紀頃，遠
隔地商業や在地の商業が盛んになるにつれて，多くは自発的に富
裕な商人を中心に結成された団体であり，手工業者を含む場合も
あった。クラフト・ギルドは同職者の団体である。いずれのギル
ドもメンバーシップを限定し，営業独占や生産・販売に対する規
制を行う一方で，宗教的性格と相互扶助団体としての性格をもっ
ていた。

　イスラム世界においてはゆるやかな商工業の相互扶助組織は存
在したが，明確な団体ではなかった。それが 16 世紀のオスマン
帝国時代になるとエスナフと呼ばれる商工業者の組織に再編され，
政府がエスナフの責任者を任命し，徴税と生産活動の統括を任せ
るようになった。エスナフは仲間に平等に原料や商品を分配し，
品質や規格，価格を管理する機能を有していた。また，店舗や親
方職人の数を制限して既得権を守る役割もあったが，完全に実現
してはいなかった。

　中国においては古代より行会といわれる商人・手工業者の集団
が形成され，それは同郷結合と重なり合っていた。明清時代に商
業が発展するとこれら同郷・同業団体によって会館・公所が設置
された。会館は主に同郷の商人が設けたもので，外来の商人たち
が相互扶助を目的として設立したものが多い。財政的に弱体な地
方政府が会館・公所に税や負担を割り当てることもあり，団体の
結成に関与することもあった。したがって，商工業者の団体と政
府との関係は密接であり，政府に対して自立的に権利を主張する
ような存在ではなかった。同郷であれば基本的に参入のハードル
は低く，メンバーシップは固定せず，特定の取引を独占するとし
ても競争は規制されず，会館の成員同士の競争は激しく行われた。

　以上のように，各地の商業団体はそれぞれ性格を異にしており，

それらを西欧由来の「ギルド」という語で説明するのは適切ではない。

～～～～～～～～～～～～～～～～～～～～～～～～～～～

する物流をおさえて全国的な商業活動を行った。このほか海上貿易では福建・広東・寧波の商人が活躍するなど，多数の商人集団が形成されていった。こうした**客商**（➡️**解説**）を中心とした商人集団や同業者集団は各都市において**会館・公所**といわれる同郷・同業組織をつくり，同郷の神を祀り，それらの神の祭礼の行事を利用して親睦を深め，相互扶助を行った。

　もっとも，16世紀において中国経済の繁栄は都市に偏っており，銀も都市在住の商人や地主，官僚，軍人のもとに集中し，農村では不足していた。銀を掌握する商人は生産者に対して優位に立って収奪を行ったため，都市と農村の格差はいっそう拡大した。こうした農村の貧困が明朝に危機をもたらすことになる。

　日本では，応仁の乱以降の動乱にともなって京都を中心とする首都圏の中心性が失われるなかで，市場が多極化・分散化し，各地の商業・流通がネットワーク化されて中核都市が形成された。やがて16世紀末の織豊期になると，京都が復興したほか，織田信長（1534～82年）・豊臣秀吉（1537～98年）によって建設された**安土・大坂・伏見**においては，大名とその麾下の武士を集住させ，武士・町人の居住エリアを明確にゾーニングする都市が建設され，これが各大名の**城下町**のモデルとなり，都市化を進展させていった。

　西アジアではオスマン帝国は低い関税のもとで輸入を奨励し，フランスやイギリスにカピチュレーションといわれる通商特権を

解説 **客商**　　生産地で商品を買い集め，消費地で売却する商人。郷里を離れて活動し，広大な中国における遠隔地貿易を担った。

与えて西ヨーロッパとの貿易を促進した。帝国内においても国際商業にたずさわる商人はギルド規制に従わない特権商人であり，西ヨーロッパに及ぶ広域的なネットワークを張り巡らせて活躍した。商業の活性化のなか，首都である**イスタンブル**はオスマン帝国による商人・職人の強制的な移住政策や16世紀後半の大量の人口流入もあり，ムスリムのみならずキリスト教徒やスペインを追放されたユダヤ教徒も多数居住し，人口15～20万人を数えるヨーロッパ最大の都市のひとつとなっていた。また，北部シリアの都市アレッポもインド洋と地中海を中継し，イラン産の絹の取引を行うことで国際商業の中心として発展した。

　西ヨーロッパでは，15世紀後半以降の経済成長と生産の拡大のなかで，穀物や木材といった重量のある商品や安価な織物などの日用品の広域的流通が増大，遠隔地貿易が発展した。貿易の拡大や産業の発展のなかで低地地方は，地中海とバルト海の貿易圏を南ドイツ経由の西欧を縦断する商業で結びつけ，ヨーロッパ経済の商業・流通の中心となった。その中心都市の**アントウェルペン**は大西洋貿易と連結し，さらに毛織物産業の集散・仕上げ地にもなって，16世紀半ばには人口10万人を超える都市へと成長した。当時，西欧の国際貿易決済に為替手形が用いられるようになったことにより，商業・流通の中心であるアントウェルペンは西欧の金融の中心となり，ハプスブルク家のカール5世（在位1516～56年）に対する最大の融資者となった。

　イングランドでは首都の**ロンドン**がアントウェルペンと結びつきつつ，イングランド最大の貿易都市となって中心性を高め，16世紀末には人口が20万人程度に増大した。フランスでは西ヨーロッパ最大の都市で，消費地である首都パリの人口が30万人となったほか，第二の都市リヨンが絹織物生産かつ金融・決済の中心として機能し，マルセイユは地中海貿易で繁栄した。一方で，

トプカプ宮殿とハギア＝ソフィア大聖堂：イスタンブルはヨーロッパと
アジアにまたがる交通の要衝にある。写真はアジアとヨーロッパを隔て
るボスポラス海峡よりイスタンブルを望む。中央の建物がオスマン帝国
のスルタンが居住したトプカプ宮殿。左側のモスクはもともとビザンツ
帝国時代の6世紀に建設されたハギア＝ソフィア大聖堂で，オスマン帝
国がコンスタンティノープルを攻略した1453年から1931年まではモス
クとして使用された。
istock.com / pixedeli

イングランドやフランスにおいて中心地とならなかった中小規模
の都市は人口が停滞的であった。

　貿易が大西洋側に移動するに従ってイタリア諸都市は相対的に
地位を低下させていたが，地中海貿易は衰えず，**ヴェネツィア**は
オスマン帝国との貿易，ジェノヴァはスペインとの貿易でその地
位を維持しており，**ナポリ**の人口も25万人に達していた。

　もっとも，この当時のヨーロッパ都市の多くは商業や行政の中
心地であって工業の中心地ではなく，都市人口の増大は必ずしも
経済発展にはつながらず，過密・不潔といった生活環境は伝染病
の温床となって都市を危機に陥れることもあった。

　イタリア商人に代わり台頭してきたのがフッガー家をはじめと
する**豪商**たちで，フッガー家は神聖ローマ帝国に融資し，チロル

マルセイユの旧港：マルセイユの貿易は17世紀以降も発展し，18世紀には地中海貿易のみならず，大西洋貿易港として最盛期を迎え，現在の町並みが形成された。
istock.com / Media Raw Stock

やハンガリーの鉱山の支配権を得，ドイツや西欧諸都市に支店を構えて中央ヨーロッパの香辛料貿易を支配し，為替手形で広範な取引を行った。こうした豪商はドイツだけではなく，イタリアや低地地方にも多数存在し，多くが合名組織（⇨**解説**）という企業形態で，共同経営者の権利・義務を規定した契約書によって公認されていた。

　商業の形態が大きく転換するなかで，低地地方やイングランドにおいては**商人ギルドの衰退**が始まり，貿易は互いに競争する商人たちの手に移っていった。イングランドでは羊毛取引や毛織物取引において共同の本部と倉庫をもち，共通の規約に従う商人組合が結成された。一方で長距離の海外貿易に関しては，16世紀後半には貿易独占を許可する国王の特許状を与えられた組合（会社）が設立された。1600年創立の東インド会社もそのひとつで

解説 **合名組織**　12〜13世紀のイタリアと低地地方との間の内陸貿易の発展から生まれたコンパーニアと呼ばれる商業組織が起源。社員は無限連帯責任を負った。

ある。

3 近世国家

●誕生と成熟

▷▷　16世紀の東アジアではどのような近世国家が生まれつつあったの
だろうか。

▷▷　16世紀，南アジア・西アジアの近世国家はどのような制度を用い
て広大な地域を支配したのだろうか。

▷▷　16世紀のヨーロッパでスペインが経済の中心にならなかったのは
何故だろうか。

東アジア近世国家の胎
動と誕生

経済の活性化のなかで，アジアにおいて
現在に至る国家の枠組みを形成していく
近世国家が胎動していた。中国では明朝
にモンゴル対策としての軍事費の増大から財政危機が生じており，
16世紀後半に幼帝万暦帝（在位1572～1620年）のもとで明朝の
実権を握った張居正（1525～82年）による改革が行われた。張居
正は歳出の抑制と税の強制的徴収を進め，結果として一時的に財
政は改善したが，張の死後にその政策は撤回されて財政は悪化し，
政争も激化して明朝の衰退を招いた。

　中国の東北南部の**遼東**や**東南沿海**などの辺境地域では，**拡大す
る交易を基盤として明朝に代わる自立的勢力が胎動しつつあった**。
このうち遼東では，多額の軍事費が投下されて好景気となってい
た。1570年に遼東の武官のトップとなった李成梁（1526～1615
年）が軍事費や塩税・商税を自らの収入とし，私兵を養って自立
的勢力を形成した。遼東では**女真人**が採取・入手する朝鮮人参と
クロテンの毛皮（⇨ **解説** ）貿易も活性化していたが，李成梁は女
真人を保護する一方，この貿易からも利益を得た。女真人はこの

長篠古戦場：右手に見えるのは復元された馬防柵。長篠の戦いで衝突した織田・徳川連合軍と武田軍は双方ともに鉄砲を使用したが，海外から弾丸や火薬の原料である鉛や硝石を大量に入手できた織田側が優位であったと考えられている。
筆者撮影

貿易の利益をめぐって互いに激しく争っていたが，そのなかから李成梁の庇護を受けたヌルハチが登場する。

　日本においては戦国大名の開発にともなって農業生産性が上昇していた。経済の中心地である畿内と海外交易の中心である堺をおさえた**織田・豊臣政権**は，兵農分離を進めるとともに，大量の兵員と火器を利用しつつ国家統合を進めた。1590年に日本を統一した豊臣秀吉は，これに前後して検地を全国的に行って国内の生産力を把握，1592年から朝鮮に侵攻し，朝鮮および援軍を派遣した明との戦争となり，この戦争は秀吉の死ぬ1598年まで続

解説 **クロテンの毛皮**　　シベリアや現在の黒竜江省北部が産地。15世紀末以降，中国で贅沢品が流行するなかで，需要が高まっていた。

いた。これは陝西・貴州における反乱とあわせて明朝財政の危機を深刻化させた。さらに、明の遼東における軍事力が朝鮮に投入されている間に、ヌルハチは女真族の統一を進めて強大化した。戦場となった朝鮮では多数の人命が失われたほか、耕地も荒廃し、経済的打撃も大きかった。日本では豊臣政権が内部対立によって崩壊して江戸幕府が成立する契機となった。

　この戦争で日本側が大量に装備していた火縄銃の威力を目にした中国・朝鮮においても火縄銃の導入が進み、17世紀になると明清交替期の動乱、清朝によるその後の征服戦争に大量に使用された。また、火砲の重要性を認識した日本においても大坂の陣（1614〜15年）で大量の火砲が使用されることになった。このほか、日本は朝鮮から陶工を日本に連行し、彼らによって有田焼や伊万里焼などの陶磁器産業が日本で勃興した。

成熟する近世国家　南アジアにおいてはアフガニスタンからインドに侵入したトルコ系のムガル朝がデリー＝スルタン朝（ロディー朝）を破って北インドの支配を開始した。その後、ムガル朝の北インド支配には盛衰があったが、アクバル（在位1556〜1605年）の時代には北インド全域を支配するに至った。ムガル朝は州・県・郡では中央から派遣された役人が地方統治を担っていた点では、高度に中央集権的であった。一方で、中央から派遣された郡役人は在地の世襲的役人や村落連合、カースト集会の長の協力をうけなければ地方統治ができないという点で、分権的性格をもっていた。1580年代には土地を等級づけしてその生産高を算定し、それを基準に地租を金納させる地租制度が確立した。これをもとに、すべての文武官にそれぞれ一代限りのマンサブ（位階）を授与する**マンサブ制**と、マンサブに応じたジャーギール（給与地）を与える**ジャーギール制**が成立した。皇帝はマンサブとジャーギールを授与・没収、加増・削減し、ジ

ャーギールの世襲を許さず，帝国各地に分散・分割して授与し，3〜4年で所替えした。これによってマンサブダール（位階保持者）の在地化を防止し，皇帝とマンサブダールとの間には個別的な関係が結ばれることになった。ムガル皇帝はこの制度の運用によって貴族と高官を支配・統制し，その専制化は完成した。

　南インドでは16世紀初頭にヴィジャヤナガル王国が最盛期を迎え，南インド全体を支配したが，デカン高原のイスラム諸王国と対立してその圧迫をうけ，ヴィジャヤナガル王国の地方支配者（ナーヤカ）は自立傾向を強めていた。

　西アジアではオスマン帝国のセリム1世（在位1512〜20年）が1514年にチャルディラーンの戦いで火器を駆使して騎兵中心のサファヴィー朝（1501〜1736年）を破り，次いでマムルーク朝を破ってシリア・エジプトを征服した。スレイマン1世の時期には，セルビアを征服した後，1526年にモハーチの戦いで勝利してハンガリーを征服，1538年のプレヴェザの海戦でスペイン・ヴェネツィアなどに勝利して東地中海でも優位に立ち，サファヴィー朝との戦争ではイラクを確保して最盛期を迎えた。アナトリアとバルカンでは**ティマール制**（第1章40ページ参照）が採用されたほか，アラブ地域では旧来の体制が維持されて毎年の租税のうち一定額を州の総督を通じて貢納する形で**間接的な支配**が行われていた。

　イランにおいては16世紀初頭に神秘主義（第1章39ページ参照）教団を中心としてサファヴィー朝が成立し，イラン全土の支配を開始した。16世紀初頭にオスマン帝国に敗れて危機に陥ったものの，16世紀末から17世紀初頭にアッバース1世（在位1588〜1629年）のもとで改革を進め，最盛期を迎えることになる。

　ヨーロッパではハプスブルク家のスペイン王カール5世が1519年に神聖ローマ皇帝に就いたことで，スペインと中欧ヨー

ロッパのハプスブルク領や低地地方，イタリア南部などのヨーロッパの広大な地域を包摂し，かつアメリカの広大な地域を支配下におさめた巨大なハプスブルク帝国が誕生した。このカール5世と結びついて繁栄したのがフッガー家であった。

しかし，拡大した帝国の経営は困難であり，カール5世は地中海とハンガリーでオスマン帝国と戦っていただけでなく，ヴァロワ家のフランスがハプスブルク家に対して挑戦したため，イタリアにおいて抗争を続けることになった。さらに宗教改革の影響からフランスのユグノー戦争などの宗教戦争が勃発し，ドイツも宗教的に分裂して混乱した。かくしてヨーロッパが統合されることはなかった。

1556年にフェリペ2世（在位1556〜98年）がスペイン王に即位するとハプスブルク帝国はスペイン系とオーストリア系に分裂し，レパントの海戦（1571年）ではヴェネツィアなどとともにオスマン帝国を破ったものの，オスマン帝国の地中海における優位は変わらなかった。1568年に始まるオランダ独立戦争ではネーデルラント支配が崩壊したうえ，1588年に**無敵艦隊がイギリスに敗北**したことは，スペインの威信を低下させた。繰り返される戦争のなかで，アメリカからもたらされる貴金属は赤字を補填するには足りず，**財政問題が深刻化**した。そのため，スペインではヨーロッパで最も重い税が課せられたが，王家や大地主が免税されたために，主に手工業者や小商人，そして農民が負担することになった。スペイン王室は8回にわたって破産し，金融パニックを引き起こし，それは南ドイツのフッガー家をはじめとする豪商を破綻させ，ドイツ経済も大打撃をうけた。穀物生産や毛織物製造も，政策の失敗で衰退した。**ユダヤ人やイスラム教徒**，さらには**キリスト教に改宗したイスラム教徒の追放政策**も，商業や農業を衰退させ，スペイン経済にとって大きな打撃となった。かくして，

スペインがヨーロッパ経済の中心となることはなかった。

　低地地方ではオランダ独立戦争中のスペイン軍による略奪もあってアントウェルペンが没落，フランドルの商工業は崩壊した。一方で，多数の商人や金融業者が流入したアムステルダムが，ヨーロッパ経済の中心的役割を果たすことになる。

　内乱を克服した英仏では国家統合が進み，強力な王権が確立されていった。フランスのヴァロワ家は16世紀半ばにハプスブルク家に挑戦し，ハプスブルク家と同様に破産して和平を結んだが，その過程で国家財政の基盤を固めるために課税が強化されて王権は伸長していった。しかし，1562年から1598年まで続く宗教戦争（ユグノー戦争）によって農業生産は縮小して人口も減少，経済的に大きな打撃をうけることになった。一方，イギリスはスペインの無敵艦隊を退けたものの，経済規模は小さく，財政的には弱体であった。

 **章末問題**

1　イベリア半島諸国の進出は世界に何をもたらしたのか，考えてみよう。
2　世界的な銀の流れは，東アジアにどのような政治的変動をもたらしたのか，考えてみよう。
3　各地域の近世国家を比べてみよう。

危機の時代（17世紀）

グローバル化の新展開

　本章では，危機の時代ともいわれる17世紀を取り扱う。世界的な気温低下にともなう危機はヨーロッパと東アジアを中心に展開したが，その影響は多様であった。また，危機の時代においても東インド会社の活動や，イスラム世界の繁栄，大西洋貿易の拡大によって，世界各地におけるグローバル化は新たな展開を示していた。そして17世紀末までに，東アジアとヨーロッパの状況も安定していくことになる。

1 17世紀の危機

●生産減退と政治変動

　▷▷　17世紀の危機でヨーロッパでは何が生じたのだろうか。
　▷▷　17世紀の東アジアではどのような政治的変動があったのだろうか。

　17世紀前半における世界的な気温の低下は農業生産の減少を招き，「17世紀の危機」といわれる世界的な危機の時代になり，ペストなどの疫病流行もあって人口が減少する地域も多かった。その影響は温帯地帯，とりわけユーラシアの東西の両端で著しかった。

　　　ヨーロッパの危機　　16世紀前半，ヨーロッパ全域で耕地の拡大が停止し，その生産性は低下，人口も停滞・減少した。小麦やライ麦と比較して大麦やオート麦の生

産が低下したために，これらを生産していた中欧や北欧，東欧でとくに生産性の低下と人口減少が見られた。ロシアでは 17 世紀初頭に大飢饉が発生したうえ，1604 年から 1612 年まで続く動乱の時代となった。ヨーロッパ各地でジャガイモ栽培，南欧でトウモロコシやソバの作付けが始まったことは東欧産の穀物貿易の減少を招いた。ポーランドでは，農業経営に行き詰まった中小貴族が没落し，大貴族制が固まり，中央集権化は進展しなかった。さらに，1648 年に勃発したウクライナ人の反乱を契機にロシアやスウェーデンの侵攻を招き，1660 年まで続いた戦乱のなかで疫病が蔓延して人口の 4 分の 1 を失い，国家は荒廃して衰退へと向かった。一方で，ブランデンブルク選帝侯（在位 1640〜88 年）はポーランドの動乱を利用してポーランドからプロイセンに対する宗主権を獲得，プロイセン公国はポーランドの支配下から離れていくことになる。

生産性の低下は，ヨーロッパ各地で動乱を引き起こした。中欧ではヨーロッパ諸国を巻き込んだ最大の宗教戦争である三十年戦争（1618〜48 年）が勃発，西欧ではイングランドの内乱（1642〜51 年）やフランスのフロンドの乱（1648〜53 年）などの内乱が発生し，英蘭戦争（1652〜54 年，1665〜67 年，1672〜74 年）など西欧の国家間の戦争も続いた。ドイツをはじめとする戦場となった地域はもちろん，それ以外の地域においても，疫病の流行，農業生産の減退などによって大幅に人口が減少した。

もっとも，ヨーロッパにおいては 17 世紀に限らず，16 世紀以来，絶え間ない戦争が続いていた。そのなかで，大砲・小銃といった火器や大型帆船などの進歩に加え，火器の斉射といった戦術の変化にともなう大量の歩兵の使用によって，各国の軍隊も 10 万人単位になるほど大規模化し，財政的負担も重くなった。築城，火器や造船などの軍事技術の発展や戦術の進歩は**軍事革命**といわ

れ，ヨーロッパの軍事的優位をもたらすことになり，銃や大砲を生産する冶金業をはじめとして産業の発展にも寄与した。また，大量の火薬の消費から，火薬の原料となる硝石貿易も活性化した。硝石はインドから，オランダ東インド会社，のちにはイギリス東インド会社によって帆船のバラスト（重心を安定させる重し）としてヨーロッパに持ち込まれ，この軍事革命を支えることになった。

　また，16 〜 17 世紀にオランダでは沿岸部の低地帯を干拓するとともに，集約的な農業経営が進んでバター，チーズ，工業用原料作物などに特化して生産性を向上させ，それがオランダ商業の発展にも貢献していた。したがって，気候変動のなかでの農業生産性は，ヨーロッパ内であっても状況は一様ではなく，危機のあらわれ方も大きく異なっていた。

東アジアの変動

東アジアにおいて経済の活性化は政治変動を引き起こした。女真人同士の経済利権をめぐる闘争に打ち勝ち，女真人の統合を進めていたヌルハチ（在位 1616〜26 年）は，システマチックな軍事・行政組織である八旗制度を整えてその基盤を固め，1616 年には金を建国して明から自立，1618 年以降は明との戦争に入って遼東の大半を制圧し，女真人を統一した。ヌルハチを継いだホンタイジ（在位 1626〜43 年）は，モンゴル東部に勢力を広げ，1636 年に満洲人・モンゴル人・漢人の多民族王朝である清朝（1636〜1912 年）を打ち立てた。また，明との戦争によって明支配下にある中国本土との経済関係が断絶するなかで，2 度の侵攻（1627・1636〜37 年）で朝鮮を屈服させ，背後を固めると同時に物資の調達を可能にした。

　中国の東南沿海では日中海上貿易の拡大のなかで海上武装勢力が相互に激しく抗争していた。そのなかで，台湾のオランダ東インド会社商館に勤務し，日本の平戸にも住み，オランダ・日本と

関係をもっていた鄭芝龍（ていしりゅう）（1604～61年）は自らの武装海上集団を形成した。鄭芝龍は他の中国人海上勢力やオランダとの抗争を勝ち抜き，1630年代には福建南部を拠点として東南沿海の海上貿易を支配し，生糸と銀の交換を中核とする日中貿易を掌握した。明朝は鄭芝龍の海上勢力を認めて官位を与えざるをえず，オランダも鄭芝龍に協調せざるをえなくなった。

しかし，明朝を滅亡させたのは，こうした辺境の交易ブームで成長した集団ではなく，むしろ経済ブームに乗ることができず，軍事費などの負担が増大するなかで窮迫した内陸部の農民たちであった。1628年に飢饉が続く陝西省北部の延安で経済的に困窮した農民や兵士らが蜂起したのを契機として，農民反乱は各地に拡大した。1630年代，明朝の反撃により反乱は抑え込まれたが，1639年からの連年の飢饉により反乱が全国で発生して明朝はこれを鎮圧することができなくなった。反乱軍のうち李自成（1606～45年）の率いる軍は1644年に北京を攻略し，**明朝は滅亡**した。この明末の大動乱によって華北や四川を中心として戦乱・疫病・飢饉により約4000万人の人口が失われたといわれる。

明朝が滅びるや，**清朝**は明軍主力を率いる呉三桂（ごさんけい）（1612～78年）と結んで万里の長城を越え，李自成の軍を破って北京を占領，**中国本土支配を開始**した。清朝は1645年に経済の中心地である江南を占領し，華中・華南の征服を進めたが，沿海では鄭芝龍の海上勢力を引き継いだ息子の鄭成功（ていせいこう）（1624～62年）と対立した。鄭成功が1662年に台湾からオランダを追い出して拠点とし，その後継者たちが沿海で清朝に抵抗を続けるなか，清朝は民間の海上貿易を禁止する海禁を実施したうえで，遷界令によって沿海部の住民の内陸への強制移住を行い，鄭氏の経済基盤である海上貿易ネットワークから中国大陸を遮断しようとした。その結果，中国への銀の流れも減少して物価は下落し，中国内部の景気は悪化し

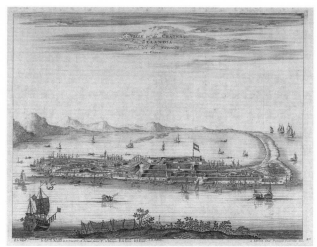

ゼーランディア城：現在の台南市安平鎮。1624 年にオランダ東イン
ド会社が台湾の拠点として建造した。半年に及ぶ鄭成功の包囲ののち，1662 年にオランダ東インド会社は城塞を引き渡して退去した。
公益財団法人東洋文庫所蔵

た。一方，中国産陶磁器の輸出も減少したため，その代替としての有田焼をはじめとする日本産陶磁器やベトナム陶器，オランダのデルフト焼などの西欧産陶磁器が勃興する契機となった。

1670 年代になると中国本土平定に活躍した呉三桂をはじめとする，清にくだった漢人将軍たちが軍事・財政・人事権を掌握して南方に割拠していたため，この三藩（⇨ **解説**）の廃止を図ったところ反乱が勃発していわゆる三藩の乱（1673〜81 年）となり，鄭氏と結びついて清朝支配に脅威を与える事態になった。

もっとも，同じ東アジアの日本においては，当該期に島原の乱（1637〜38 年）が勃発し，寛永の飢饉（1640〜43 年）が多くの被

解説 三藩　雲南の呉三桂，広東の尚可喜，福建の耿継茂を指す。

害を与えたが，幕藩体制そのものに脅威を与えることはなかった。したがって，東アジアでも地域によって危機の状況は大きく異なっていた。

2 グローバル化の継続
●特許会社のアジア貿易と繁栄するイスラム世界

▶ オランダとイギリスの東インド会社を比べてみよう。
▶ 17世紀の大西洋貿易はいかに拡大し，何をもたらしたのだろうか。
▶ 17世紀のヨーロッパではどのような産業が勃興したのだろうか。
▶ 17世紀の繁栄するイスラム世界ではどのような変化が生じていたのだろうか。

特許会社のアジア貿易　世界的な経済危機はグローバル化を止めることはなかった。重商主義政策がとられた西欧では輸出活動が奨励された。科学の進歩による航海技術のいっそうの向上も貿易の発展を後押しした。アジア貿易への参入者も増大し，17世紀初頭には1600年にイギリス東インド会社，1602年にオランダ東インド会社が設立されるなど，遠距離貿易を行う特許会社（⇨**解説**）も次々と設立された。こうして17世紀のヨーロッパ船によるアジア貿易の総量は，16世紀の4倍となった。

そのなかでも**オランダ東インド会社**は東方貿易を行う6つの貿易会社が合併したもので，**多額の資本**が集められた。会社には特許状によって東インドで要塞を建設する権利，総督を任命する権利，兵士を雇用する権利，現地支配者と条約を結ぶ権利など，広

解説 **特許会社**　西欧の中世から近世・近代にかけて，上納金と引き替えに国王・政府の特許状によって独占的営業権を認められた会社のこと。貿易会社は特定の遠隔地域との取引を営む排他的権利を与えられた。

図 3-1　南アジア

ラホール
デリー
ラクナウ
アグラ
ファイザーバード
パトナ
ベンガル
グジャラート
シャンデルナゴル
カルカッタ
スーラト
ハイデラバード
ボンベイ
プネー
コロマンデル
マドラス
ポンディシェリ
コロンボ

範な権利が与えられた。東南アジアにおいてオランダ東インド会
社は 1619 年には占領したジャワ島のバタヴィアを拠点として，
マラッカや香料諸島などをポルトガルから奪い，イギリス人を香
辛料貿易から排除して，ヨーロッパ向け高級香辛料貿易を独占し
た。さらに東アジアに進出して台湾に拠点を設け，日本の長崎と
の間で日中貿易を行うに至った。オランダ東インド会社はインド
洋沿岸に商館（⇨(**解説**)）を設置したほか，1652 年にはケープ植
民地を成立させ，1656 年にはセイロン島のコロンボをポルトガ
ルから奪い，南アフリカから東アジアに至る広大な地域に商館な
どの拠点を設けて遠距離貿易を展開した。かくしてオランダは

(**解説**)**商館**　海路による遠隔地貿易において，外地に設置された倉庫や宿舎か
　　らなる交易のための施設。広州や長崎のように現地勢力に指定された場
　　所に設置される形態や，西欧諸国の優越した武力を背景に交易港とその
　　周辺が占領されて要塞などが設置される形態など，商館の形態は現地勢
　　力との関係によって多様であった。

17世紀に拡大した**ヨーロッパのアジア貿易の半分**を担うことになった。

　イギリス東インド会社も東アジア・東南アジアに進出したが，会社創立時点の資本がオランダ東インド会社の12分の1程度に過ぎず，オランダ東インド会社に圧倒され，東南アジアではオランダに対抗できず，**重点をインドに移**した。インドでは1612年にムガル朝最大の港であるスーラトに商館を設置して貿易の拠点としていたが，1639年にマドラス（現チェンナイ），1661年にボンベイ（現ムンバイ），1702年にカルカッタ（現コルカタ）に拠点を形成し，ベンガル・マドラス・ボンベイの管区が成立した。

　17世紀後半になると，**インド綿布のヨーロッパ輸出が飛躍的に伸張**した。インドの綿布産地は安価な綿布の生産に特化したグジャラート，中級品と高級品（インド更紗やモスリン）を産出したコロマンデルとベンガルがあった。当初は低所得者向けの安価な綿布がグジャラートから輸出されたが，次第に中級・高級品が輸出されて中・上流階級に普及していくことになった。こうした綿布貿易の拡大により，イギリス東インド会社が台頭していくことになった。イギリス本国でも東インド会社は17世紀中葉の改革で株式会社化し，司法権・貨幣鋳造権・貿易活動を守る軍事権・違法貿易船の検挙権など，**広範な権限**を与えられ，オランダ東インド会社に匹敵する実力をつけた。

　財務総監コルベールのもと，フランスの東インド会社も1664年に創設された。フランス東インド会社は南インドのポンディシェリやベンガルのシャンデルナゴルに拠点を設け，ブルボン島（レユニオン島）やフランス島（モーリシャス島）に基地を建設，ヨーロッパとアジア間の貿易ルートを確保，イギリスに対抗した。

アユタヤのワット・プララーム寺院：14 世紀に建立された仏教寺院で，17 世紀のナライ王（在位 1656〜88 年）の時代に拡張された。ナライ王の時代にはギリシア人のコンスタンス・フォールコンが王の信任をうけ，対外関係の責任者となって国政を左右したことで知られる。

istock.com / coward lion

> **東南アジア港市国家の繁栄**

ヨーロッパ人の進出も刺激となり，東南アジアの港市国家の繁栄も続いた。17世紀前半には北スマトラのアチェがスマトラ島およびマレー半島の胡椒，金，錫，森林生産物の輸出港として東西の商人が来航して繁栄した。シャムのアユタヤも米や蘇木（⇨ **解説**），象牙，沈香（⇨ **解説**），鹿皮・鮫皮の輸出によって東アジアとペルシアなどとの交易で繁栄し，華人・ムスリム・ヨーロッパ商人など，多くの諸国から渡来する人々が居住するコスモポリタンな都市となった。

解説 **蘇木** マメ科のスオウを乾燥させたもの。赤・紫系の染料として用いられた。

沈香 樹脂を固めた香木。日本の東大寺正倉院の名香として知られる蘭奢待もその一種。

東南アジアの港市国家はムスリム商人の来航が増大し、西方との関係が深まるにつれてイスラム教の受容が進展した。アチェが東南アジアのムスリムにとってメッカ巡礼の玄関口になったほか、17世紀にはジャワのバンテン、マタラム、スラウェシのマカッサル、マレー半島のパタニなどでもイスラム法が受容され、西アジアとの関係が強化された（前章の図2-2参照）。

大西洋貿易の拡大

16世紀末になると、ポルトガルに加えてオランダ、イギリス、フランスなどの西欧諸国や北欧諸国の特許会社は西アフリカおよび西中央アフリカに進出して商館を設置し、奴隷貿易を拡大し、16世紀に28万人ほどであった奴隷貿易は、17世紀には188万人にまで拡大したと推定されている。

奴隷貿易拡大の結果、西アフリカではソンガイなどの内陸帝国が衰退し、経済の中心は奴隷貿易の行われる沿岸部に移動、ダホメ王国（17世紀初め〜1894年）などの西アフリカ海岸地方の諸王国は奴隷の取引で利益を得て繁栄した。

ラテンアメリカでは17世紀前半、オランダ西インド会社がポルトガル領ブラジルの北東部に一時進出、さらにはスペインのカリブ海通商路にも打撃を与えた。これを受けてイギリス・フランスも、スペインが独占していたカリブ海の小アンティール諸島に進出して植民を開始し、ブラジルでサトウキビ栽培の技術を習得したオランダ人に学んでサトウキビを栽培するようになり、ヨーロッパ市場に供給を開始した。過剰供給によって砂糖価格は低下したが、この英仏植民地のサトウキビプランテーションではアフリカの黒人奴隷を効率的に使用することによって、奴隷を酷使するブラジル北東部の砂糖産業に打ち勝つことになった。17世紀後半には、バカニアと呼ばれる海賊集団がイギリスの私掠船としてスペイン領の大アンティール諸島に侵攻、これを契機にイギリ

Column ③　砂糖生産と消費

　砂糖は主に甘蔗（サトウキビ）糖と甜菜（ビート）糖からなる。甘蔗はニューギニアが原産で，インドネシア・フィリピン，そしてインドに伝わり，そこから世界各地に伝播した。西方では7世紀にはササン朝治下のイラン・イラクで生産が始まり，10世紀にはエジプト・シリアに生産地が拡大，北アフリカを経てスペイン南部に栽培と製糖技術が伝わった。東方では宋代の中国で砂糖生産が始まり，17世紀には琉球に生産技術が伝えられ，18世紀には日本でも生産が始まった。

　16世紀になると世界的に砂糖の生産が増大した。ヨーロッパではスペインとポルトガルが15世紀に大西洋諸島における生産を開始して地中海の生産を圧倒しつつあったが，16世紀にはブラジル，西インド諸島において生産が拡大した。17世紀にはイギリス・フランス・オランダがこれに加わり，カリブ海域で大規模生産が始まった。16世紀末に中国では福建で2つのローラーを垂直に配置して，その間に甘蔗を投入して汁液を搾り取る圧搾機をはじめとする新技術体系が導入され，華人を通じて16世紀末以降，フィリピンやベトナム・ジャワなどの東南アジアに伝播していった。

　19世紀には奴隷制が廃止されるとともに，カリブ海と西欧における砂糖生産において競争が激化し，サトウキビの品種改良も進み，機械が導入され，輸送手段も進歩し，小さな企業体から大規模な事業体へと変化した。この進んだ技術はアジアの植民地にも導入され，オランダ領東インドやフィリピンにおける生産も拡大した。さらに，19世紀半ば以降，ヨーロッパでは甜菜糖の生産が拡大し，世界の砂糖生産は激増した。

　こうした生産の拡大を支えていたのが消費の拡大であり，その背景には塩辛い食文化から甘い食文化への転換があった。西欧においては17世紀後半に茶，コーヒー，ココアという飲料が登場

第3章　危機の時代　　77

し，とくにイギリスにおいてお茶にミルクと砂糖を入れる習慣が
上流階級から農民・労働者に至るまで広まっていったことは砂糖
消費量を激増させた。18世紀以降に砂糖を大量に使用するジャ
ムやケーキが出現し，次第に消費が増えていったことも砂糖消費
の増大を後押しした。こうした転換は日本にも見られ，17世紀
初頭以降，砂糖の大規模輸入が始まった日本では，18世紀に砂
糖の国産化を奨励して自給化を進めたが，貴重品として贈答に使
われたほか，直接茶には入れずに，お茶請けの和菓子などに使用
されるようになった。

スはジャマイカを，フランスはイスパニョーラ島の西側を獲得，
のちにこの地域が砂糖の主産地となっていった。

　砂糖生産の拡大にともなって奴隷貿易が増大したほか，**砂糖・
タバコなどのアメリカの産物**がヨーロッパにもたらされ，**火器や
刃物などの金属製品，装身具，インド産綿布などの織物，酒などの
ヨーロッパ・アジア製品**がアフリカに輸出されることにより大西
洋貿易が本格化した。

　カリブ海以外のスペイン領ラテンアメリカでは，スペイン本国
の弱体化の影響はうけず，本国の規制が弱まったことによって現
地の産業が拡大し，植民地間の貿易や，スペイン以外のヨーロッ
パ諸国との密貿易が拡大した。銀の生産は増大しており，植民地
のエリートの利益は拡大した。ヨーロッパから導入された農作物
や家畜の使用が拡大して農業が成長し，商業活動の活性化にとも
ない，都市化も進展した。

　17世紀前半，イギリスはヴァージニア，ニューイングランド，
メリーランドなど，北アメリカに植民地を建設することに成功，
フランスはケベックに，オランダもニューネーデルラントに植民
地を成立させ，中心都市としてニューアムステルダムを建設した。

アムステルダム王宮（旧市庁舎）：アムステルダムの市庁舎としてオランダ黄金時代の17世紀半ばに建造された。19世紀初頭以来王室が使用している。

istock.com / klug-photo

このうち，ニューアムステルダムは英蘭戦争でイギリス領となってニューヨークと名を改め，イギリスの大西洋貿易の拠点となっていった。1700年の段階で北アメリカの人口は120万人で，そのうちイギリス植民地は25万人に達していたと推定されているが，こちらは白人を中心とする植民地であり，推計1300万人強のアメリカ大陸全体の人口のなかで北米の占める割合は低かった。

ヨーロッパ商業の展開
と製造業

大西洋貿易の拡大にともない，ヨーロッパの貿易もバルト海・地中海から大西洋へと次第に重心が移った。貿易の移動にともない，ヨーロッパ経済の中心もイタリア諸都市などの地中海諸都市から北西ヨーロッパへと移動した。

　オランダは，すぐれた造船技術による船舶の大量生産を背景にして，バルト海・北海・ビスケー湾・地中海を結びつけるヨーロッパ内貿易で商業的優位に立った。さらに，高い技術力をもつ繊

維産業や，ニシン漁やアジア貿易もオランダの繁栄を支えた。オランダが宗教的に寛容であったことから，アムステルダムにはアントウェルペンなどの南ネーデルラントからプロテスタントが，スペイン・ポルトガルからユダヤ人が，フランスからユグノー（⇨解説）が流入し，彼らの資本家としてのノウハウや流動資本もあって，西欧の金融の中心となっていった。1609 年に市当局によって設立されたアムステルダム銀行では，ヨーロッパで流通していた多くの通貨をオランダの通貨であるグルデンに両替したうえで受け入れ，商人たちの口座を開設した。その結果，アムステルダム銀行に口座をもつ商人同士の取引は硬貨も手形も用いずに，口座同士の振替によって決済できるようになり，取引のコストは大幅に低下した。

　イギリスはオランダの海上優位に対抗して，1651 年に航海法（⇨解説）を出し，イギリス船による貿易の拡大を図った。これはオランダの中継貿易に打撃を与えるものであったため，第一次英蘭戦争（1652〜54 年）を引き起こした。結局のところオランダの海運と商業の優位は 18 世紀になるまで続いたが，航海法はイギリスの海洋貿易を伸張させる効果はあった。

　製造業のうち，毛織物生産ではオランダの諸都市やイギリスのイングランド東部，フランスが中心となり，イタリアの毛織物生産は衰退する一方，イングランドが新種毛織物生産の発展により最大の輸出国となっていた。また高級絹織物業はイタリアに加え

解説　**ユグノー**　　　フランスにおけるカルヴァン派の総称。商業・金融業や毛織物業・絹織物業などで大きな役割を果たした。

　　　航海法　　　イングランドとその植民地に輸入されるアジア・アフリカ・アメリカなどの産品はイングランド船で，ヨーロッパからの輸入品はイングランド船ないし産地国か最初の積み出し国の船で輸送することを規定したもの。1660 年に再公布，第二次英蘭戦争（1665〜67 年）・第三次英蘭戦争（1672〜74 年）の原因となった。

てフランスが重要な生産地となった。

　冶金業，とりわけ**製鉄業**は高炉の出現によって生産が増大していたが，低地地方やドイツなどに加えてイングランドにも拡大，さらに燃料豊富なスウェーデンが最大の産地となり，これを背景として16〜17世紀のスウェーデンの政治・軍事的役割は大きくなった。

　冶金業や建設・造船業に加え，都市の発達にともなう家庭用燃料の木材需要は膨大で，各地で森林不足が深刻化した。そのため，**石炭の採掘が進展**し，17世紀には鉄の精錬にも使用されるようになった。イングランド石炭業もロンドンが木材危機と燃料価格の上昇に直面した16世紀半ば以降成長し，1560年の年産20万トンから1700年の299万トンへと増大し，露天掘りだけでは需要を満たせず，地中の採掘技術が導入され，技術革新へとつながっていった。

イスラム世界の繁栄と
変容

　ユーラシア大陸の南側ではイスラム世界が繁栄していた。南アジアにおいてはムガル朝がシャー・ジャハーン（在位1628〜58年）とその子アウラングゼーブ（在位1658〜1707年）のもとでデカン高原を制圧して南インドを含む南アジアの大半を支配下に置き，最盛期を迎えていた。1660〜80年頃，アグラ，デリー，ラホールといった都市の人口は40万人に達していた可能性がある（図3-1参照）。もっとも，イスラム教に傾倒するアウラングゼーブ帝が**宗教的に不寛容**であったこともあり，**ラージプート諸王やシク教徒などの反抗を招き**，アウラングゼーブの死後にムガル朝が分裂することにつながった。また，マラーター勢力に対するデカン遠征が長期化し，マンサブダールへの任官が増大してジャーギールが不足した。ジャギールの保持は不定期かつ短期であるため，マンサブダールが収奪を行うようになり，財政難につな

がる一方，農民の疲弊と豪族・地主・農民層の反乱を引き起こし，**マンサブダールによって維持される軍事力を動揺させた**。

オスマン帝国は東地中海の支配を強め，17世紀中葉には最大の版図となって繁栄していた。軍事的には，戦術が騎兵中心から火器中心に転換することにより，ティマールを与えられた騎士の役割が減少していた。そこで銃砲を装備したイェニチェリ（⇨ (解説)）や非正規兵が増大したが，彼らの雇用のために現金収入の拡大が迫られ，17世紀以降，**ティマール制の解体と徴税請負制の導入**が進められた。これによってオスマン帝国は大規模な財源を確保することに成功したが，徴税請負人の収奪やティマール騎兵の没落は地方社会を不安定にさせ，17世紀半ばまで反乱が多発することになった。

一方，人口増大にともなって農村から都市への人口移動が始まり，イスタンブルに大量の人々が流れ込むなかで，ムスリムがコネを通じて入り込むようになった**イェニチェリ軍団や官僚機構は肥大化し**，キリスト教徒だけを対象とするデヴシルメ（第1章40ページ参照）はほとんど実施されなくなった。膨張したイェニチェリはイスタンブル市民と結びつき，しばしばスルタンの廃位を行った。こうして軍事的に弛緩した状況で行われた第二次ウィーン包囲（1683年）に失敗したオスマン帝国は，その後続いた戦争でハンガリーなどを失い，ヨーロッパから後退していった。

サファヴィー朝は17世紀初頭にアッバース1世のもとで最盛期を迎えた。アッバース1世は**中央集権化**を進めるとともに，多民族の人材を政治・軍事・経済の各分野で登用した。軍隊の改革

(解説) **イェニチェリ**　　オスマン朝の常備歩兵軍団。デヴシルメで徴用された者のうち，エリート候補を除いた残りが歩兵となるべく養育・訓練をうけた。肥大化にともない，17～18世紀のイェニチェリは都市の有力社会集団となった。1826年にメフメト2世の改革によって廃止された。

も進め，オスマン帝国などから西イランの支配地を回復した。また，経済を重視し，国内の道路や橋，街道の隊商宿など，交易のためのインフラを整備した。サファヴィー朝は**対外貿易関係の拡大**を図り，首都のイスファハーンにはオランダやイギリスの東インド会社の商館が設置され，国際商業の中心となって繁栄，人口は50万人に達した。西欧への生糸の輸出も拡大し，養蚕業は王朝の重要な財源となった。

3 国家体制の安定

●東アジアと西欧

> ▷▷ 17世紀の東アジアはどのように安定したのだろうか，中国と日本を比較してみよう。
> ▷▷ 17世紀のヨーロッパが安定へと向かうなかで，各地ではどのような違いが生じてきたのだろうか。

東アジアの安定

17世紀末になると，ユーラシアの東西の国家は安定した体制を整えた。東アジアではすでに日本は17世紀初頭に徳川氏によって**江戸幕府が成立**し，**1615年の豊臣氏滅亡**により，**幕府の支配は安定**した。安定した幕藩体制のもと，デルタ開発を中心として新田開発が進んだほか，江戸を筆頭として260にのぼる大名による城下町の建設が本格化し，仙台・名古屋・福岡といった現在の地方の中核都市が出現した。耕地の拡大にともなう食糧生産増大と膨大な公共事業を背景として，**人口も1600年の約1700万人から1721年の3129万人にまで増大**した。幕府は当初，東南アジアとの朱印船貿易を行い，貿易を促進していたが，キリシタン禁制と貿易管理のために統制を強化する方向に向かった。1635年には日本人の海外渡航・帰国を禁止して朱印船貿易を停止し，島原の乱を経て

オランダ船の来航を長崎に限定するなど，対外関係の縮小に向かった。

　朝鮮では秀吉の侵攻後の**復興**が進み，水利灌漑や施肥の発展を背景として，田植えが南部に普及し，土地生産性を向上させた。商品作物栽培も進展し，綿花・タバコ・朝鮮人参は重要な商品となり，定期市が全国に形成された。もっとも，都市は首都の漢城のみが発達し，地方都市の成長は見られなかった。

　中国においては，清朝は 1680 年代に**三藩の乱を鎮圧**し，1683年に台湾の鄭氏を降伏させるなどして，地方軍事勢力をすべて打倒し，**中国本土の支配を安定**させた。一方で，清朝は鄭氏降伏の翌年には海禁を解除し，広州や厦門などの東南沿海諸港において民間の対外海上貿易が再開した。これによって長崎に多数の中国船が押し寄せたため，貴金属の流出を恐れた江戸幕府は長崎への中国船・オランダ船の来航数や貿易額を制限し，以後，日中貿易は縮小していく。一方で，厦門・広州・マカオとマニラ・バタヴィアなどを結ぶ中国と東南アジアの間の貿易活動が活性化し，中国の対外貿易の中心となっていった。

　この海上貿易を統括するために清朝は東南沿海諸省に国内外の海上貿易を管轄する役所である海関を設置したが，そこでは仲介商人である牙行（がこう）（⇨**解説**）のなかで有力な者を行商などに割り当て，海上貿易の管理や徴税を請け負わせた。こうしたゆるやかな海上統治の結果，密貿易の必要性はなくなり，明末のような海上武装勢力の活動はなくなった。

　かくして，東アジアは安定した平和の時代を迎えたが，動乱期に大量に使用されていた火器の数量は減少し，軍事技術が停滞し

解説 **牙行**　　生産者や店舗を構える問屋・小売商と客商（遠隔地商人）の間に立って取引の仲介や仲買を行うブローカー。唐・宋時代には牙人と呼ばれた。

た。結果的に 19 世紀になって欧米の軍事力に直面したときに，圧倒的に不利な状況に置かれることになった。

ヨーロッパ政治の安定

ヨーロッパにおいても政治体制の安定が見られた。イングランドでは内戦が終結，名誉革命を経て 1688 年に議会の支配する立憲君主制が確立し，議会は政府の財政に対する支配権を握った。1691 年にはアイルランドが制圧され，イングランドを中心とするイギリスの統合が進展した。財政的にも 1693 年に君主の私的な債務とは異なる「国民」公債制度が正式に成立し，1694 年にはイングランド銀行が設立されて国債制度の整備が進み，公的資金の調達が容易になり，経済規模の大きなフランスに対抗することが可能になった。

　フランスは 17 世紀初頭には人口 1700 万人をもつヨーロッパ最大の国家であり，三十年戦争の戦時体制のなかで，課税が強化されて中央集権化が進展，王権強化が進んだ。王権強化に対する異議申立であるフロンドの乱（1648〜53 年）鎮圧後，王権は安定し，1659 年のスペインとのピレネー条約で西欧におけるフランスの優位は確立した。1661 年にはルイ 14 世（在位 1643〜1715 年）の親政が始まって最盛期を迎え，軍事力を背景に対外戦争を繰り返した。その戦費と宮廷消費の増大を公債発行に依存していたことから，コルベール（1619〜83 年）のもとでフランスを経済的に自立させて貿易・産業を促進し，税収増大を図る重商主義政策がとられた。しかし，コルベールによる保護関税政策や，国家の規制する産業育成策や新たに設立した東西インドとの貿易を独占する会社はいずれも失敗に終わった。1685 年のナントの勅令廃止によって商人・職人を多く含む 20 万人のユグノーが国外に流出することになり，亡命先の経済発展を促した。ルイ 14 世の戦争も続いたため，税負担も増大し，フランス経済は疲弊した。

　ドイツでは三十年戦争の被害は大きく，ドイツ全体で人口は

1600万人から 1000万人に減少したが，戦後の半世紀で人口は完全に回復した。プロイセンは外国人の入植政策を進めて荒廃地を開墾し，フランスからユグノーを受け入れて繊維工業などを発展させるとともに，有能な支配者のもとで行政の集権化や税の確実な徴収などを通じて**効率的な国家機構**を作り上げ，軍事力を強化しつつ成長していった。

ロシアでは動乱が収まって 1613 年にロマノフ朝が成立した。17 世紀半ばには肥沃なウクライナを併合するとともに，農奴制も完成した。17 世紀末にはピョートル 1 世（在位 1682〜1725 年）の親政が始まり，オランダ・イギリスを模範とする**改革を開始**した。

Q_{uestion}　章末問題

1　17 世紀の危機の時代はどのような変動があり，その変動はどのように収拾したのだろうか，東アジアとヨーロッパを中心に考えてみよう。

2　ヨーロッパ各国の特許会社の違いは何だろうか，比較してみよう。

3　17 世紀はどの地域の貿易が拡大していたのだろうか，考えてみよう。

第4章

近世経済の成立（18世紀）

世界貿易の拡大と多様な世界

18世紀は世界貿易の拡大が見られたが，それは生活革命とリンクした大西洋貿易の拡大と，中国経済の発展にともなう東・東南アジアの海上貿易の拡大とリンクしていた。貿易の拡大は再び生産・人口の増大をもたらした。一方で，近世体制のあり方は各地で大きく異なっており，東アジアでは近世国家が繁栄の時期を迎え，東南アジアでは近世国家が新たに成立したのに対し，南・西アジアではイスラム諸王朝が衰退していた。また，グローバル化が進展するなかでも各地の経済的制度は多様であったが，環境問題などでは共通する課題も存在した。

1 貿易の拡大

●大西洋貿易と清朝中国の繁栄

▷▷　18世紀の大西洋経済の成立の背景を考えてみよう。
▷▷　18世紀における中国の海上貿易の拡大は中国経済に何をもたらしたのだろうか。
▷▷　18世紀，ユーラシア各地の商業の発達を支えていた組織・仕組みは何だろうか。

大西洋貿易と生活革命　18世紀，とくにその後半は世界的に貿易が拡大し，19世紀以降のグローバル化の端緒となった。その背景には大西洋経済の成立と清朝中国の景気拡大がある。このうち，大西洋経済の成立は18世紀西欧の上流・中流階級において生活スタイルが大きく変化した，いわゆ

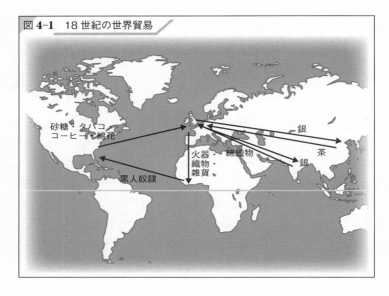

図4-1　18世紀の世界貿易

砂糖・タバコ・
コーヒー・綿花

銀

茶

火器・
織物・
雑貨

綿織物

銀

黒人奴隷

る**生活革命**によって引き起こされた。キャラコと呼ばれるインド産綿製品を身にまとい，**中国産茶**あるいは**アメリカ産コーヒー・チョコレート（ココア）**を中国・日本産の陶磁器を模倣した**西欧産陶磁器**に注ぎ，**西インド産砂糖**を入れて飲むという新しい生活スタイルは，新たな消費・生産と遠距離貿易の拡大をもたらした。新しい生活スタイルはイングランドと低地地方や，パリやウィーンをはじめとするヨーロッパ主要国の首都の労働者にまで広まり，遠距離貿易の需要は高まった。

　その結果，西アフリカ・西中央アフリカの黒人奴隷をアメリカに，アメリカ産砂糖・タバコ・コーヒー・綿花をヨーロッパに，ヨーロッパ・アジア産火器・織物・雑貨をアメリカないし西アフリカに輸出する大西洋貿易はいっそう拡大し，大西洋経済が成立した。大西洋の制海権を掌握し，大西洋経済の中心を担ったイギリスの輸出入額も18世紀中に2.5倍となった。18世紀に大西洋

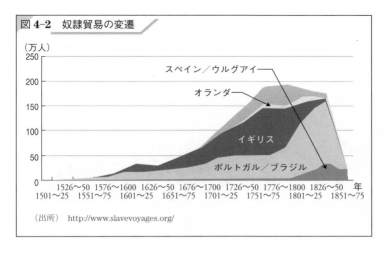

図 4-2　奴隷貿易の変遷

（万人）

スペイン／ウルグアイ

オランダ

イギリス

ポルトガル／ブラジル

1501〜25　　1551〜75　　1601〜25　　1651〜75　　1701〜25　　1751〜75　　1801〜25　　1851〜75
1526〜50　1576〜1600　1626〜50　1676〜1700　1726〜50　1776〜1800　1826〜50　　年

（出所）　http://www.slavevoyages.org/

奴隷貿易も最盛期を迎え，アフリカ大陸からアメリカ大陸に輸出された奴隷数は推計で 650 万人に達した。大西洋奴隷貿易の総計が 1250 万人であるから，そのうちの過半数が 18 世紀に行われたことになる。イギリス，ポルトガル，フランスをはじめとするヨーロッパ諸国はこの貿易で大きな利潤を獲得し，イギリスのリヴァプール・ブリストル，フランスのナント・ボルドーといった港湾都市も奴隷貿易で急成長した。奴隷は主として砂糖生産の中心となった英領ジャマイカや仏領サンドマングをはじめとするカリブ海域とブラジルに輸出され，砂糖やコーヒーなどのプランテーション栽培の労働に従事した。一方で，奴隷の輸出にともない若年労働力を失った西アフリカ・西中央アフリカにおいては奴隷獲得のための戦乱も増加して社会の荒廃が進んだ。

　また，インドではイギリス東インド会社による貿易が拡大していた。インド産綿布をヨーロッパに輸出する貿易だけではなく，アジア間貿易を行う地方貿易商人（⇨ 解説 ）による貿易も活性化し，綿花，のちにはアヘンが中国に輸出されたことにより，イン

ボルドーの旧港：ボルドーは大西洋に通じるガロンヌ川沿いの港。古く
からワインの輸出で北ヨーロッパ市場とつながり，18世紀には奴隷貿易
を含む植民地貿易で繁栄した。
istock.com / BalkansCat

ドには金と銀が流入して景気を拡大させた。

　インド産綿布の輸入の激増は，イギリスの毛織物業者に打撃を
与えてインド産綿布輸入禁止法制定の契機となったのみならず，
イギリスの綿織物業を刺激し，産業革命の契機となった。また，
中国の陶磁器の影響から，18世紀後半にはドイツのマイセン磁
器やフランスのセーブル磁器，あるいはイギリスのウェッジウッ
ド社製品に見られるように，西欧においても陶磁器産業が成立し
て生活革命を促進した。

| 中国の海上貿易の拡大 |

　中国の経済発展は海上貿易とリンクして
いた。17世紀末に対外海上貿易を再開
した中国においては，まず厦門などを拠点とする中国船による対

解説 地方貿易商人　　カントリー・トレーダーという。インド在住のイギリス
　　人またはインド人で，イギリス東インド会社からライセンスを受け，東
　　インド会社とは異なる船で，インド・東南アジア・中国間の貿易を行った。

19世紀初頭の広州のファクトリー：外国人商人は広州の城壁のなかの町に住むことを許されず，城壁外の珠江沿いのファクトリーと呼ばれる地域に隔離され，中国人から土地を借りて欧米風の建物を建てた。欧米船舶はここまで遡航することを許されず，珠江を20キロ余り下った黄埔で貨物を小型船に積み替えて広州まで運んだ。数々の制約はあったが，広州の貿易は発展し，欧米人商人もファクトリーで贅沢な生活をしていた。

ⓒ National Maritime Museum, Greenwich, London.

東南アジア貿易が拡大した。東南アジアから中国には香辛料やナマコなどの海産物・ツバメの巣，木材，さらに食糧が不足しがちな華南沿海都市向けの米などが輸出された。中国から東南アジアへは現地在住の華人向け雑貨が輸出された。東南アジアには福建・広東などから多数の華人商人が訪れて居住しただけでなく，労働者の移住も本格化し，東南アジア華人世界の基盤は拡大した。

　18世紀半ばになると，中国の対ヨーロッパ海上貿易は広州一港に制限されたものの，貿易量や貿易額の制限はなく，生糸や陶磁器に加え，イギリスを中心とする西欧向けの茶輸出が著しく拡大し，広州の貿易額は18世紀後半に3倍に拡大，イギリス東インド会社はこの貿易の主役となった。一方でイギリスから中国への輸出品は毛織物の売れ行きが悪かったこともあって少なく，中国への銀の流入は拡大した。その結果，**中国国内において物価が**

上昇し，都市だけが繁栄していた明代とは異なる，**都市から農村に至るまでの未曾有の景気拡大を支えた。**

　景気拡大のなかで中国沿海の海上貿易も飛躍的に拡大した。華北・東北産の大豆・大豆粕は肥料として江南や華南に移出され，江南産の綿製品は華北・東北や華南に，華南産の砂糖は江南や華北・東北に移出された。沿海の長距離海上貿易は積載量 100〜400 トンほどの福建・広東のジャンク数百隻が担っていたが，華北・東北と江南の間は喫水の浅い沙船と呼ばれる積載量 50〜100 トン程度の小型のジャンクが使用され，その数は 19 世紀前半には 3000 隻に達していた。こうした沿海海運の発達によって上海や天津などの海港が勃興した。さらに，江南への食糧供給の増大もあって長江の航運も発達し，四川や湖北・湖南からは江南に米が移出され，江南からは長江の上流方面に向けて綿製品などが移出された。

　一方で，日本の長崎における対中国・オランダ貿易は，17 世紀末以降，幕府が貴金属流出を恐れて規制を強化した。その結果，日本からの輸出品は銀から中国の銅銭の原料となる銅へ，やがて俵物といわれるイリコ（干しナマコ），干しアワビ，フカヒレなどの海産物へと変化しつつ，海上貿易は次第に縮小し，貿易が著しく拡大していた世界の状況から見れば日本は「鎖国」と呼ばないとしても，閉鎖的な状態となった。朝鮮も対中・対日貿易に限定され，後者は縮小しており，同じ東アジアでも中国とそれ以外の諸国では対外開放性は大きく異なっていた。

| 商業の発展 |

海上貿易の発展は各地で商業の拡大をもたらし，仲介業も各地で発展した。景気拡大のなかで中国における商業活動は活性化した。中国においては商業への参入に障壁はなく，**客商**（第 2 章 57 ページ参照）と呼ばれる無数の遠隔地商人が生産地と消費地を往復して商売を行い，

総体として巨大な全国的流通網を形成していた。当時の中国では，各地で話し言葉が大きく異なるほか，度量衡や貨幣のレートも都市や地域，業種ごとに大きく異なっており，情報が少ないなかで現地の商人と直接取引することにはリスクがあった。そこで客商らは，出身地以外の地域では**牙行**（第3章84ページ参照）**と呼ばれる仲介商人を通じて現地の商人と取引**した。また，先述の同郷・同業団体による**会館・公所**の設置数もこの時期に著しく増加し，相互扶助を行った。地方政府は，牙行にライセンスを与える代わりに税金やさまざまな負担を課し，商人らに会館・公所の組織を促して税を請け負わせるなど，最小限ではあったが市場の秩序の維持を図るとともに，不足する地方政府の財源を補填した。

　日本においては，対外貿易の縮小もあって17世紀末に豪商が没落し，各種の専業商人が生まれるとともに，**問屋—仲買（といや）—小売の分化**が起こり，江戸や大坂などの都市の問屋商人が大規模流通に大きな役割を果たすようになった。また，18世紀になると問屋が結成した**株仲間**が公認され，冥加金の上納といった形で税を負担するとともに，市場の秩序維持の役割も担った。

　インドにおいても18世紀に商業が発展したが，これは商品作物栽培や外国貿易の発展，国家や支配層による軍需物資や奢侈品の旺盛な消費が手工業生産や商品作物・食糧生産を活性化させたことが背景にあった。こうした商業の発展に対して国家は各地に関所を設け，市場税を徴収した。その一方で，**国家は商取引が円滑に行われるように交通網の整備や治安維持，法や条例による商取引の保護**を行うなど，**調整者として機能**していた。

　ヨーロッパにおいては，すでにイギリスやオランダにおいて商人ギルドが衰退して商社が発展していたが，イギリスではこうした商人らの団体として1768年にジャージーに**商業会議所が設立**されたのに続き，各地で商業会議所が設立された。18世紀にな

るとフランスやスイスにおいても商人ギルドの衰退が見られたが，西欧以外の地域では商人ギルドは18世紀末から19世紀初頭まで勢力を維持した。

2 経済の拡大

> ▶▶ 18世紀において，西欧と東アジアの農業生産拡大にはどのような違いがあったのだろうか。
> ▶▶ 18世紀の西欧と中国のプロト工業化の違いについて考えてみよう。
> ▶▶ 18世紀の都市の発展は，ユーラシア各地でどのような特色が見られたのだろうか。

農業生産の拡大

貿易の拡大や商業の発展，さらには人口増大と都市の発展を支えたのがユーラシア各地における生産の拡大である。17世紀から18世紀前半にかけて，イギリスやオランダなどにおいては**農業革命**といわれる農業技術の改良が行われた。この時期，品種改良とエンドウ豆，インゲン豆，クローバー，ターニップ（カブの一種）栽培による土地の改良，犂の改良などによる耕作方法の進歩によって，農業生産性は著しく向上した。また，イギリスでは後述するプロト工業化による賃金上昇やロンドンによる農業からの労働力の吸引に対応して**囲い込みによる経営規模の大型化**が進み，生産性は囲い込まれていない開放農地と大差はなかったが，必要労働力を減少させることができた。フランスにおいても農業技術に劇的な進歩はなかったものの，**技術の改善や新作物の導入**などにより40％の生産増が見られ，18世紀における30％の人口増加を支えている。一方，ドイツでも農業生産は拡大したが，これは干拓や外国人の誘致による耕地の量的な拡大やジャガイモの普及に依存していた。

東アジアにおいては既存の農業技術の全面的な普及と技術改良により農業生産性は増大したが，投入労働力が増大したこともあり，労働生産性の大幅な増大にはつながらなかった。中国では大豆・大豆粕の肥料を利用しつつ，江南では綿花や生糸生産のための桑，華南では砂糖やタバコなどの商品作物栽培が増大した。また，綿花栽培は地方官僚の綿紡織業振興の働きかけもあり，全国的に拡大した。江南では商品作物栽培の拡大による穀物生産の減少と北京への食糧供給の負担もあって食糧が不足したが，長江上流・中流域において米の生産が拡大してこれを補った。

　インドでも18世紀にインディゴ・桑・ケシ・綿花・サトウキビなどの商品作物栽培が盛んになって，農産物取引が活発化した。

プロト工業化

農業生産の拡大とともに，西欧や東アジア・南アジアにおいては農村手工業の拡大によるプロト工業化が見られた。プロト工業は主に毛織物業・綿業・絹織物業をはじめとする繊維産業中心の農村工業であったが，イギリスを中心とする西欧では軍事技術の発展とリンクしつつ金属加工業・鉱業などにも広まった。西欧において，プロト工業化は問屋制家内工業（第5章123ページ参照）を中心に展開した。農業を離れて工業生産に特化した農民が出現したことや，繊維産業を中心に地域間分業が見られたことが，その特徴である。そのなかには問屋商人のもとに資本が集積し，産業革命の背景となるランカシャーのような地域もあった。しかし，他地域との競争による市場喪失や資本蓄積の脆弱性，安価な労働力の手軽な入手によって機械製工業導入への誘因が弱まったこともあり工業化に挫折する地域や，農業に活路を見出して転換する地域も多かった。

　中国では地域間分業は見られたが，綿業や生糸生産は小農経営のもとでの零細な家内生産であり，手工業生産に特化する農民は少なかった。商人は農民から集荷するか，市場に売却に来た農民

から買い付けたが，集荷・買付の相手は一定せず，生産・流通を統制することはなかったために**資本集積の機会は少なく，大規模経営に向かうことはなかった**。また，一時的には数千人規模にも達することがあった，厰と呼ばれる製鉄業や製材業の大規模な経営体も一事業ごとに解散して継続性をもたず，資本を蓄積して発展することはなかった。

小農経営のもとで綿業や絹業などの農村工業化が進展していた日本では，商人の取引規模は中国よりも大きく，地域間分業は見られたが，土地を失って没落する農民と富農に分かれるような農民層の分解が起こらなかったという点では中国と類似していたといえよう。

インドの場合，綿糸は農家の女性による手紡により生産され，綿布はその綿糸を購入した**専門のカーストに属する織工による生産**が行われていた。織工の大部分は農村に居住し，大半は貧しくて，織物商人から前貸金を受け取る形をとっていたが，**大規模な経営体になることはなかった**。

人口の増大

農業生産性の向上とあわせて新大陸作物のジャガイモ，サツマイモ，トウモロコシ導入が中国・ヨーロッパにおける人口増大の背景となった。中国の人口は 18 世紀初頭の 1 億 5000 万人から 19 世紀初頭には 3 億人と倍増し，その後も 19 世紀半ばまで人口増大が続いていった。

一方，西ヨーロッパの人口は 1700 年から 1820 年までの間に約 8146 万人から 1 億 3289 万人と 6 割程度の増加にとどまったが，イギリスは生活水準の向上による出生率上昇もあり，856 万人から 2123 万人にまで増加した。同時期に東欧は 1880 万人から 3642 万人に，ラテンアメリカは 1205 万人から 2159 万人にほぼ倍増し，そのうちブラジルは 125 万人から 450 万人へと大幅に

増大し，北アメリカは 120 万人から 1079 万人に急増している。

　一方，インド亜大陸の人口は 1800 年に 1 億 5900 万人と推計され，1600 年から 4000 万人程度の増加に過ぎない。これは 18 世紀後半の自然災害の飢饉，イギリスによる税負担の増大，イギリスとインドの諸勢力の戦争が影響しているとされる。日本は 17 世紀に人口増加率は急速に低下し，人口はほぼ 3000 万人で横ばいとなる。したがって，当該期においては，移民が大量に流入したアメリカを除けば，中国の人口急増が世界的に最も顕著であった。

都市の発展

人口が増大するなかで巨大都市も誕生した。日本の江戸は，参勤交代による大名とその家族・家臣の集住もあって人口 100 万人に達した。八旗の旗人をはじめとする官僚・軍隊の集中する中国の北京も，ほぼ同様の規模であった。ヨーロッパでは，パリとロンドンは 18 世紀初頭には 50 万人を超えてその後も成長し，18 世紀末には 100 万都市に近づいた。中国の広州・蘇州，日本の大坂・京都，イスタンブルやイタリアのナポリなどの 30 万人以上の都市も増大した。インドではムガル帝国の衰退にともない，アグラやデリー，ラホールなどの人口が減少した。一方で，綿布などの貿易の発展や，地方政権間の戦乱を回避する商人や銀行家がイギリス東インド会社の拠点都市に移動したこともあり，カルカッタやマドラスが急成長した。また，地方政権の首都であるハイデラバード・ラクナウ・ファイザーバード・プネーなどが発展していた（前章図 3-1 参照）。

　都市の消費文化の発達は，農業や農村手工業の発展を促した。もっとも，多くの都市において衛生状態は依然として改善されず，伝染病も発生し，死亡率は高かった。

　都市化率（都市部に住む人口の割合）について見ると，**西欧では**

都市化率が上昇し，1820年には12.3％程度に達した。一方，日本は17世紀中葉に13.6％に達したが，その後は低下し，19世紀半ばには12％に減少した。中国の都市化率の推定は困難であるが，全体的には，**鎮などを中心とする人口数千人レベルの小都市が発展して裾野が広がる**という特徴がいっそう顕著になっていた。日本においても在郷町（⇨ **解説**）などの小都市が発展したが，中国ほどの裾野の広がりはなく，逆にいえば**西欧や日本は中国よりも大都市や中規模都市への資本集積が著しかった。**

　一方，アメリカ合衆国は先述のように人口が急増していたが，1790年でも人口の95％は農村に居住し，最大の都市であるニューヨークの人口は3万3000人に過ぎなかった。

開発と移民の拡大

　中国における人口の増大は農業生産の革新をともなうものではなかったから，大規模な開発と移民の進展を招いた。華南では珠江デルタの開発が進むと同時に，長江流域の山地や四川省や雲南・貴州・広西などの西南諸省，あるいは東北や台湾などへ移民が進み，外延的拡大が進展した。この産地開発を促したのも，タバコ・トウモロコシ・ジャガイモなどの新大陸産の農産物であった。さらに，18世紀後半になると，東南アジアの錫鉱山開発もあって福建や広東から東南アジアへと労働者の移動が本格化し，移民数は増大していく。

　大西洋奴隷貿易以外にも，西欧からアメリカへの移民が増大し，北米の植民地の開発が進展した。とくにイギリスは多数の移民を送り出し，13植民地において人口は18世紀半ばに100万人を超えるまでに増大して，面的な支配が進んだ。イギリス植民地は人

解説 **在郷町**　　農村部での商品生産の発達にともない，城下町の周辺や街道沿いの村で，定期市などを中心に都市化したもの。

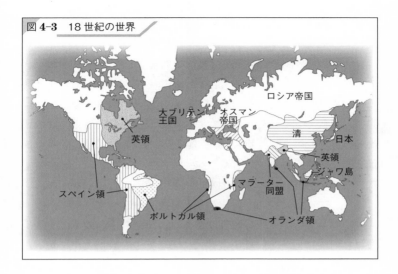

図4-3　18世紀の世界

ロシア帝国
大ブリテン王国
オスマン帝国
清
日本
英領
英領
ジャワ島
スペイン領
マラーター同盟
ポルトガル領
オランダ領

口も少なく拠点の支配にとどまるフランス植民地を圧倒し，七年
戦争の結果，北米の大半はイギリス植民地となり，独立直前には
人口200万人にまで成長した。所得や富の成長も著しく，商業
や貿易，製鉄・造船の盛んなニューイングランド中部に対し，南
部では地域別に米，タバコ，インディゴに特化した生産が発展，
タバコのプランテーションの成長のなかで黒人奴隷制が確立した。
18世紀の半ばになると植民地では不動産会社が設立され，西部
の開発が進められるとともに，先住民の「排除」が進んだ。

3　近世国家の分岐

●成熟と課題

▷▷　18世紀の東アジアにおける近世国家の違いを考えてみよう。
▷▷　18世紀におけるイスラム諸王朝の衰退の原因はどこにあったのだ
ろうか。

　18世紀の後半にかけて近世国家の成熟が進むなか，それぞれの地域の相違も目立ってきた。政治的にも経済的にも統合が進展していく地域と，分権的な方向に進む地域とに大きく分かれた。以下，財政や国家統合といった点に注目して各地の近世国家の状況を概観したうえで，市場構造，貿易システム，環境といった側面を見ていきたい。

東アジア近世国家の分岐

　中国では清朝経済の拡大にもかかわらず，中央の財政規模が拡大しない「小さな」政府であった。清朝の平和のもとで軍事費は相対的に低下し，経済の拡大に応じての財政拡大がなかったために農民の税負担は軽く，それは経済の拡大を後押しした。一方，官僚の給与がもともと低いうえ，18世紀を通じたインフレにもかかわらず，財政が硬直的であらかじめ収支の額が決まっていたことから地方財政の経費不足が悪化した。また，インフレによって物価が上昇するなか，金額が固定されていた官僚や兵士の給与はまったく足りなくなっていた。これを補塡するために各種附加税や手数料など，中央政府が把握していない，**法定外で非正規の財政が地方で拡大して不正の温床となり**，**腐敗問題が深刻化**した。地方の財源不足は地方政府の統制能力を低下させ，徴税や治安維持などは有力者やさまざまな社会集団に業務を請け負わせて対応したが，**大規模な内乱，あるいは対外戦争に対応する能力が失われていった**。また，国家の末端への支配が行き届かないうえに経費不足もあり，経済紛争においても，裁判にかけられる案件は全体の一部であり，しかも裁判の判決に強制力はなかった。

　日本においては幕府や各藩の支配は末端まで浸透しており，裁判の判決の強制力も中国よりは大きかった。徴税率も中国よりは

るかに高く，農業生産に対する実効国税率は18世紀を通じて低下したものの25〜30％に及んだ。一方，末端の徴税を村役人に委託する村請が進み，村役人は行政・司法・公証の事務を領主から委任された。対外貿易が縮小するなかでの**技術革新なき成長には限界**があり，18世紀に**幕府と藩は財政難**に陥り，改革が繰り返された。19世紀初頭の経済危機に対して，**西南雄藩**（⇨ **解説**）が**改革に成功して台頭**したのに対し，**幕府は失敗**してその支配機能は低下した。

| 東南アジア近世国家の成立 |

東南アジア大陸部においては，18世紀の半ばに大動乱が発生してアユタヤ朝などが滅亡するが，その後にコンバウン朝（1752〜1885年）のビルマ，トンブリー朝（1767〜82年）・ラタナコーシン朝（1782年〜）のシャム，阮朝（1802〜1945年）のベトナムが成立し，各王朝は周辺地域を征服して領域的な国家の形成を進め，ミャンマー・タイ・ベトナムという現在の東南アジア大陸諸国の原型が成立した。もっとも，東南アジア大陸部は19世紀後半にシャムを除いて植民地化したため，近世国家の成熟する期間はなかったといえよう。

一方，東南アジア島嶼部においてはオランダ東インド会社が香辛料貿易の衰退もあってジャワ島の領域的な支配を開始し，砂糖生産を拡大したほか，コーヒーなどの生産を強制的に割り当てる制度を導入した。しかし，18世紀後半には経営が悪化し，フランス革命戦争中の1799年に解散に至った。一方，中国との貿易を拡大しつつあったイギリス東インド会社は1786年にペナンを獲得し，再び東南アジアに進出した。

解説 西南雄藩　鹿児島（薩摩），萩（長州），佐賀（肥前），高知（土佐）藩。中・下級武士の有能な人材を登用して財政再建と藩権力強化に成功した。

近世イスラム諸王朝の
衰退

西アジアから南アジアのイスラム王朝は，中央集権体制が崩壊して地方が自立し，中央政府はいずれも衰退しつつあった。

南アジアではアウラングゼーブ帝の死後，各地で地方勢力が独立しムガルの地方官僚も自立，ムガル朝は18世紀半ばにはデリー周辺を支配する一地方勢力に転落した。地方政権が相互に競合するなかで，軍事費確保のために土地制度の改革や農業・商業の育成などによって財政収入を増大させた。

　18世紀中葉になると英仏の東インド会社はインドをめぐって争うようになったが，1757年のプラッシーの戦いの勝利を経て，1761年のイギリスによるポンディシェリ占領でイギリスの優位が確定した。1765年になるとイギリス東インド会社は，ベンガル・ビハール・オリッサで徴税権を獲得したことを皮切りとして，領域国家となった。東インド会社は官僚制度などの統治システムを整備するとともに土地税を確保，財政基盤を確立して軍備を増強し，他の地方政権との戦争を行うなかで，インド植民地を拡大させていった。しかし，軍事費の増大は財政の負担となったため，本国議会によって会社の権利は制限されていくことになった。

　オスマン帝国は，国内では終身契約の徴税請負が拡大していた。徴税請負人は権限と富を利用して土地を集積して私兵を養い，アーヤーンと呼ばれる地方の名望家が成長した。彼らはオスマン帝国の対外戦争の一翼を担うと同時にオスマン帝国の統制には反抗したため，中央政府による地方の統治能力は低下した。また，エジプトや南イラク，北アフリカの自立性も高まっていた。対外的には，ロシア・オーストリアとの戦争が続いて領土が縮小し，18世紀末に財政・軍事改革を試みたが，失敗に終わった。

　イランのサファヴィー朝は17世紀後半から官僚のモラル低下による税の中間搾取もあって財政難となった。また，アルメニア

商人（⇨ **解説** ）の免税特権が失われたことや，オランダ・イギリス東インド会社のインドからの生糸輸入の増大とイタリアにおける養蚕業の勃興によってイランの絹貿易が衰退したこともあって経済は悪化した。軍事力も弱体化するなか，1722年のアフガン族の侵攻によってサファヴィー朝は滅亡，イランは諸民族が割拠する分裂状況に陥った。

近世ヨーロッパの分岐　　18世紀を通じてヨーロッパ諸国の間では戦争が続いていたが，そのなかで**国家統合が進み，国民国家**（⇨ **解説** ）の形成へと向かった。一方で，ヨーロッパ全体が統合されたり，ひとつの覇権国家の支配下に入ったりすることはなく，むしろ覇権国家の成立を阻止するために合従連衡し，相互に激しく争うことになった。こうした戦争のなかで**軍事技術の革新**が進み，19世紀以降における欧米の他地域に対する優位を確定させた。また，イギリスをはじめとする西欧諸国は海軍力を強化し，18世紀初頭に西インドの海賊を潰滅させて海上交通の安全を確保，大西洋経済の拡大を促した。このほか，火器の使用拡大は大砲や小銃などの火器の原料としての銅確保のための銅山開発を進展させ，それによってコーンウォールの銅・錫鉱山の排水の必要性による蒸気機関の進展が見られた。また大砲の製造のためにコークスを利用した製鉄も拡大した。したがって産業革命を進めるための技術革新を促進したという点でも，戦争の影響は大きかった。

解説 **アルメニア商人**　　アルメニア人はアルメニア高地に居住していたが，7世紀のイスラム勢力の侵攻や，11世紀のビザンツ帝国やセルジューク・トルコなど，たび重なる異民族の侵入で荒廃したため，各地に離散し，インド洋から地中海に至る広い範囲で商工業の担い手となって活躍した。

国民国家　　一定の領域からなる主権を備えた国家で，そのなかに住む人々が国民的一体性の意識を共有している国家。19世紀のヨーロッパで支配的となった。

イギリスは第二次英仏百年戦争を優位に進めて北米・インドにおいて植民地を拡大したが，その背景には**財政軍事国家**を成立させたことがあった。イギリスはすでに17世紀末にイングランド銀行を創設し，国債や株式などの市場が生まれており，敵国よりもわずかな費用で政府の資金調達が可能となっていた。結果的に，民間の資本市場にもよい影響を及ぼし，農業，商業，工業への投資に利用できる資金を提供することになった。同時期に徴税請負制度も廃止されていた。イギリス国債を維持するために，これまでの関税などに加えて中断期間はあるものの所得税を導入し，個人に対する把握も進んだ。もっとも，戦争による財政難は深刻で，1人当たりの税負担はフランスよりも重く，北米植民地での増税を図ったことがきっかけとなって独立戦争が起こり，13植民地の独立を招いた。

イギリスに対抗したフランスはロシアを除けばヨーロッパ最大の国家であったが，引き続き多くの戦争に参戦した。そのため**戦費が財政を圧迫**し，増税と公債で対応した。フランスの1人当たり税負担はイギリスよりも軽かったが，徴税請負制度が続いていて非効率であったうえ，貴族や役人に税の適用除外があったため，税負担は平民に偏って不公平であった。そこで，その特権層に課税するために三部会を召集したことが，**フランス革命勃発**の一因となった。

東欧では封建的な大土地所有制度が根強く残っていたが，啓蒙専制君主といわれる君主のもとで改革が進められた。プロイセンのフリードリッヒ2世（在位1740～86年）はオーストリアとの戦争で鉱工業の発展したシュレジエンを獲得するとともに，**産業振興と農民保護，官僚制強化**によってプロイセンをヨーロッパの列強へと向上させた。このプロイセンに対抗するために，オーストリアもマリア・テレジア（在位1740～80年）のもとで国家財政を

　序章で触れたように，ポメランツは，18世紀における西欧と中国の生態環境における制約は同程度のものであったが，西欧は石炭資源と新大陸の資源へのアクセスによってその制約から逃れることができたのが西欧と中国の「大分岐」の原因だと指摘し，大きな注目を集めた。18世紀の段階で，中国・インド・西欧といった経済の中心地を比較した場合，インドは環境的に余裕があり，休閑地も多かった。インドが人口増大にともなう資源危機に直面するのは19世紀以降である。そこで，西欧と中国の比較が重要になる。

　ポメランツによると，西欧の場合は18世紀において食糧生産は増えていたが，人口増大にともなう需要の増加を満たす程度であり，繊維製品は輸入に依存していた。木材不足は深刻で，燃料費の上昇が他の物価上昇を上回っていた。森林伐採によって土壌が浸食されたことが，西欧の収量の低下に結びついていた。

　一方，ポメランツは中国については1800年の段階では生存の見込みを脅かすような「人口過多」や切迫した「生態環境の危機」はなかったとする。そして，北部と西北部に将来深刻な問題が生じそうな徴候があったとしつつも，西欧と中国の資源制約は国内に限れば深刻さに大差がなかったと見なす。

　もっとも，西欧と中国の比較は，1860年代まで中国側の統計が皆無であるため，非常に困難である。たとえば，ポメランツは断片的な記述史料をもとに綿花・綿布に関する推計を行っているが，実証性は乏しい。ポメランツの利用する森林被覆率のデータを示す研究も根拠は何ら示されていない。ポメランツの示すように江南の労働集約的な農業生産は高度に発達し，資源節約的であったかもしれないが，中国において問題が発生していたのは江南ではなく，18世紀以降に移民が開発を進めていた内陸山地である。そこでは資源略奪的な開発が続いており，18世紀末には各

地で開発は限界に達しつつあった。19世紀に内陸で発生した白蓮教徒の乱や太平天国などの動乱に中国の多くの地域が巻き込まれたことを考慮すれば，中国についてもマクロ的な視野で検討する必要があるだろう。

　また，1860年以降になると中国の貿易統計は使用可能になるため，そうした近代的統計を用いた慎重な検討も重要となろう。さらに，統計数値に依存しない，制度的な分析や比較も求められている。

整備して常備軍を強化し，官僚制を整えて**中央集権的な国家**を目指した。マリア・テレジアの子ヨーゼフ2世（在位1765〜90年）のもとでも啓蒙的改革は進展し，貴族を牽制して農民を直接把握することが目指され，**農奴解放**が進められた。

　ロシアではピョートル1世は改革を進めつつ，北方戦争によってバルト海沿岸に領土を拡張し，バルト海の入り口に建設された新首都サンクト＝ペテルブルクは外国貿易の拠点となった。さらに18世紀後半にはエカチェリーナ2世（在位1762〜96年）のもとで地方行政改革を進め，クリミア半島を含む黒海方面に領域を大幅に拡大した。

　これに対してポーランドにおいては，北方戦争をはじめとする戦乱や疫病の流行で国土は荒廃し，農民は困窮化，都市は停滞していた。国会は機能せず無政府化が進み，18世紀後半からロシア・オーストリア・プロイセンによって分割され，1795年にポーランドは消滅してしまった。

4 多様な世界

▷　18世紀末，ユーラシア各地の市場構造，貨幣，所有権・財産権に
　はどのような共通性や違いがあったのだろうか。
▷　18世紀の貿易拡大は中国や西欧に何をもたらしたのだろうか。
▷　18世紀末のユーラシア各地の環境問題について考えてみよう。

市場構造の差異

18世紀までの**世界各地域の市場は大半が
統合**されていなかった。中国の国内市場
は統合的な市場ではなかったが，**各地域市場が完全に自立してい
るわけでもなく，相互に接続**しており，銀の不断の供給が経済活
動を支えていた。財政も銀建てであったため，銀の流入・流出は
全国の経済および清朝財政に影響を与えることになった。清朝は
広州における貿易では基本的に貿易額・貿易量の統制を行わず，
開放的な体制であったが，それは政府が銀の流出入の統制ができ
ないことにもつながり，中国経済の弱点にもなっていた。アヘン
貿易の拡大は銀の流れを変え，中国経済および清朝財政の悪化を
招いていく。

　日本においては，江戸時代前期は消費市場の江戸と集散市場お
よび手工業生産地帯をもつ大坂を核とし，両者と農業生産を主と
する地方領国が放射状に結ばれ，相互に結びつかない流通構造で
あった。ところが江戸後期になると，**江戸が集散市場・中央市場
の機能**をもつようになったほか，地方領国の農村工業の発展から，
地方領国相互も結びつく，循環構造が形成された。結果的に大坂
の中央市場としての機能は低下したが，1730年には堂島の米会
所が成立して高度に発展，一種の先物取引を行うようになった。

　インドでは綿布貿易の発展とともに，商品取引を金融的に支え

る手形取引の全国的なネットワークが成立していた。同時に地方都市が発展し，農村の定期市であるハート，常設の市場集落であるガンジ，市場町であるカスパといった**市場のピラミッド構造**が見られ，18世紀にはとくにカスパとガンジが発達して市場ネットワークを形成していた。

　ヨーロッパ各国でも交通網の整備が進んだ。イギリスでは石炭輸送の必要もあって1750年から1820年までの間に約4800 kmの航行可能な水路が整備された。加えて，1750年に約5500 kmだった有料道路網は1770年には約2万4000 km，1836年には約3万5000 kmに達した。さらに，沿海海運の発展もあり，市場統合が進んだ。フランスでも道路網が整備され，穀物流通が円滑化し，ドイツでも河川交通の発達が見られた。もっとも，フランスにおいても国家単位での経済統合にまでは至らず，ドイツでは領邦国家に分裂し，国内関税が市場統合を妨げていた。このように国内市場の統合の度合いは国によって異なっていたが，他方で，**ヨーロッパには銀行・会社・為替手形・預金通貨・計算貨幣などの制度を通じた商人の金融ネットワークが形成**されており，フランスやイタリアなど他の地域との統合がより進んだところもあった。

| 多様な貨幣 |

　世界的な商業の拡大にともない，貨幣需要が高まった。銀の生産は日本では衰えたが，メキシコでは大幅に拡大して世界に供給された。さらに，**小額貨幣の使用も拡大し，金や銀と併用**されるようになったが，上述の市場の重層性に対応してそれぞれが用いられる市場が異なることも多かった。

　東アジアでは銅銭の鋳造が本格化し，日本では17世紀に寛永通宝の鋳造が始まって幕末まで鋳造が続き，朝鮮では17世紀に始まった常平通宝の鋳造が18世紀に恒常化した。中国では17世紀の銅銭鋳造は不十分で品質が低かったが，18世紀に乾隆通

貝貨：タカラガイは北東アジアから中央アジアを経て北アフリカ，西アフリカに至る地域で珍重された。タカラガイの採取地はモルディブ諸島や沖縄周辺の東シナ海，東アフリカのモザンビークである。「貝」を部首に含む漢字に経済活動に関するものが多いのは，古代中国でタカラガイが貨幣として使用されていたことによる。
日本銀行金融研究所貨幣博物館所蔵

宝が大量鋳造され，ベトナムでも銅銭鋳造が進んだ。さらにインド，ヨーロッパ各地における銅貨の大量鋳造，奴隷貿易の対貨ともなったモルディブ産貝貨のインド洋沿岸から西アフリカへの大量流入に見られるように小額貨幣の使用が拡大し，中国では原料となる日本銅の輸入や雲南の銅山開発が進展した。

　もっとも，中国では政府は銀貨を鋳造せず，銀は秤量貨幣として流通させ，鋳造する銅銭については弾力的な貨幣供給ができなかったために，民間で銅銭を低い品位に鋳造し直して供給量を増やしたり，金融業者である銭荘が発行する銭票などの地域的な手形を利用したりして通貨不足を補った。日本では幕府が金貨・銀貨・銅銭を鋳造したが，地方経済の活性化によって銅銭が不足したため幕府が機動的に通貨供給を行ったほか，大名領国では藩札や私札を供給することで地域需要に応じていた。インドでは多数

の鋳造所が存在し、それぞれの地域市場向けの少額銀貨や銅貨が鋳造された。イギリスでは王立造幣局が鋳造する金貨・銀貨は均質であったものの単位が高額で小口取引に使用できなかったため、民間の企業家が地方の貨幣流通の主体となる私鋳貨幣を発行した。また、18世紀後半には、それまでロンドン以外にほとんど存在しなかった銀行が地方都市で多数設立され、手形割引や貸出を自行の銀行券で行ったため、これが地域紙幣として各地で流通した。したがって、**小額貨幣の場合、中央政府以外の主体による貨幣の弾力的供給が重要性をもっていた**といえよう。

貨幣に対する評価が複数存在することも、当該期までは当然のことであった。中国においては、同じスペイン銀貨に対する評価も地域や業種で異なっていた。アメリカの英領植民地におけるクラウン銀貨の評価もイギリス本国とは異なっていた。

所有権・財産権問題

西欧においては、**土地所有権は重層的で、共有地も存在**していた。イギリスでは17世紀に加速する囲い込みによって共有地が整理され、土地利用に関する共同体的な規制が取り除かれて、排他的な土地所有権が発展しつつあった。他方で、議会制定法によって所有地が収用されることもあったが、その場合は代替地や金銭的な補償を前提に行われることが制度化されていった。一方、フランスでは議会がこうした機能を果たすことがなかったから、土地所有権はイギリス以上に保護されることになり、たとえば運河のために土地を収用することは難しかった。しかし、こうした排他的土地所有権の進展のあり方は世界共通ではなかった。

日本においては、幕藩領主が農民の土地所有権を保護していたが、土地市場は規制されていた。中国においては土地の売買に対する国家の規制はほとんどなく自由であり、その流動性は高かったが、取引されたのは収益対象としての土地であり、同じ土地に

パトナのアヘン製造工場のアヘン貯蔵室：東インド会社の管理のも
と，ケシがガンジス川東部で栽培された。ケシから採取された液は，
パトナなどで乾燥させられ，球形に整形されたうえで，ガンジス川
を下ってカルカッタに運ばれ，競売にかけられた。
"The Indo-Chinese Opium Trade, At An Opium Factory At Patna: The
Stacking Room." *Graphic*, London: England, 24 June 1882.
　　Universal History Archive / Universal Images Group / ゲッティイメージズ

　対する重層的な権利が存在した。一方で，国家の介入に対して抗
するような排他的所有権も存在しなかった。インドにおいても土
地の売買・抵当入れは行われていたが，重層的な権利が存在した。
イスラム世界でも，所有権と用益権が分かれており，それぞれが
取引されていた。世界的に見れば多くの地域において，**取引され
る土地の権利は一様ではなく，かつ重層的であり，排他的所有権は
存在しなかったが，それが流動的な土地市場を阻害することもなか
った。**

　　貿易システムの動揺　　　18世紀後半における貿易の急速な拡大
　　　　　　　　　　　　　は既存の貿易システムの動揺を招いた。

イギリス東インド会社は貿易不均衡の解消のために，まずインド産綿花の中国への輸出を大幅に拡大した。これにはアジア間貿易を行う地方貿易商人が数多く参入した。さらにインドのベンガル産アヘンの専売制を導入し，アヘンを中国に輸出することになった。しかし，清朝側のアヘン禁令が強化されると，アヘンはカルカッタで競売にかけられ，インドから中国への輸出は地方貿易商人が担うようになった。その結果，インド産の綿花・アヘンの貿易は東インド会社の財政に大きく寄与するだけでなく，**地方貿易商人を急成長**させ，その貿易量は東インド会社を上回るようになっていった。先述のようにオランダ東インド会社も解散しており，**特許会社による独占的なアジア貿易の時代は終わりを告げつつあった。**

　一方，中国の広州では貿易が急速に拡大するなか，貿易を管理する海関で貿易管理と徴税を請け負っていた行商（牙行の一種）が相互の競争や負担の大きさ，欧米人商人への負債などでしばしば倒産し，**貿易管理が困難**になっていた。19世紀になると地方貿易商人に対する行商の負債問題が拡大し，行商による貿易管理はいっそう困難になっていった。したがって，**17〜18世紀に形成された貿易システムは貿易拡大のなかで西欧も中国もともに変革を迫られていた。**これがアヘン戦争の原因ともなる。

| 環境－開発の限界 |

18世紀の世界的な貿易の拡大と経済の拡張は，各地で開発を進展させたが，その限界も各地で見られるようになった。**中国では内陸部や山地の開発は18世紀末に限界**を迎えつつあった。山地開発は移民たちが短期間の利益回収を図る形で略奪的に行ったため，山地にはげ山が広がるなど，環境の悪化を招き，森林の保水力も失われて水害などの災害も増加した。開発の限界と環境の悪化のなかで，19世紀末に郷紳を中心とするエリート集団と非エリート集団の間の

緊張から，四川・湖北・陝西の境界の山地においては非エリート集団による白蓮教徒の乱が発生した。この反乱は8年ほどかけて鎮圧されたものの，清朝の財政は悪化して対応能力が低下した。そのうえ，19世紀以降も人口増大と内陸への移民は続き，19世紀中葉の中国の動乱の背景となった。

　これに対して**日本の場合，17世紀末に開発は限界に達していた**うえ，海外貿易が減少し，海外への移民も禁止されていたため，人口が停滞するなかで国内の循環的なエコシステムが発展した。

　西欧の場合も多くの地域で森林資源は枯渇し，開発は限界に達しており，イギリスでも森林は約120万haから100万haに減少していた。しかし，イギリスの石炭生産が18世紀を通じて300万トンから1500万トンに増大するなど，石炭資源の利用が進んだ。同時に海外貿易の発展もあって，成長が抑制されることはなかったが，一方で西欧主導の西インドの製糖業では大量の木材燃料を使用して森林の破壊を招いた。

　このように，18世紀の貿易の拡大は各地で経済発展や好景気をもたらしたものの，その影響は地域によって大きく異なっただけでなく，18世紀までに各地で形成されてきた政治・経済・社会のシステムもきわめて多様であった。こうした各地域の個性が，19世紀のグローバルな変動において，各地に大きな差違を生む原因となる。

Ｑ 章末問題
Question

　1　大西洋貿易の拡大の背景には何があったのだろうか，考えてみよう。
　2　世界各地の人口増大は何をもたらしたのか，考えてみよう。

3　世界各地の経済的な制度にはどのような違いがあったのか，
　比べてみよう。

ミシシッピ川の蒸気船
General Photographic Agency / Hulton Archive / ゲッティイメージズ

第2部　長い19世紀
グローバル経済の成立

　第2部では，18世紀後半に始まるイギリス産業革命から第一次世界大戦までの，「長い19世紀」と呼ばれる時期を扱う。産業革命を通じて，石炭で動く機械を利用する方法が開発され，モノの生産やヒトの移動に大きな変革が生じた。電磁気学などの科学的知識の応用によって情報の伝達スピードも格段に早くなり，ヒト・モノ・カネ・情報の移動はそれまでとは比べものにならないくらいの量と地理的広がりを見せるようになった。ヨーロッパで始まったこの変化は，地球上の他の地域にもさまざまな影響を与えたが，地域ごとにその地域の文脈に沿った異なる展開を見せつつ，地域相互が密接な関連をもつ世界経済が形成されていった。

ラージピプラ鉄道開通
Rajpipla / Atherton Archives / Hulton Archive / ゲッティイメージズ

第2部の見取り図

第5章 工業化の開始と普及：イギリス産業革命と欧米諸国への普及

要素賦存と工業化のあり方

技術伝播と人の移動

- **1~3** イギリス産業革命の特徴：人口圧力と機械化
- **4** 大陸ヨーロッパ諸国の工業化：ベルギー・フランス・ドイツの事例
- **5** アメリカ合衆国の工業化：北部の工業と南部の農業，西部への拡大

第6章 ヒト・モノ・カネの移動の拡大と制度的枠組みの変化：技術（蒸気船・鉄道・電信），法的枠組み，決済の仕組み

- **1~3** モノの移動の物理的効率化
  - ・蒸気船定期航路
  - ・鉄道ネットワークの形成
- **4** 情報通信の新技術＝電信網
  - ・価格情報などのリアルタイム化

- **5~6** 貿易のための制度的枠組み
  - ・モノの移動に対する国際的な法的枠組み（関税）
  - ・ロンドンを中心とする多角的貿易決済制度

第7章 植民地体制の変容とラテンアメリカ，アジア：非欧米地域の世界経済への包摂

- **1** ナポレオン戦争によるヨーロッパの混乱～ウィーン体制

独立　　　植民地支配強化　　　不平等条約による開港　　　植民地支配強化

- **2** ラテンアメリカ
- **3** インド
- **4** 中国
  - ・英領海峡植民地
  - ・蘭領東インド
- **6** アジア間競争
- **5** 日本

第8章 工業化の新しい波と世界大戦：各国経済の連動と対立

- **1** 化学産業・電機産業の発展→工業国の増加，ドイツ・アメリカの台頭
- **2** 新たな植民地獲得競争
  - ・東南アジア大陸部
  - ・アフリカ分割
- **3** 大不況
  - ・国際金本位制による各国経済の連動
  - ・新たな植民地の市場化
- **4** 第一次世界大戦：国家間の対立・グローバル化の停滞

第5章

工業化の開始と普及

機械制生産の広がり

18世紀半ばから19世紀前半にかけて，イギリスでは産業革命と呼ばれる社会経済全般に及ぶ変化が生じた。変化は綿工業から始まったが，これは，第3章で見たインド産綿布の大量輸入に対する輸入代替工業化（⇨ **解説**）ともいえる。

賃金が相対的に高かったイギリスでは，綿糸や綿布の生産に機械が導入され，機械を動かす動力源も馬や水車から石炭で動く蒸気機関に置き換えられていった。あわせて，蒸気機関の完成に不可欠な，安くて高品質な鉄の生産と金属加工技術の進展も見られた。イギリスで始まったこの生産技術上の大変革は，19世紀半ば以降，大陸ヨーロッパ諸国やアメリカ合衆国にも広がっていくなかで，世界経済の中心地をユーラシア大陸の東から西へと大きく移動させた。

本章では，この時期のイギリスで何が起き，それがヨーロッパ大陸やアメリカ合衆国にどのように伝播していったのかを少し詳細に見ていこう。

解説 **輸入代替工業化**　それまで輸入に頼っていた工業製品の国産化を進めること。20世紀の途上国における工業化戦略として，品質が劣り価格の高い自国製品を守るために高関税などの保護主義政策とともに進められたものを指す言葉として用いられ始めた。逆に自由貿易政策へと転換し，外資の誘致などを通じて海外市場向けに生産・輸出することで工業化を進めようという輸出志向型工業化戦略とともに，第11章第3節で詳述。

1 イギリス産業革命

●綿業における技術革新と働き方の変化

▷▷ イギリス綿業がインド産綿布に対抗できるようになるには，どんな発明が必要だったのだろうか。

▷▷ 問屋制家内工業での働き方と工場での働き方を比較してみよう。

▷▷ 多くの人々が1カ所に集まって生産を行う集中作業場の利点を考えてみよう。

　産業革命はイギリスの社会経済全般に影響を及ぼしたが，変化の中心に位置するのは一連の技術革新（⇨**解説**）である。最も急激な変化を遂げたのは繊維業で，イギリス綿工業の付加価値額は1760年の50万ポンドから，1820年には2500万ポンドと50倍という成長を経験した。

綿工業における技術革新

　服やカーテン，テーブルクロスなど，綿製品ができるまでには，綿花の収穫，種の除去，洗浄，梳綿（梳って繊維の方向を揃える作業），紡糸，織布，漂白，染色・捺染，仕立てといった工程を経ている。このうち，産業革命期に機械化が進むのは，種の除去（綿繰り機〔1794年〕），梳綿（梳綿機〔1748年〕），紡糸（ジェニー紡績機〔1764年頃〕，水力紡績機〔1769年〕，ミュール紡績機〔1779年頃〕），織布（飛び杼〔1733年〕，力織機〔1785年〕），染色・捺染（ローラー捺染機〔1783年〕）などである。

　第3章で触れたように，ヨーロッパに流入したインド産綿布は好評を博し，毛織物や亜麻などの伝統的な織物に打撃を与え，イギリスでは1700年と1721年の2度にわたってインド産綿布の

解説 技術革新　生産技術上の発明，改良，およびその普及にいたる一連の過程。

図 5-1　水力紡績機

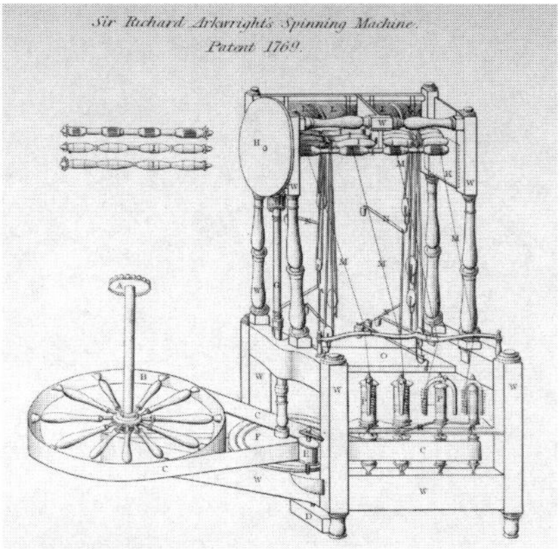

Sir Richard Arkwright's Spinning Machine.
Patent 1769.

Classic Image / Alamy Stock Photo

図 5-2　クロムフォード工場

（出所）　Walsh（1997）, Source 13, p. 67. Arkwright Society

輸入や着用を禁止する法令が制定されたが，綿製品への需要は引き続き大きく，国産化への強いインセンティブを形成した。

　飛び杼は，織布工程における革新で，幅の広い織物に必要だっ

図 5-3　ミュール紡績機を備えた工場

奥の男性は繊維を引き出す可動部分（キャリッジ）を操作している。
History and Art Collection / Alamy Stock Photo

た杼を飛ばす助手を不要にし，織布を 1 人で行える作業へと変え
た。布地の生産性が上がったことで，今度は原料となる綿糸が不
足するようになり，1764 年には 1 人の紡糸工が一度に複数の糸
を紡ぐことのできる**ジェニー紡績機**が発明された。1769 年には，
リチャード・アークライト（1732～92 年）によって繊維を引き出
す部分に三連のローラーを用いた**水力紡績機**の特許が取得される
（図 5-1）。この紡績機には当初から人力以外の動力の使用が想定
され，最初期には馬が，1771 年に建設された**クロムフォード工場**
では水車が使用された（図 5-2）。

　水力紡績機では太くて強い糸を紡ぐことができ，この発明によ
って縦糸にも機械で作られる綿糸が利用できるようになって，純
綿布の機械生産ができるようになった。サミュエル・クロンプト
ン（1753～1827 年）によって 1779 年頃に発明された**ミュール紡**

図 5-4　木製ブロックによる捺染

Pictorial Press Ltd / Alamy Stock Photo

績機（図5-3）では，細くて強い糸が紡げるようになり，インド産に負けない薄手の綿布が作れるようになった。

　クロンプトンは特許を取らなかったので，ミュール紡績機は発明後すぐに各地の大工や時計職人，水車大工など機械製作に長けた人々によって模倣され，部分的には金属部品と置き換えられたり，さらに水力で駆動されたりして，1790年代には，図5-3が示すように，1台のキャリッジに数百から千を超える紡錘を備えたものが作られるようになった。

　綿糸の生産性が飛躍的に増大するなかで，1785年には，織布工程でも機械化の試みが見られた。しかし，回転運動で紡錘を回す機構が中心の紡績機と比べ，格段に複雑な機構を必要とする織布工程においては，機械化の完成までに長い時間を要し，広く普及したのは1820年代以降である。

　回転運動を利用した機械化は，捺染工程にも及んだ。布地に模様を入れる方法には，刺繍や筆による手書きなどがあるが，イン

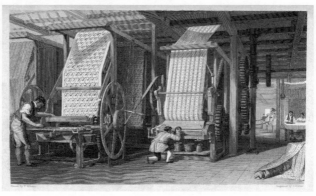

図 **5-5** ローラー捺染機によるプリント

A. Thomas, Calico printing, 1835.
Science Museum / Sceince & Society Picture Library

ド綿布の場合には模様を彫った木製のブロックに染料を付けて転写する方法が広く使われてきた（図5-4）。この方法だと，一度にプリントできる範囲はブロックの大きさに制約されるが，1783年にローラー捺染機が発明されることで，幅広の布地に連続的にプリントすることが可能となった（図5-5）。

　これらの技術革新によって，イギリスの綿製品生産量は爆発的に拡大したと考えられている。輸出入統計からインプットの推移を見ると，1750年代に年平均1300トン弱だった原綿輸入は1820年代には約7万5500トンと約60倍に増加した。1820年頃には，インドからヨーロッパへの綿布輸出量とイギリスからアジアへのそれが逆転し，ここに至って，人口1500万人のイギリスが10倍以上の人口を持つインドに対抗しうる生産力を達成することになった。

| 生産組織の変化 | 蒸気力で動く鉄製の機械によって半自動化された生産のあり方が普及する過程で， |

人々の働き方にも大きな変化が現れた。18世紀半ば以前の経営の規模は、せいぜい10人を超えるか超えないかであったが、蒸気機関が備え付けられた工場は、初期のものでも数百人が働く巨大なものであった。綿業に若干遅れて、19世紀半ばまでには毛織物や亜麻織物に関しても機械化が進んだことから、とくに女性に就業機会を提供していた家内工業としての紡糸は急速に縮小していった。こうした変化は、生産組織の点でも大きな変化をもたらした。

機械化以前の北西ヨーロッパでは、問屋制家内工業（⇨ **解説**）が広く行われていた。綿糸や粗綿布に市場が存在し、スポット的な売買が行われていた中国のケースとは異なり、**問屋制家内工業では商人が生産全体を組織**した。原綿や綿糸を前貸しして紡糸や織布を農村副業の形で行わせ、染色などの最終的な仕上げを行ったうえで、織物として市場で販売したのである。問屋制下の紡糸工や織布工は、商人の影響力を強く受けるものの、原料購入や製品販売のために市場に直面する必要がなく、価格変動や売れ残りなどのリスクは商人が負うという仕組みであった。

問屋制生産においても、数百から数千の紡糸工や織布工を組織した大規模生産が行われた例も見られるが、実際の生産の場は、住宅用家屋のなかである。18世紀後半に出現した紡績工場は、これとは比べ物にならないほど巨大なものであった。18世紀末までに300ほど作られたアークライト型の工場では、少なくとも200人前後が働いていた。

解説 問屋制家内工業　　生産全体を組織する問屋（商人）が、原材料を農家などに前貸しし、賃金と引き換えに自宅において内職の形で生産を請け負わせる工業生産の仕組み。織元と呼ばれる商人が羊毛を紡糸工に前貸しして糸を紡がせ、その糸を織布工に前貸しして毛織物を生産するといったことが行われた。

家内工業と比較した場合の工場の利点には，①機械の広範な利用の可能性，②原料輸送コストの低減，③分業の精緻化，④労務管理の容易さ，⑤品質管理の容易さ，などがある。水車や蒸気機関は，物理的に大規模な装置であり生み出す出力も巨大なため，手動を前提にした紡ぎ車やジェニー紡績機を水車や蒸気機関で動かすことは現実的ではない。クロムフォード工場のように，何十台もの紡績機や梳綿機を備えた設備が作られて初めて，経済的に実現可能なものとなったのである。

　問屋制生産では，生産の場が家々に分散しているため，織元は原材料を配って歩かなくてはいけなかったし，完成品を集荷する必要もあった。これは時間的にも輸送費の面でも多大なコストを必要とした。工場では，労働者が自分の足で集まってくれるため，このコストを大幅に削減することができるようになった。

　労働者が一カ所に集まって作業することにより，より細かな分業も可能となる。問屋制下では梳綿や切れた糸のつなぎ直しなどは紡糸工本人が行っていたが，クロムフォード工場では梳綿機と紡績機が別の階に設置され，2工程が分離されていた。また，ミュール紡績機では，キャリッジを操作する者，切れた糸をつなぎ直す者，機械の下に落ちた繊維くずなどを清掃する者などが別々に働くことになった。

　集中作業場の利点は，労務管理の面にも現れる。個々の家々に分散していてはできなかった作業の直接監視ができるようになったため，監督者によって時には暴力も用いて，適切な努力の程度とどの作業に注力すべきかという努力の方向づけが与えられた。

　このことは，製品の品質管理とも直接的にかかわる。分散した生産現場で紡ぎ車を用いる家内工業では糸の太さや強さを揃えることは難しく，小規模な問屋制生産であっても紡糸工ごとに糸の仕上がりには違いが生じた。微妙に異なる糸を使って織った布の

表面には凹凸が生じてしまうことに加え，強度のない縦糸が混在して頻繁に切れる場合は，つなぎ直す間は機が止まるので大幅な時間のロスにつながる。こうした問題も，工場では監督者による直接的なモニタリングによって管理された。また，前述したように，工場では機械での生産が大規模に行われたため，機械生産による均質性の担保も品質向上に資することになった。

2 人口増加と石炭使用の拡大

●燃料転換の背景

▷ 人口増加がイギリス経済に与えた影響を列挙してみよう。
▷ 製鉄業ではどのような技術革新が生じたのだろうか。
▷ 蒸気機関は工場の立地にどのような影響を与えたのだろうか。

人口の増加

こうした機械化の背景には，人口増加による繊維製品への需要の増加がある。イギリスでは18世紀後半から人口増加が顕著になるが，これによって潜在的な需要規模が拡大したことに加えて，服飾素材への嗜好が従来の羊毛や麻から綿へと大きく変化したこともあいまって，綿製品需要が高まったことが機械化を後押しした。

イギリスの人口増加は他のヨーロッパ諸国と比べて大きく，1700年の人口860万人は，フランスの2150万人やドイツ語圏諸国の1500万人と比べると大きく見劣りしていたが，1820年には2120万人と2.5倍に増えた（増加率147％）。同時期のフランスは45％増の3130万人，ドイツは66％増の2490万人なので，イギリスの人口増加率が突出していることがわかる。絶対値でも，フランスとはまだ差が大きいが，ドイツとは肩を並べる規模になった。

人口増加は1人当たりの平均所得を引き下げる効果をもち，実

際，産業革命期のイギリスでは成人男性賃金の停滞が見られるが，イギリスの特異な点は，急激な人口増加にもかかわらず産業革命期を通じて賃金水準が崩壊しなかったことにある。これを可能にしたのは，機械の導入による労働生産性の向上であった。平均的な所得水準が一定のまま，人口とほぼ歩をそろえて経済規模が2.5倍になったことで衣服への需要は増加し，繊維産業における生産力の拡大を促した。賃金水準は18世紀初頭の段階で他のヨーロッパ諸国よりも高く，中国やインドよりもずっと高かったと考えられており，18世紀を通じて高止まりしたまま低下がほとんど見られなかったので，**労働節約的**（第7章197ページ参照）で**機械使用的な技術の開発を促す**ことになった。

木材の不足と石炭利用の拡大

人口増加は全般的な需要増加として現れたが，**木材需要の拡大による需給逼迫はその後の石炭の大規模な利用への道を拓**いたという点で重要である。木材は，家屋や船舶の建設資材であり，薪や木炭という形での熱源でもあった。住宅需要や冬季の暖房用薪炭需要は，人口増加の直接的影響であるが，間接的にも，海外貿易の拡大によって船舶に対する需要が拡大したことや鉄製品生産拡大のための熱源需要が生じており，こうした直接間接の需要増加によって木材価格の上昇が見られた。第4章で見たように，イギリスにおいてはこうした木材価格の上昇に対して，熱源としての石炭の利用が拡大した。

石炭の大量消費のためには，消費するための技術も必要とされた。石炭は木炭と異なってさまざまな不純物を含んでおり，とくに硫黄が含まれることによって，家庭での利用についても産業利用においても，薪炭とは異なるさまざまな影響をもたらした。

中世イングランドの家屋では，広間の中央や壁際の囲炉裏で火が焚かれ，暖房と煮炊きの両方の役割を果たしていたが，こうし

た構造では薪炭を用いる場合でも屋内が常に煙い状況で，石炭で暖をとることは快適さをいっそう損なうことにつながる。これを解決するには，煙突の改良と普及とが必要であった。1666年に大火で市域のほとんどが焼失したロンドンでは，復興期に建設された新しい石造りや煉瓦造りの家屋で暖炉や台所の構造が変化し，煙突を備えた家屋が一般的になった。この新しい構造は，その後，他の都市でも模倣され，全国に広がっていった。これにより，家庭内での石炭利用が急増した。

製鉄業における燃料転換

石炭は，製塩や石灰焼成などでの単純な熱源としては早くから産業利用がなされていたが，製鉄のように化学反応を用いた処理には適さなかった。鉄は自然界には酸化鉄として存在し，製鉄とは，鉄鉱石に含まれる酸化鉄から還元反応を通じて酸素を取り除くことである。硫黄を含んだ石炭を用いると，製鉄の過程で鉄に硫黄が混入し，もろく割れやすいものになってしまう。これには，**石炭からあらかじめ不純物を取り除いたコークスの使用**と，**熱源と鉄との分離という2つの対処方法**がとられた。

製鉄には，鉄鉱石から銑鉄を取り出す製銑工程と，炭素含有量が高く若干の不純物を含んだ銑鉄を再度溶融して炭素含有量を調節する精錬工程とがある。18世紀には，製銑工程におけるコークスの使用と，精錬工程における反射炉とパドル法という2つの技術革新がなされ，これらによって，製鉄は森林資源の制約から解放されていく。

製銑工程では，18世紀初頭にコークスを使用した方法が確立され，1760年代までに一般に広まった。溶鉱炉では，鉄鉱石と熱源，触媒としての石灰石を積み上げて燃やすが，コークスは木炭よりも堅いためより高く積み上げることができ，溶鉱炉の大型化も実現した。これにより，安価な燃料を使って一度に大量の銑

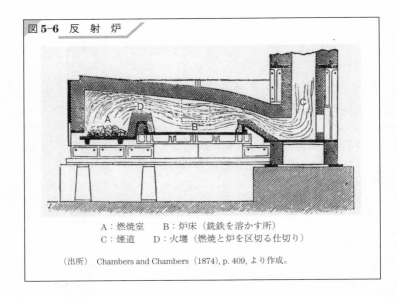

図5-6 反射炉

A：燃焼室　　B：炉床（銑鉄を溶かす所）
C：煙道　　　D：火壔（燃焼と炉を区切る仕切り）

（出所）　Chambers and Chambers（1874），p. 409, より作成。

鉄を作ることが可能となった。

　銑鉄は融点が低いため鋳型に流し込んで成型する 鋳 造には適
してい␢，熱したうえで叩いて変形させる鍛造には不向きであ
る。他方で，錬鉄と呼ばれる炭素含有量がきわめて少ない鉄は，
融点は高くなるが柔らかく鍛造しやすい。微妙に形が異なる多様
な鉄製部品を作るには，鍛造しやすい錬鉄のほうが使い勝手が良
い。このため，銑鉄を脱炭する精錬工程が必要となる。

　精錬工程での石炭利用は，燃焼室と炉床が分離された反射炉が
利用されることで促された（図5-6）。反射炉自体は17世紀から
鉛や銅，錫などの非鉄金属の精錬に用いられていたが，1780年
代にヘンリー・コートによって反射炉の側面に開けられた窓から
鉄の棒を差し込み，溶けた銑鉄をかき回すことで炭素を燃焼させ
て含有量を減らすパドル法が開発されると，製鉄業でも大規模に
利用されるようになった。これらの一連の技術革新によって製鉄

業は，製銑工程，精錬工程の双方で木炭から解放された。

蒸気機関の改良と鉱業生産

製鉄業における熱源の木炭からコークスへの転換は，森林資源という制約条件のなかで，薪炭価格が石炭価格を大幅に上回ったという事情が影響している。逆にいえば，イギリスでは石炭価格が安くあり続けたのだが，その背景には，蒸気機関の発達があった。

イギリスには露天掘りが可能な炭田が少なからず存在し，採炭の容易さが低価格をもたらしていた。しかし，石炭需要の拡大にともなって炭坑が深くなると，坑内の出水が問題となっていく。これに対処するために，揚水機として発達していくのが蒸気機関である。

1712 年にトマス・ニューコメン（1664～1729 年）によって製作された蒸気機関は，シリンダーとピストンを備えた初の蒸気機関で，それまでのものよりも深いところから水を汲み上げられるようになった。これにより，深い炭坑での採炭が容易かつ安価に行われるようになった。他方で，熱効率が非常に悪く石炭を大量に消費したため，燃料を安く調達できる炭鉱とその近辺で主に利用された。また，ピストンの往復運動は，揚水には都合が良かったが，水車の回転運動を使って駆動されていた当時の機械設備には，そのままでは応用できなかった。ジェームズ・ワット（1736～1819 年）は，分離凝縮器（1769 年）やピストンの両側に交互に蒸気を吹き込む複動機関（1781 年）を発明して蒸気機関の熱効率を高め，遊星歯車機構（1782 年）によってピストンの往復運動を回転運動に変換できるようにした。こうした改良によって，蒸気機関は炭鉱近辺以外の，石炭価格が相対的に高い場所でも商業的な実用性を保てるようになった。実際，ワット型蒸気機関は，近くに炭鉱をもたないコーンウォールの錫・銅鉱山で揚水用に広く

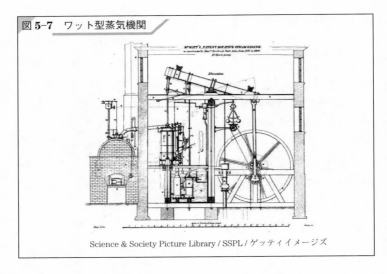

図5-7　ワット型蒸気機関

Science & Society Picture Library / SSPL / ゲッティイメージズ

利用されたし，燃料価格がイギリスほどには安くないヨーロッパ大陸諸国で蒸気機関が導入される契機にもなった。また，それまで水車に適した流れの早い河川を求めて山間に立地せざるをえなかった工場を地理的制約から解放し，労働者の募集が容易な都市部での建設を可能にした。工業都市の誕生である。

3　鉄加工技術と兵器生産
●加工の精緻化と大量生産

▶▶　金属加工技術はなぜ重要なのだろうか。
▶▶　互換性部品と大量生産との関係を考えてみよう。

銃砲の素材転換

　　　金や銀と比べればもちろん，銅や銅の合金などと比べても鉄はとても安くまた硬いので，鉄橋のような巨大な構造物を作るのにも，銃の部品のように強度を必要とするものにも使い勝手のよい金属である。しか

し，その硬さゆえに精密な加工を施すことは格段に難しい。安価な石炭とそれによる安価で高品質な錬鉄の大量生産は，兵器生産においてもイギリスが他国に抜きん出ることを可能にした。19世紀に至るまで，野砲にしろ艦砲にしろ，大砲は銅と錫の合金である青銅や銅と亜鉛の合金である真鍮の砲身を用いたものが中心であった。青銅や真鍮は鉄よりも柔らかく，発射時の砲身の破裂を防ぐことができたからである。冶金技術の発達により，鉄製の砲身でも同程度の厚さで青銅や真鍮同様の強度が確保できるようになると，格段に安く，しかも軽い鋳鉄砲が徐々に青銅砲に取って代わっていった。

金属加工技術の進歩

金属の形を変える方法には，溶かして鋳型に流し込む鋳造，叩いて変形させる鍛造のほかに，旋盤などを使って削る切削がある。産業革命期には，旋盤などの工作機械の技術進歩も著しく，金属加工の精度が飛躍的に向上している。

最初期の蒸気機関は，シリンダーの内側を加工する精度の不足から，シリンダーとピストンとの間に生じる隙間からの蒸気漏れに悩まされていた。1775 年に製作されたジョン・ウィルキンソン（1728〜1808 年）の中ぐり機は格段に精度が高く，シリンダーのどの部分でもほぼ同じ直径で正円に近い加工が可能だった。この中ぐり機はボウルトン・ワット商会（⇨ 解説）で利用され，ワット型蒸気機関の完成に資することになった。

解説 **ボウルトン・ワット商会**　バーミンガムでベルト用のバックルなどの金属製品加工業を営んでいたマシュー・ボウルトン（1728〜1809 年）が，ジェームズ・ワットと 1775 年に設立したパートナーシップ形態の企業で，蒸気機関の設計・製造を行った。なお，パートナーシップとは無限責任を負う 2 名以上の社員で構成される事業体で，複数の個人事業主が資金を持ち寄って共同で事業を行うような場合に形成された。

互換性部品と機械の大
量生産

また，1800年にヘンリー・モーズリー
（1771～1831年）が製作したねじ切り旋
盤では，ねじ山の間隔を一定にすること

ができた。これにより，それまでは組合せが変わるときちんとは
まらなかったボルトとナットが，どのボルトにどのナットを合わ
せても使えるようになる。互換性部品（第8章216ページ参照）
の嚆矢である。

　安くて高品質な鉄，精度の高い金属加工技術，部品の標準化
（⇨ 解説 ）といった諸条件は，イギリスの軍事力の優位にも大い
に寄与した。1853～56年のクリミア戦争の際には，部品のサン
プルを各地の部品メーカーに送り，まったく同じものを部品ごと
に90セット作らせ，それらを組み上げることで，60馬力の蒸気
機関を備えた小型砲艦90隻を90日間で建造したという逸話が
残っている。その背景には，**製品規格の標準化と，規格通りに製
造することのできる金属加工技術の確かさ**があった。

4 工業化の地理的拡大(1)
●ヨーロッパ大陸諸国への技術伝播

▶▶　ベルギーの工業化にとって重要な役割を果たした人物を挙げてみよ
う。

▶▶　フランスで蒸気力の利用が遅れた理由は何だろうか。

▶▶　フランスとドイツの工業化の違いを説明してみよう。

解説 **標準化**　　工業製品などで，品質や大きさ，形状などについて統一的な規
格を設けること。本文では，同一業者が製造したボルトとナットでも組
合せが変わるときちんとはまらないという例を挙げたが，標準化された
部品同士であれば，A社製のボルトにB社製のナットをはめることもで
きるようになる。現代の日本では，日本産業規格（JIS）などが定められて
おり，国際的には国際標準化機構（ISO）や国際電気標準会議（IEC）な
どが，国境を越えて共通する製品規格の策定を行っている。

19世紀半ばのイギリスは，機械制生産の点で，まさに世界の工場であった。綿業においては，世界の機械紡錘と力織機の半数以上はイギリスの工場にあり，麻においては紡錘の40％以上，力織機の60％以上を占めていた。毛織物業でも，世界の羊毛生産の25％ほどをイギリスが消費していた。また，ヨーロッパにおける石炭生産の3分の2，銑鉄生産の約60％はイギリスで産出されていた。

　19世紀前半以降，工業化はイギリスの外部へも徐々に波及していく。その際に重要な役割を果たしたのは，人の移動にともなう技術移転であった。イギリスは，産業機械の生産における優位を保つため，18世紀後半以来，機械の輸出や技術者がイギリスを離れて他国に居住することを禁じていた。しかし，実際には，紡績機や製鉄技術，蒸気機関は，発明から数年を経ずに密かに輸出され，技術者や図面の流出も生じていた。また，イギリス製造業に関する組織的な情報収集は，ヨーロッパの各国政府によって活発に行われており，技術者に対して高額の報酬を提示して，自国への移住を促すことも行われた。

　各国の工業化は，必ずしもイギリスの経験をそのままなぞるように発展したわけではなく，石炭や鉄鉱などの資源のあり方によって，蒸気力による機械制生産というイギリス型の工業化とはまた違った多様な工業化が見られた。

大陸ヨーロッパ

大陸諸国で最初に工業化したのは，南ネーデルラント（ベルギー）であった。中世以来，この地域を含むフランドル地方は毛織物と亜麻織物の一大中心地であり，輸出志向の手工業が根づいていた。この地域は，17世紀の三十年戦争でスペイン領になった後，1701〜14年のスペイン継承戦争後はオーストリア・ハプスブルク家領になり，フランス革命戦争時にはフランス領に，ナポレオン失脚後の1815

年からはアムステルダム主導のネーデルラント王国の一部となる
など政治的には不安定であったが，混乱の一方で，ナポレオンに
よる中世的な諸制度の廃止や輸出市場としてのオランダ領東イン
ドへのアクセスなど，経済発展を促す機会ももたらされた。

　オーストリア領南ネーデルラント期のヘントに生まれたリーヴ
ァン・ブーワンス（1769〜1822 年）は若い頃から何度か渡英して
おり，フランス総裁政府の支援のもと，1798 年にミュール紡績
機を密輸している。マンチェスターの機械製作会社から購入され
たミュール紡績機は，部品ごとに砂糖の木箱やコーヒー豆の袋に
紛れ込まされて，ハンブルクまで運ばれた。このとき，紡績機の
復元と稼働のためのイギリス人技術者もロンドンで募集され，40
人ほどの紡績工，工場監督官，機械工が一緒に大陸に渡り，ブー
ワンスによって 1799 年にはパリに，1800 年にはヘントに紡績工
場が建設された。

　ベルギー工業化の父とされているウィリアム・コクリル（1759
〜1832 年）は，ランカシャー出身のイングランド人鍛冶工で，機
械製造に長けていた。1799 年にリエージュ南東のヴェルヴィエ
で羊毛紡績工場を始め，1807 年にはリエージュに移って機械製
作工場を設立した。ナポレオンによる大陸封鎖の時期には，イギ
リスからの機械密輸が滞ったため，ベルギーだけでなくフランス
市場でも販売し，大きな成功をおさめた。ウィリアムの事業を引
き継いだ息子のジョン・コクリル（1790〜1840 年）は，リエージ
ュ西郊のスレーンに製鉄から機械製造までの一貫工場を設立し，
1835 年にはスティーブンソンのデザインライセンスのもとで，
大陸初の蒸気機関車の製造にも成功している。

　スレーン工場に見るように，ベルギーの工業化は石炭業や製鉄
業の早期の発展を特徴としている。実際，ベルギーは，鉄道建設
が本格化する前にイギリス以外で唯一，製鉄業のコークスへの燃

料転換を完了した地域であった。リエージュ周辺の炭田に加え，フランス国境に近いボリナージュ地方でも石炭が採掘されており，早くも1720年にはニューコメン型の蒸気機関が設置されて炭坑の排水に用いられた。リエージュ地方でも1727年には蒸気機関が利用されていたことがわかっている。1803年にコークスを用いた溶鉱炉も建設され，ボリナージュ地方西端のシャルルロワは製鉄業の中心地として栄えた。この製鉄業においても，多くのイギリス人技術者がかかわっていた。

フランスもまた，早い段階で綿業の機械化を進めた国のひとつである。ナポレオンによる大陸封鎖（⇨ **解説** ）の実効性には議論があるが，イギリス産の安い綿製品に対して一定の防波堤になったことは間違いなく，この貿易障壁によってフランスの工業化は保護された。綿業の初期の中心地はルーアンを中心とするノルマンディー地方で，19世紀初頭までにかなりの機械化が進んだ。次いでアルザスが勃興し，19世紀中期には北部のリールやルーベが続いた。

フランス政府は，前述のブーワンスのほかにも組織的な産業スパイ活動を行っている。ランカシャー生まれの鍛冶工ジョン・ホーカー（1719〜86年）は，亡命してフランス陸軍に入隊していたが，イギリス製の機械とイギリス人職人をフランスにもたらすことを目的に商務局から資金が与えられ，1771年にジェニー紡績機の図面をフランスに持ち帰っている。また，イギリスに代理人を置いて，技術者の大陸への密航も組織した。

解説 **大陸封鎖**　1806年5月にイギリスがフランスに対して行った海上封鎖への対抗措置として，ナポレオンが1806年11月のベルリン勅令によりフランスとフランスの同盟国および中立国に対して，イギリスやイギリス植民地からの貿易船の入港を禁止させた政策。法的には，1814年のナポレオンの皇帝退位まで続いた。

1845 年の段階で，フランスの機械紡錘数は，イギリスを除く
ヨーロッパ諸国全体の半数に達したが，イギリスと比べると 5 分
の 1 程度であった。ベルギーと異なり，**大規模な炭田をもたなか
ったフランス**では水力から蒸気力への移行は緩慢で，1810 年代
のルーアンの紡績工場の多くは水力工場であり，アルザスで蒸気
機関を備えた工場が最初にできたのは 1812 年のことであった。
また，18 世紀半ばのフランス製鉄業は，スウェーデンと並んで
ヨーロッパ最大規模であり，19 世紀後半にドイツが急成長する
まではイギリスに次ぐ製鉄能力を保っていた。しかし，コークス
製銑への転換はシャンパーニュなどの一部の地域に限られ，多く
の製鉄所では伝統的な木炭での製鉄が続いていた。他方で，綿糸
や銑鉄といった中間財生産ではイギリスに対抗するのは難しかっ
たものの，より**手工業的な奢侈品生産はフランスの強み**であった。
とくにリヨンを中心とした絹織物業は，この時期むしろ生産量を
伸ばしており，ヨーロッパ全体の 20% をフランスが生産していた。
　ドイツ語圏諸国では，デュッセルドルフ北郊のラーティンゲン
で問屋制家内工業を営んでいたヨハン・ゴットフリート・ブリュ
ーゲルマン（1750～1802 年）が，1781 年に友人をクロムフォー
ド工場に送り込んで水力紡績機の仕組みを学ばせている。その後，
予備部品とイギリス人技術者を連れ帰ることにも成功し，1783
年にはドイツ語圏で最初の水力紡績工場が建設されている。しか
し，1834 年にドイツ関税同盟（⇨ 解説）が成立するまでは，イ
ギリスの安い綿製品に対して統一的な保護関税政策がとられなか

解説 **ドイツ関税同盟**　　プロイセンを中心にオーストリアを除くドイツ諸領邦
　で結ばれた関税同盟。域内での国内関税を廃して自由貿易地域とし，域
　外に対しては共通の関税政策を行った。1866 年までにはのちにドイツ
　帝国となる領域の大部分を包含し，ドイツ統一の基礎となった。史上初
　の，政治的統合を含まない国家間経済同盟といわれることもある（第 6
　章 168 ページ参照）。

ったこともあり，ドイツで工業化が本格化するのは19世紀半ば
になってからである。

　ドイツの工業化の特徴は，石炭業や製鉄業の急速な発展であり，
ルール，シュレジエン，ザールラントという良質な炭田に加え，
工業化の進展と鉄道建設の本格化とがほぼ同時期に生じたことが
その理由である。鉄道は大量の鉄を必要とする。蒸気機関車は数
トンから数十トンの鉄でできた機械であり，レールは1メートル
当たり数十kgもあった。1メートル40kgで計算すれば，ドイツ
初の鉄道といわれているルートヴィヒ鉄道のニュルンベルク＝フ
ェルト間のわずか6kmでも，480トンもの鉄がレールのためだ
けに必要となる計算である。また，蒸気機関車の運行には当然な
がら大量の石炭が利用される。こうした**巨大な鉄と石炭の需要に，
ドイツはうまく対応する形で工業化を進めた**。

　なお，ルートヴィヒ鉄道で使用された蒸気機関車はイギリスの
スティーブンソン社から輸入されており，運転士は同社の技術者
であったウィリアム・ウィルソン（1809～62年）が担当した。ウ
ィルソンは，ルートヴィヒ鉄道の総支配人よりも高給を与えられ，
運転技術のドイツ人運転士への移転も期待されていた。

5 工業化の地理的拡大(2)

●アメリカ合衆国の工業化

▷▷　ウォルサム゠ローウェル型の工場の特徴は何だろうか。
▷▷　アメリカ合衆国の北部，南部，西部の経済的関係を時代ごとに整理
　してみよう。
▷▷　南北戦争の影響をまとめてみよう。

| 綿紡績業の勃興 | ベルギーやフランス，ドイツは，地理的
にイギリスに近いことが早期の工業化に |

とって重要であったが，アメリカは，その成立の経緯から言語を
はじめとして政治・社会・文化のさまざまな点でイギリスのそれ
を継承しており，イギリスとの人の往来は独立後も継続した。他
方で，要素賦存のあり方はイギリスと異なり，労働力，とりわけ
熟練職人が不足し，衣服や靴などの工業製品，それらを製造する
工作機械などの資本財も不足していた一方，森林資源や将来的に
農地となりうる土地は豊富であった。イギリスとの人的交流によ
る知識の移転は工業化の起点となり，要素賦存のあり方は，アメ
リカにおける工業化の方向性に大きな影響を与えた。

　イギリスからアメリカへの移民のなかには，農民と偽って渡航
した職人も多かった。「アメリカ産業革命の父」と呼ばれるサミ
ュエル・スレイター（1768〜1835年）もそうした職人の1人であ
る。スレイターは14歳の時に，アークライトのクロムフォード
工場建設に携わったジェディダイア・ストラット（1726〜97年）
のもとで徒弟修行を始めた。彼は，徒弟期間中に綿紡績工場がど
のように機能しているかについて詳細に記憶し，21歳の時にア
メリカに渡った後，1793年にロードアイランド州ポウタケット
でアメリカ初の水力紡績工場を稼働させた。また，毛織物工業が
盛んなヨークシャーからの移民のスコフィールド兄弟は，1790
年代初頭にアメリカ初の水力梳毛工場を建設している。

　マサチューセッツの貿易商フランシス・カボット・ローウェル
（1775〜1817年）は，アメリカ人がイギリスに渡って技術習得を
したケースである。彼は病気療養を理由に1810年から2年間に
わたってスコットランドとランカシャーを旅して，イギリスで普
及しつつあった力織機について学んだ。1812年に帰国したロー
ウェルは，ボストン工業会社を設立し，1814年にボストン西郊
のウォルサムに5階建ての工場を建設した。スレイターの工場が
紡糸工程にとどまり織布に関しては問屋制生産を想定していたの

に対し，ローウェルの工場は，梳綿機，水力紡績機，力織機が備えられた世界初の紡織一貫工場であった。より大規模な工場となったため，労働者の編成も新たな試みがなされた。**近隣の農場主の娘たちを募集し，寮母の監督のもとで工場附属の寄宿舎に住まわせたのである。**住み込みの女工（ミルガール）を用いるこのタイプの工場は，その後，イースト・チェルムスフォード（のちにローウェル市と改名）をはじめとしてニューイングランド各地に建設され，ウォルサム＝ローウェル型の工場と呼ばれた。

　ウォルサム＝ローウェル型工場に見られるような，労働力の編成についての工夫がアメリカで発達した背景には，木材をはじめとして，石炭や鉄鉱石，原綿などの資源が豊富な一方，労働力は不足しているというアメリカ特有の要素賦存状況があった。アメリカの人口は1790年の第一回センサス時には390万人で，1850年までに爆発的に増えるものの，それでも2320万人と，イギリスの2740万人よりも少ない。加えて，このうちの16％は黒人奴隷で南部に集住しており，後述するように西部には自営農民になれる可能性が広がっていたため，ニューイングランドの製造業が利用できる労働力はいっそう少なかった。このため，アメリカの製造業は，イギリスにもまして資本集約的でエネルギー使用的，かつ，労働節約的な方向性を指向した。労働者については，人数そのものを節約することはもちろん，個々の労働者がもつ技能も節約する傾向があった。モーズリーのボルトとナットが嚆矢となった互換性部品は，アメリカでさらに推し進められ，擦り合わせの技術をもたない非熟練労働者でも組み立てられるような仕組みが整えられていった（第8章215～216ページ参照）。また，良質で安い綿花を用い，最新の機械設備を使ったローウェルの工場では，機械の故障や糸が切れるといった突発的な事故も相対的に少なく，それゆえに，少数の機械工を除けば熟練度の低い少女たち

で運営していくことができたのである。

南部における「綿花王国」の発展

北部の綿紡績業に原料である綿花を供給したのは，南部の奴隷制プランテーションであった。南部の奴隷制プランテーションでは，植民地期の初期には主としてタバコが生産されていた。しかし主要な輸出先であるヨーロッパの需要動向に価格が大きく左右され不安定であると同時に，タバコの生産は土地の生産能力を急速に枯渇させてしまう特性を有しており，その生産は次第に停滞していった。それにともない，奴隷制度も将来的には衰退していくとアメリカの建国直後は考えられていた。

しかし，イーライ・ホイットニー（1765〜1825年）によって綿繰り機（1793年）が発明されて，綿花から綿繊維を分離するプロセスの機械化が進むと状況は大きく変化した。19世紀前半の南部では，奴隷制プランテーションによる綿花生産が急激に拡大した。奴隷制は再び拡大し，1800年に89万4000人であった南部の黒人奴隷数は，1860年には395万4000人へと増加した。

生産された綿花は北部の綿紡績工場にも供給されたが，その大部分は輸出され，高い収益を南部へともたらした。19世紀前半では約70％が輸出されており，主要な輸出先は産業革命にともない膨大な綿花需要が存在していたイギリスであった。イギリスは綿花輸入の大部分をアメリカに依存しており，南北戦争直前の1856〜60年にはアメリカのシェアは77％にのぼった。アメリカが綿花輸出で得た利益は，イギリスの工業製品やイギリスが提供する金融サービスなどの購入に充てられた。

このように南部は綿花輸出が地域経済の基軸となっており，輸出先における関税上昇を避けるため，自由貿易主義の立場に立っていた。これはイギリスから安価に財やサービスを購入するためにも必要であった。こうした南部の貿易政策上の立場は，まだ工

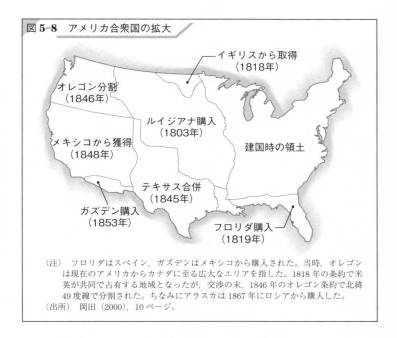

図 5-8　アメリカ合衆国の拡大

イギリスから取得
（1818年）

オレゴン分割
（1846年）

ルイジアナ購入
（1803年）

メキシコから獲得
（1848年）

建国時の領土

テキサス合併
（1845年）

ガズデン購入
（1853年）

フロリダ購入
（1819年）

（注）　フロリダはスペイン，ガズデンはメキシコから購入された。当時，オレゴン
　　　は現在のアメリカからカナダに至る広大なエリアを指した。1818 年の条約で米
　　　英が共同で占有する地域となったが，交渉の末，1846 年のオレゴン条約で北緯
　　　49 度線で分割された。ちなみにアラスカは 1867 年にロシアから購入した。
（出所）　岡田（2000），10 ページ。

業化の初期段階にあり高関税による保護を求める北部と対立する
ものであった（第 6 章 174 ページ参照）。

（第 6 章 174 ページ参照）

西漸運動　　　また，19 世紀前半のアメリカを特徴づ
けるのは西方への拡大である。先述した
ように，西方への拡大はアメリカの製造業が労働節約的な特質を
もつようになった背景のひとつとなった。

　図 5-8 は，この時期のアメリカの拡大を示したものである。ア
メリカの西方への拡大は，フランスからのルイジアナの買収
（1803 年）を契機として活発化した。そして，1821 年にスペイン
から独立したメキシコの領土であったテキサスの併合（1845 年），
アメリカ・メキシコ戦争（1846〜48 年）によるカリフォルニアと
ニューメキシコの割譲といったように，西方への拡大は武力を用

いて進められた。またこのプロセスにおいて，北アメリカ大陸に居住していたネイティブ・アメリカンの人々は，もともと住んでいた土地から排除されていった。

このように西方への膨張は，暴力的に進められたが，「未開」の西部地域を「文明化」するのはアメリカの「運命」であるとする「マニフェスト・ディスティニー（明白なる運命）」という理念のもとで正当化された。

移民を含む多くの人々が，西方へと拡大していく領土に入植していった。1848年に発見された金を求めて多くの人々がカリフォルニアへと押し寄せた「ゴールドラッシュ」は有名であるが，西部開拓を中心的に担ったのは自営農民として農業生産に従事した者たちだった（西漸運動）。西部地域では，主として小麦，トウモロコシ，ジャガイモといった作物や，牛や豚などの家畜が生産され，南部や北部に向けて販売された。

西部における土地は，基本的に政府からの払下げという形で入植希望者に販売された。多くの人々が銀行からの借入など，何らかの手段で公有地を購入したが，公有地の払下げ価格が高いことや，払い下げられる土地の単位が大きすぎることなどの不満が存在していた。

交通革命と製鉄業の発展

西方への拡大と並行して，19世紀前半にアメリカ国内における交通網も整備されていった（交通革命）。当初は，ミシシッピ川に代表されるような南北を流れる河川が流通の中心で，19世紀初頭から蒸気船が普及していくことによって，流通量は拡大していった。その後，1820年代に入ると，1825年に開通したエリー運河に代表されるような北部と西部を結ぶ運河の開設が進んだ。さらに1830年代からは鉄道の建設も進められた。アメリカの鉄道総延長は，1830年には64kmに過ぎなかったが，

1840年には4400 km, 1850年には1万3700 kmに達した。また1840年代半ば以降, 電信網の敷設が急速に進み, アメリカ国内を結びつけ, 情報の流通を活性化していった (第6章も参照)。

鉄道建設の本格化は, 鉄に対する需要を増大させた。アメリカでは, 木材は比較的どこででも手に入るため, 製鉄所の立地は鉄鉱石の産地に集中した。1800年前後においては, ペンシルバニア東部, ニューヨーク, ニュージャージーが鉄の生産地であった。1820年代になると, 精錬工程では石炭の利用が始まるが, 溶鉱炉による銑鉄生産でコークスが使用され始めるのは1840年代になってからである。その背景にあったのが鉄道建設の本格化であった。こうした鉄の需要に応えるには, 溶鉱炉の大型化が必要とされたのである。

交通網の発達は, アメリカ国内の各地域を結びつけていった。当初, 南北を結ぶ河川交通が主要な流通ルートであり, 北部の工業製品や西部の農産物が南部へと販売された。そうした意味では, 奴隷制プランテーションによって生産された綿花の輸出によって南部が得た富の一部は, 北部や西部にも配分されていたといえよう。その後, 運河や鉄道の建設が進められて東西間の交通網が充実していったことに加え, 工業化の進展により北部で人口が増加して農作物に対する需要が増えると, 西部からの農作物は南部よりも北部に販売される量が増大していった。またそれらは北部を経由して, ヨーロッパへも輸出された。北部も西部に対して工業製品を販売するようになり, 結果として従来の南部との関係よりも北部と西部の間の経済関係が強化されていった。

南北戦争

アメリカの西部への拡大は, 奴隷制度をめぐる南部と北部の対立を激化させ, 最終的に南北戦争へと至った。植民が進み新たに州に昇格する地域が, 昇格に際して奴隷制を容認する奴隷州となるのか, それとも

ハリエット・タブマン（1820?～1913年）：奴隷州から自由州へと逃亡する奴隷の支援を活発に行い「女モーゼ」と呼ばれた。タブマン自身も逃亡奴隷であった。2016年にタブマンは2020年に発行予定の新20ドル札の肖像として採用されることが決まったが，トランプ政権のもとでその計画は延期されている。

Photo 12

容認しない自由州になるのか，という問題をめぐって南北両者の対立が高まるなか，1860年大統領選挙では，奴隷解放を主張する共和党のリンカーン（任期：1861～65年）が当選した。これを契機として南部の奴隷州は次々と連邦を離脱し，1861年に南部11州によってアメリカ連合国（南部連合）が形成されて，南北戦争（1861～65年）が勃発した。

南北戦争は，最終的には人口や工業力で大きく勝る北軍が南部連合を降伏へと追い込み，1865年に終結したが，アメリカ経済やグローバル経済に以下のような大きな影響を与えた。

第一に，**アメリカにおける奴隷制度の廃止**である。リンカーン大統領は，1863年に奴隷解放宣言を布告した。ここにおいて南北戦争の目的は，連邦の維持から奴隷制度の廃止へと転換した。宣言の時点では，南部連合に加わらなかった境界州やすでに北部が占領していた地域には適用されなかったが，1865年にアメリカ合衆国憲法修正第13条が成立すると，奴隷制度は公式に廃止された。

第二に，**西部開拓のさらなる進展**である。まずホームステッド法（1862年）が成立した。この法律によって，5年間，その土地を開拓したという条件付きで，160エーカーの公有地が無償で払

い下げられることになった。また太平洋鉄道法（1862年）が制定され，大陸横断鉄道の建設が大きく進められていくことになった（第6章156ページ参照）。これらの措置は，北部が西部の支持を得るために行われたものであったが，南北戦争後の西部開拓の急速な進展に大きく寄与し，移民を含む多くの人々が，西部への植民を進めていった。

第三に，**国際貿易に対する影響**で，世界の綿花市場とアメリカの貿易政策が様変わりした。南北戦争は，南部からイギリスへの綿花輸出の急激な停滞（綿花飢饉）を招いたが，南部に代わってイギリスの綿花需要を埋めたインドでは綿花ブームが生じた。南北戦争後の1866〜70年の時期におけるイギリスの綿花輸入先の国別シェアを見ると，アメリカが43.2％とシェアを半減させる一方，インドは37.3％と倍増させている（インドの工業化については第7章第3節を参照）。また，自由貿易を志向していた南部が政治的に力を失ったことで，アメリカの貿易政策は北部の利害に沿った保護主義的な方向へと大きく転換し，その後定着していくことになる（各国の貿易政策については第6章第5節を参照）。

アメリカ合衆国への移民

南北戦争の結果，アメリカは工業国としての貿易政策をとることになり，拡大しゆく西部は奴隷制プランテーションではなく自営農民のための土地となった。他方で，綿花生産の復興は北部の工業にとっても重要課題であったため，南部の大規模プランターを解体して小規模自営農を創出するというプランは早期に破棄された。解放された黒人奴隷は，自由を手にしたものの，それまでプランターから与えられていた衣服や食事，住居を失うことになったため，実際は，衣食住や種などを前借りしてプランテーションで働き，生産物の一定割合を地代として支払う分益小作として引き続き大規模プランテーションで働く者も多かった。プ

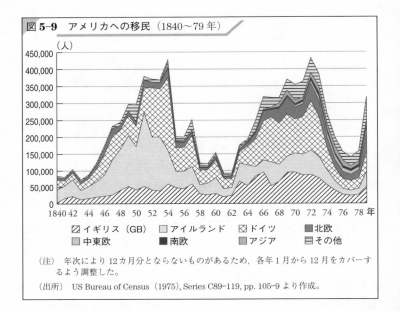

図 5-9　アメリカへの移民（1840〜79 年）

（人）

凡例
▨ イギリス（GB）　□ アイルランド　⊠ ドイツ　■ 北欧
▨ 中東欧　■ 南欧　▨ アジア　▤ その他

（注）　年次により 12 カ月分とならないものがあるため，各年 1 月から 12 月をカバーするよう調整した。

（出所）　US Bureau of Census（1975），Series C89–119, pp. 105-9 より作成。

ランターの多くはその社会的地位を維持し，ブラック・コードと呼ばれるさまざまな州法によって黒人の法的権利を制限した。結果的に，拡大しつつある北部工業と西部の開拓地には新たな移民が労働力を提供することになった。

　19 世紀前半におけるアメリカ合衆国への移民は，主としてブリテン諸島とドイツからの移民で成り立っていた（図 5-9）。1840年代後半から 1850 年代前半にかけては，アイルランドのジャガイモ飢饉（1845〜49 年）や「諸国民の春」と呼ばれる 1848〜49年のヨーロッパ諸国における革命の影響もあり，アイルランドとドイツを中心とするヨーロッパ移民が著しく増加した時期で，年間 30 万人から 40 万人の人々がアメリカ合衆国に渡った。この時期を通じて，イギリス，アイルランド，ドイツからの移民は，総移民数の 8 割から 9 割を占める。南北戦争期間中は，南軍支

　フランシス・ローウェルがイギリスへの病気療養と工業視察の旅を終えてアメリカに帰国した1812年に，アメリカとイギリスとの間で米英戦争が勃発した。ナポレオン戦争に際してアメリカは中立を宣言していたが，英仏両国は中立国が貿易を通じて相手国を利することを阻止するため，アメリカ船舶の臨検を盛んに行った。また，イギリスはイギリス生まれの者がイギリス国籍を離れることを認めておらず，アメリカではアメリカ国籍についての法整備が遅れていたことから，イギリス船に拿捕されたアメリカ船の乗組員はイギリス人であるとして強制徴募され，船ごとイギリス軍艦として利用された。加えて，アメリカ人の間には，「西部開拓で直面するインディアンの抵抗をイギリスが後押ししている」という見方が根強く，これらが対英感情を悪化させていた。このため，1807年にアメリカは，英仏に対する経済的制裁を企図してアメリカ船籍の船舶が外国と通商することを禁止する通商禁止法を制定した。

　通商禁止法はヨーロッパの工業製品のアメリカ船による輸入を停止させ，アメリカ産の農産物の輸出も禁止したため，アメリカ経済全体に影響を与えた。他方で，通商禁止法から米英戦争の期間を通じてイギリスとの貿易が途絶したことから，ヨーロッパからの工業製品輸入を代替する工業化の契機ともなった。

　アメリカでは木炭のための森林資源が豊富だったため，製鉄業における化石燃料への転換は，非常に緩慢であった。米英戦争の原因となったアメリカ艦船の強制徴募は，豊富な木材を使った造船業の拡大によって，商船保有量を急激に伸ばしたアメリカに対するイギリスの危機感の表れでもある。

配地域の諸港に到着した移民数が計上されていないこともあり，把握される移民数が激減するが，1863年から再び増加し，戦争

が終結すると再び年間の移民数は30万人を超える。

　南北戦争後もイギリス，アイルランド，ドイツからの移民の割合は依然として大きいが，1870年代後半には全体の5割を切るようになり，代わって戦前にはほとんど見られなかった中東欧や南欧からの移民が見られるようになる。また，アヘン戦争によって開港した中国からは，アメリカとのネットワークを形成した広東人の移民も増加していった（第7章第4節を参照）。1859年以前の政府統計には太平洋岸の諸港に到着した移民が含まれないため，それ以前のアジア系移民の実態は正確にはわからないが，中国からの大規模な移民が見られるのは1848年のゴールドラッシュの時期が最初といわれており，その後も大陸横断鉄道の建設などで労働力として用いられた。1870年代を通じて増加した中国人移民は，次第にアイルランド人などヨーロッパからの移民と競合するようになり，1882年には中国人排斥法が制定されて移民の制限が行われるようになっていった。中東欧や南欧からの移民も，それまで中心であったイギリスなどからの移民とは文化や宗教，生活習慣などが大きく異なっており，激しい摩擦を生み出した。移民の流入を規制する動きは徐々に強まっていき，第一次世界大戦後の1924年移民法では，アジアや南欧，東欧からの移民を主なターゲットにしてより包括的な移民規制が行われることになる（第9章を参照）。

章末問題

1　イギリス産業革命の特徴をまとめてみよう。
2　18世紀から19世紀にかけての人口と経済の関係を整理してみよう。
3　技術伝播の具体例を調べてみよう。

ヒト・モノ・カネの移動の拡大と制度的枠組みの変化

グローバル化のインフラストラクチュア

19世紀を通じて、世界の大陸間貿易は年率1.26％で拡大し、その規模は3.5倍に達した。この拡大の背景には、産業革命期の技術を船舶や鉄道に応用したことによる空前の輸送コストの低下をはじめとして、電信の発展による情報流通の高速化、関税などの貿易障壁の撤廃、国際的に取引される商品の決済システムの洗練などがあった。これらの多くは欧米資本主導で整備されていくが、そうしたインフラのうえで機能する世界各地の経済活動も大きな刺激を受けた。

1 蒸気船の発達

●大陸間大量高速輸送の時代へ

▷▷ 蒸気船が最初に河川交通に応用されたのはなぜだろう。

▷▷ 蒸気船による大陸間航路はどのように発展したのだろうか。

蒸気機関は巨大な装置で、連続的に運転するためには大量の石炭と水を必要とした。このため、貨物積載スペースを多くとりたい船舶に載せるにも車輪を備えて自走させるにも工夫が必要であった。蒸気機関の輸送機械への応用は、蒸気機関車よりはスペースに余裕のある船舶が先行する。とくに、**補給の容易な河川航行用として発展**していった。

| 河川航行用の蒸気船 |

蒸気船の製作は18世紀末から英米で試みられていたが、初の定期航路が開設さ

れたのはアメリカで，1807年にニューヨークからハドソン川を遡行したオールバニまでが結ばれた。その後，ニューオリンズから内陸部に広がるミシシッピ川水系で大規模に展開し，1830年には150隻以上の蒸気船が運航され，南北戦争開戦時までには800隻を超えた。蒸気船で運ばれる貨物は年間20万トンに達し，人口密度の低い遅れた地域であった中央平原を農業の中心地に変えたといわれる。1825年にはオールバニとエリー湖を結ぶエリー運河が開通し，合衆国北部を通ってニューヨークに至るルートも利用された。

| 外洋航海への進出と定期航路 |

外洋航海は帆走と蒸気機関の併用という形で**進められ**，1819年にはアメリカ船サヴァンナ号により，最初の大西洋横断が行われている。29日半の航海の大部分は帆走であったが，80時間ほどは蒸気機関で航行したといわれている。1830年代になると，最初から大西洋横断を想定した船舶が建造されるようになり，大西洋航路に参入する会社も相次いだ。また，**木造外輪船から鉄製スクリュー船への移行**も進み，帆船では4週間以上かかっていたヨーロッパと北米との航海は，1840年代には2週間を切るようになった。

インド航路は大西洋航路に比べて桁違いに遠距離であるため，石炭を必要としない高速帆船優位の時代が19世紀後半まで続くが，1842年にはペニンシュラ・アンド・オリエンタル蒸気航海会社（P&O）によって，スエズ地峡を陸送する形で，高価格の物品や旅客向けの蒸気船定期航路が開設された。サウサンプトンからエジプトのアレクサンドリアに至り，ナイル川を遡上してカイロへ，次いでカイロ＝スエズ間約160kmを陸送して，紅海から再び蒸気船でインド洋に入り，セイロンとマドラスに寄港してカルカッタに至るというルートであった。1845年までにはセイロ

ンからペナンとシンガポールを経由して香港に至る定期航路も加わり，1852年には，シンガポールから分岐する形でオセアニア航路も開かれた。1858年には，オーストラリアから北米太平洋岸諸都市を結ぶ初の太平洋航路も実現した。1866年には，上海＝横浜間の定期航路が開設され，日本も国際蒸気船網に加わった。

1869年に**スエズ運河**が開通すると，リヴァプールからボンベイまでの距離は，喜望峰廻りの約2万1400kmから約1万700kmと半分になった。距離の短縮に加え，スエズ運河の開通は帆船から蒸気船への転換を一挙に進めた。無風地帯にある細長い運河を他の蒸気船による曳航なしに帆船が自走するのは不可能で，スエズ運河の利用には蒸気船であることが半ば前提条件となった。また，これに先立って，複数のシリンダーをもつ，より効率の良い複式蒸気機関が開発され，1830年代半ばからの30年間で石炭消費量が4分の1程度にまで減少したことも，蒸気船のシェア拡大を後押しした。

大西洋と太平洋を結ぶ**パナマ運河**の完成は，スエズ運河開通から45年を経た1914年と時間がかかった。しかし，そのインパクトは大きく，ニューヨーク＝サンフランシスコ間は南アメリカ南端のマゼラン海峡を経由する約2万900kmから約8370kmへと60％もの短縮となった。フロリダに集荷されたアメリカ中西部の大豆やトウモロコシは，この運河を利用してアジアへ輸出されるようになるが，他方で，チリやペルーなどの南米西岸諸国の港では寄港する船舶が減少した。

船舶の巨大化と石炭補給

帆船から蒸気船への移行によって船舶は巨大化した。蘭英をはじめとしたヨーロッパ各国の東インド会社の貿易船はインディアマンと総称され，貨物積載スペースを多くとった最大級の帆船であったが，積載量1000トンから1400トンほど，全長は

図 6-1　1900 年頃のアジアにおける航路と石炭貯蔵地

旅順口
芝罘
天津
黄海
函館
日本海
横浜
神戸
カラチ
ボンベイ
マドラス
カルカッタ
ラングーン
バンコク
サイゴン
上海
福州
廈門
基隆
下関
長崎
広州
香港
アラビア海
ベンガル湾
マニラ
セイロン
シンガポール
インド洋
木曜島
クックタウン
タウンスヴィル
ロックハンプトン
ブリスベン
シドニー
アデレイド
メルボルン

●　は石炭貯蔵地
‥‥‥ は蒸気船の航路
―― は鉄道

（出所）　籠谷・脇村（2009），18 ページ。なお，原資料は，佐藤顕理『貿易事情』
　　　　博文館，1903 年 6 月。

40m から 60m 程度であった。これに対し，1853 年に日本にやっ
てきた 4 隻の黒船のうち蒸気船だった 2 隻は，旗艦サスケハナ
が 2450 トン，全長 78m，ポーハタンも 2415 トン，全長 77m と，
格段に大きい。この 2 隻は 1850 年以前の建造だが，1860 年代か
ら 70 年代には 4000 トンから 6000 トン級の船舶が建造されるよ
うになり，全長も 100m を超えた。1888 年に建造されたシティ・

オブ・ニューヨークの積載量は1万トンを超え，全長は170mに達した。

　蒸気船の帆船に対する優位が確立していくと，石炭補給や大型船の着岸が難しい港は相対的に衰退していく。図6-1は1900年頃のアジアにおける航路を示したものだが，**石炭貯蔵地**となっている海港都市を結ぶ形で航路が形成されている。これらの多くは，イギリスの植民地か，イギリスなどの列強によって開港させられた条約港に集中している。大型の蒸気船が寄港できるこれらの港には，それぞれの地域で古くから利用されてきた帆船を駆るアジアの商人たちが集まった。

2　欧米における鉄道建設
●内陸輸送の高速化

> ▶▶　蒸気機関車の開発のネックになっていたのは何だろうか。
> ▶▶　イタリアやオランダで鉄道網があまり発達しなかった理由を考えてみよう。
> ▶▶　北米とユーラシアの大陸横断鉄道がもたらした経済的な意義を挙げてみよう。

最初の蒸気鉄道　　　蒸気機関車の実用化には，船舶よりもいっそうコンパクトな**高圧蒸気機関**が必要とされた。高圧機関に否定的だったワットの特許が有効なうちは開発が停滞したが，失効した1800年以降，高圧機関を用いた蒸気機関車の製作，実用化が進んでいった。

　初期の蒸気鉄道は，炭鉱会社や運河会社が所有し自社の敷地内を走る私的な鉄道という性格が強かったが，1825年に石炭輸送を目的として開通したストックトン＝ダーリントン鉄道は，運賃を払えば誰でも利用できる初の蒸気鉄道であった。1830年に開

通したリヴァプール＝マンチェスター鉄道は乗客輸送の面でも成功を収め，イギリスでは1830年代半ばと1840年代後半の2度の鉄道建設ブームを経て，全国的な鉄道網が形成されていく。

大陸ヨーロッパでの展開

大陸ヨーロッパでは，政治的状況や国防の観点から，国によって鉄道網建設のパターンが異なっていた。イギリスに続いて最初期に鉄道網が形成されたベルギーでは，1830年にオランダから独立した後，輸出入においてオランダの港に頼らないことが求められた。このため，民間が鉄道建設を行ったイギリスとは異なって，国の主導でブリュッセル＝メヘレン間の約20kmが1835年に開通した。その後，北の港湾都市アントウェルペン，南部の製鉄都市シャルルロワ，対イギリス貿易の窓口にあたる西部のオーステンデ，東部の機械製造業の中心都市リエージュといった重要都市を結ぶ東西南北の路線が建設されていった。

フランスも政府主導で建設が進められるが，ベルギーほどには石炭資源がなく，1830年代の段階では重要な工業地帯をもたなかったため，建設が本格化したのは1842年の新鉄道法以降で，幹線網が完成するのは1860年頃のことである。

ドイツ語圏初の鉄道は第5章で触れたルートヴィヒ鉄道で，1835年に開通した。1838年には，ベルリン＝ポツダム鉄道がプロイセン初の鉄道として開業し，翌1839年には，ライプツィヒ＝ドレスデン間120kmを結ぶ，初の幹線鉄道が完成した。プロイセンでは民間会社に国が営業許可を与えるという形で建設が行われる一方，バーデン大公国などでは領邦政府によって建設されるなど，1871年のドイツ帝国成立までは建設も運行も地域ごとにさまざまで，領邦をまたがる路線の建設に際しては条約の締結などの対応が必要となった。しかし，1840年代にはのちのドイツ帝国に相当する広域的なネットワークが形成されていき，

図**6-2** ヨーロッパにおける鉄道網（1860年）

（出所）　Martf-Henneberg（2013）, Figure 2a, p. 129.

1850年代になると，ベルギーやフランス，オランダの幹線との接続も本格化した。

　ドイツと同じく分断されていた**イタリア半島**は，中央を走る山脈が横断を難しくし，縦断路線は海運と競合したため，半島全体にわたるネットワークが形成されるのは1861年の統一以降である。オランダも運河網が発達していたことから鉄道建設が遅れ，

1860 年の段階での総延長はわずか 325km に過ぎなかった。

　オランダやスペインでは，国防上の理由からイギリスで採用されていた標準軌（1435mm）とは異なる広軌が選択された。この結果，両国とも周辺国との乗り入れができないという問題を抱え，オランダではのちに改軌されて 1856 年にドイツと接続されるが，スペインでは現代でも一部の高速列車を除いてスペイン独自の軌間が使用されている。

アメリカの鉄道網

アメリカでは，1830 年に開通したボルチモア＝オハイオ鉄道が，一般貨客向け鉄道の嚆矢である。大規模な河川交通を利用できないボルチモアやチャールストンなどでは，鉄道による内陸部へのアクセスが求められた。ボルチモア＝オハイオ鉄道は，エリー運河に対抗してオハイオ川流域の農産物をボルチモアへ運ぶことを企図したものである。また，1833 年に全線開通したサウスカロライナ運河鉄道会社は，チャールストンと綿花集積地オーガスタを鉄道で結んだ。

　鉄道建設は，とくに北部と中西部で大規模に進められ，1860 年までにアメリカの鉄道総距離は 3 万マイル（約 4 万 8000km）を超えた。これは，同時期のイギリス（約 9000 マイル），ドイツ（約 7000 マイル），フランス（約 5700 マイル）の総距離を上回り，全世界の鉄道路線延長のほぼ 3 分の 1 を占めるという巨大なネットワークとなった。この時点までの発展はほぼミシシッピ川以東に限定されており，以西に建設された鉄道は全体の 6％ほどであったが，1869 年にオマハとサクラメントを結ぶ最初の大陸横断鉄道が完成し，太平洋岸と中西部が結ばれていった。1880 年代には，ニューオリンズ＝ロスアンゼルス間，シカゴ＝シアトル間なども開通し，**アメリカ内陸部の穀物，家畜，綿花などは国内消費地や大陸両岸の海港都市により早くより安価に届けられるよう**

になった。

シベリア鉄道 ユーラシアにおける大陸横断鉄道は，シベリア鉄道が開通した20世紀を待たなければならない。ロシアにおける最初の鉄道建設も1837年と比較的早いが，本格的な建設は1840年代以降であり，18世紀の分割によりロシアの衛星国となっていたポーランド立憲王国内で1845年に一部開業したウィーン＝ワルシャワ鉄道が1848年にはオーストリア国境まで達し，次いで，サンクトペテルブルク＝モスクワ鉄道が1851年に開通した。ロシアの鉄道総距離は1860年の段階ではまだ1600km程度だが，その後，急激に拡大し，1890年までに3万kmを超える。

1891年の皇帝布告によりシベリア鉄道の建設が決まると，ハバロフスクとヨーロッパロシアの双方から建設が進み，1901年にはバイカル湖の両岸に達して湖上の船舶輸送を介した全線営業が開始された。1903年には後述する東清鉄道によってチタ―哈爾浜―ウラジオストックが結ばれ，**1904年にバイカル湖岸鉄道が開通すると，ヨーロッパと極東が鉄路でつながった。**

3 非欧米地域での鉄道建設
●鉄道網の世界的展開

▶▶ 非欧米地域の鉄道建設における欧米諸国の思惑はどのようなものだったのだろう。

▶▶ 中国における鉄道建設はどのように進められたのだろう。

▶▶ 欧米によるアジアやラテンアメリカでの鉄道建設は近年どのようにとらえられているだろうか。

欧米以外の地域でも，短距離の貨物輸送を目的とした簡便な鉄道は1830年代から建設が始まるが，本格的な鉄道建設は1850

年代以降で，ヨーロッパに近いエジプトやトルコ，インドやオーストラリアなどの植民地，独立直後のラテンアメリカ諸国などで盛んに鉄道が建設された。1870年代になると，中国や日本など東アジアでも鉄道建設が始まった。

中東・アジア

エジプトでは，1854年にアレクサンドリアからカイロに向けた路線が一部開通し，北アフリカ・中東地域初の鉄道となった。1856年に全線開業し，1858年にはカイロからスエズまで延長された。前述のP&Oによる最初のインド航路はこの鉄道路線を使ったもので，スエズ運河が開通するまで，東西間の物流で重要な役割を担った。

インドは最初期に鉄道建設が開始されたところのひとつで，マドラスの道路整備やゴーダーヴァリ川のダム建設のための建築資材運搬用の貨物鉄道が1830年代に建設されている。最初の旅客鉄道が開通したのは1853年で，ボンベイと郊外のターナ間の約34kmが結ばれた。1854年にはガンジス川支流のフーグリ川を挟んでカルカッタ対岸のハウラーから上流のフーグリまでが開通し，1856年にはマドラスとアルコットが結ばれるなど，**イギリスによるインド統治の拠点から内陸部に向けた鉄道が建設されていく。**

ハウラーからの路線は1866年にはアグラを支線で結びつつデリーまで延長され，重要都市間を結ぶインド初の幹線となった。1867年には支線が南方へ伸び，ボンベイからの路線と接続して，カルカッタとボンベイが鉄道で結ばれた。ボンベイからの路線は南東へも分岐し，1871年にはボンベイ＝マドラス間が結ばれた。1901年には東海岸に沿ってマドラス＝カルカッタ間の幹線が完成し，内陸重要都市もネットワークに包含されていった。

ラテンアメリカ

ラテンアメリカにおける鉄道建設は，キューバが最も早く，本国スペインに先立

図**6-3** インドにおける鉄道建設

（出所）　*The Imperial Gazetteer of India*, New ed., Vol. 26（Oxford, 1909）, Plate 22.

つ 1836 年にハバナ＝ベフカル間に蒸気機関車を用いた鉄道が開
設された。その他の国で鉄道建設が始まるのは 1850 年代以降で
あるが，その拡大のスピードは速く，1900 年までにメキシコ，
アルゼンチン，ブラジルでは総延長が 1 万 km を超え，最も大き
いネットワークを形成したブラジルの鉄道網は 1912 年に 3 万
2212km に達した。

　スエズと同様に，パナマ地峡においても，運河に先立って鉄道
が建設されて大西洋と太平洋を結んだ。1848 年にカリフォルニ
アでゴールドラッシュが始まると，大西洋岸諸都市とサンフラン
シスコやオレゴンを結ぶルートの確立が急がれた。1849 年にニ
ューヨーク州で設立されたパナマ鉄道会社は，カリブ海側に鉄道

建設基地として新都市コロンを建設し，マラリアや黄熱病などの伝染病や首まで浸かるほどの湿地帯に苦しめられながら太平洋側のパナマシティへ向かう鉄道建設を進め，1855 年に完成させた。完成当初，世界で最も儲かる鉄道といわれ，総延長 76km にもかかわらず，片道で 25 ドルかかった。また，1km 当たりの貨物輸送量でも，ヨーロッパを含めて当時世界最大であった。

東アジア

東アジア初の鉄道は，明治維新直後の日本における新橋＝横浜間 29km の路線である。イギリス人技師を招いて 1870 年に着工し，1872 年に開業した。翌年には大阪＝神戸間の建設が始まり，1874 年に開業して 1876 年には京都まで延伸した。1880 年代以降は民間による建設も行われ，日本鉄道による上野＝熊谷間（1883 年），上野＝仙台間（1887 年），甲武鉄道による新宿＝八王子間（1889 年），九州鉄道による門司＝熊本間（1891 年）などが建設された。1906 年の鉄道国有化直前には，九州東部や四国，山陰を除いて，ほぼ全国を網羅する路線網が形成された。

中国の最初の鉄道は，**1876 年にイギリス商社のジャーディン・マセソン商会**によって**敷設された呉淞鉄道**で，黄埔江の長江への合流地点である呉淞と上海とを結んだ。しかし，清朝政府の許可を得ずに建設されたうえ，開通後は現地の人々の反対を招き，わずか 1 年で政府に買収され廃止された。

中国側による最初の鉄道建設は，1881 年に北洋艦隊への石炭輸送手段として計画された唐胥鉄道で，開平炭鉱の中心地唐山から南西の胥各荘までの約 10km の鉄道が敷設された。1888 年には南側に天津まで延伸された。1890 年代になると，朝鮮をめぐる対日関係やロシアの極東進出といった北方情勢の緊迫化から北方への延伸も計画され，1894 年に天津から唐山を経て山海関に至る路線が開通した。天津から北京方面への建設も進み，1897

年には北京城外の馬家堡に，1901 年には現在の北京駅に到達した。

　伝統的に中国の物流の大動脈となっていたのは，長江流域と首都北京のある華北を結ぶ大運河であったが，1850 年代には内乱による毀損や黄河の流路変更などで輸送能力が低下し，黄海と渤海を経由する海運の比重が高まっていた。他方で，海路は外国船による攻撃・拿捕の危険があり，南北物流の遮断は対外戦争のたびに現実化していた。日清戦争後には，戦費や戦後賠償で政府財政が逼迫するなか，民間による出資経営を政府が監督する官督商 辦という方法で，北京郊外の盧溝橋と長江中流域の漢口を結ぶ京漢鉄道が計画され，ベルギー資本によって1897 年に建設が開始されて 1906 年に完成した。1912 年には英独の資本によって，天津から南京対岸の浦口までの津浦鉄道が，大運河の経路により近いところで建設された。これに先立つ 1908 年には，イギリス資本によって上海＝南京間の建設が進められており，津浦鉄道の開通によって，上海―南京・浦口―徐州―済南―天津―北京の路線が完成した（南京と浦口の間はフェリー輸送）。

　北部では日清戦後の三国干渉の結果，鉄道敷設権を獲得したロシアによって，満洲里から綏芬河に至る東清鉄道が，哈爾浜から奉天を経て大連に至る南満洲支線とともに 1903 年に開通した。また，奉天と山海関との間は 1912 年に結ばれ，東北部と首都圏が結ばれた。こうして，北京＝天津間を中心として，長江中流域の漢口，長江河口の上海，東北部に広がる路線網が形成されていく。

　清朝政府は，1911 年に全国的な鉄道網整備を目的として鉄道国有令を出し，幹線鉄道の国有化を図った。当時，各地で勃興しつつあった中国資本は，諸外国に与えられていた鉄道敷設権や鉱山採掘権などの利権を買い戻し，鉄道敷設権を行使して設立された民間の鉄道会社などに投資を行っていた。鉄道国有令は，せっ

図 **6-4** 中国における鉄道建設

哈爾濱

山海関
唐山　　奉天
北京
天津　大連

漢口　南京　上海
武昌

(出所)　筆者作成。

かく買い戻した鉄道敷設権を担保にした新たな外国からの借款を
意味したため，地方エリート達の反発を招いた。国有化反対運動
は反清の流れと合流して暴動に発展し，最も激しかった四川暴動
をきっかけに辛亥革命へとつながっていった。

鉄道敷設権と利権　　鉄道敷設権を得た欧米資本による鉄道建
設はラテンアメリカ諸国や清朝中国の主
権を著しく弱め，欧米諸国への経済的な従属を強いる結果となっ
たという認識から，こうした関係を**非公式帝国**と呼ぶことがある。
しかし，インドで宗主国イギリスの意向に沿った路線形成がなさ
れたのとは異なり，ラテンアメリカの場合は地元資本によって建
設された鉄道がのちに欧米の民間企業に売却されるというケース

　19世紀の輸送コストの大幅な低下は，蒸気船や蒸気機関車の開発によるところが大きいが，伝統的な交通手段においても18世紀後半以降さまざまな改良が見られた。イギリスのターンパイクのように，舗装された有料道路のネットワークによって荷馬だけでなく馬車による貨客輸送の拡大がなされたし，ヨーロッパ大陸諸国では，ローヌ，ライン，エルベ，オーデル，ヴィスワといった大規模な航行可能河川同士を結ぶ運河の建設も各地で行われている。

　大陸間の貿易で大航海時代から用いられてきた帆船においても，航海術の進歩や海上治安の安定による軽武装化などによって輸送能力の向上が見られた。また，1780年代以降，銅板によって木造船の水線以下を覆う銅板被覆が普及し，航行スピードを低下させ船体を蝕む海藻やフジツボなどの貝類の付着に対する対策がとられた。これにより，大西洋を往復した奴隷船では，12年程度だった船体寿命は50％伸びて18年ほどになり，航行スピードも16％ほど改善された。西アフリカ＝アメリカ大陸間では，奴隷の高い死亡率が観察されるが，より短期間でアメリカに到達することで，死亡率の低下も実現した。ヨーロッパ＝アジア間の航海でも銅板被覆の影響は大きく，1770年代には平均で168日程度かかっていたのが，1820年代には130日程度にまで短縮されている。

～～～～～～～～～～～～～～～～～～～～～～～～～～～～～

も多く，近年の研究では各国の主権はある程度尊重されていたという指摘がなされており，中国についても，東北地方を除いては鉄道敷設権にともなう列強の影響力は弱く，中国分割の危機を主張してナショナリズムに訴えるために著しく誇張されてきたと見なされるようになっている。

4 電信網の拡大

> ▷ 鉄道と電信網のかかわりを例を挙げて説明してみよう。
> ▷ 海底ケーブルの実現に必要なものは何だったのだろうか。
> ▷ 国際電信網がどのように形成されていったか整理してみよう。

　鉄道や船舶への蒸気機関の応用はモノの動きの活発化を促したが，1824年に発明された電磁石を応用した電信機は離れた地点間のリアルタイムでの通信を可能とするもので，情報の流通に革新を起こした。

　　鉄道建設と電信網　　電信網の拡大は鉄道や蒸気船の発達とも密接にかかわっている。ネットワークは線路脇に並ぶ電信柱に沿って広がり，海底ケーブルは巨大な電線用の巻揚機を積んだ蒸気船によって敷設されたからである。最初の商用利用は1839年のイギリスで，グレート・ウェスタン鉄道のロンドン・パディントン駅と西郊のウェスト・ドレイトン駅間21kmを結ぶものであった。1840年代を通じて，電信網は鉄道路線に沿って拡大し，主として列車の運行に関する情報のやり取りに利用されていた。1845年にグレート・ウェスタン鉄道のスロウ駅近くで起きた殺人事件の犯人について，スロウからロンドン・パディントン行の列車に乗ったという目撃情報が電報によってロンドンに伝えられて逮捕されるという事件が起き，これが大々的に報道されたことから一般にも普及していった。

　イギリスでの発明とほぼ時期を同じくして，アメリカではサミュエル・モース（1791〜1872年）が独自に電信システムを開発しており，商業化ではイギリスに遅れをとったものの，国際的にはモールス信号とともに彼の方式が広く採用されていく。モースは

議会からの支援を受け，1844 年に首都ワシントンとボルチモア
とを結ぶことになるが，ここでもボルチモア＝オハイオ鉄道に沿
う形で敷設された。

海を渡るケーブル

1842 年には，海底ケーブルの実験が開
始された。地上線と異なり，**絶縁用被膜**
材料の開発が必要であったが，マレー半島周辺に生育する**ガタパ**
ーチャという木の樹脂を用いる方法が開発され，1851 年に英仏
海峡，1853 年にはグレート・ブリテン島とアイルランド，ベル
ギー，オランダが結ばれた。1858 年からは大西洋横断ケーブル
の敷設が始まり，ケーブルの劣化や切断などの失敗を経て，
1866 年には恒久的な英米間のケーブルが実現した。この工事に
は，当時世界最大の蒸気船グレート・イースタン号がケーブル敷
設船として利用された。

　ヨーロッパからアジアに向けては，1860 年にはいくつかのル
ートが確保されるようになっていたが，中継点が多く時間がかか
り電文が正しく伝わらないこともあった。ドイツのジーメンス・
ハルスケ電信建設会社は，ロンドンに設立されたインド・ヨーロ
ッパ電信会社の委託を受けて，1870 年にロンドン―ドイツ国内
―ロシア―黒海海底ケーブル―ペルシア―ペルシア湾海底ケーブ
ル―カラチ―ボンベイ―カルカッタという総延長 1 万 1000km に
及ぶ電信線を建設した。他方で，**イギリスは他国の地上線を使わ**
ずにアジアの植民地と直接通信することも模索しており，イベリ
ア半島を回って地中海，紅海，アデンを経てボンベイに至る海底
ケーブルを同じく 1870 年に敷設している。1872 年にはシンガポ
ール経由でオーストラリアと中国，1876 年にはニュージーラン
ドも接続された。

グローバルな広がり

日本へは維新直後の 1871 年にデンマー
クの**大北電信会社**によって，上海＝長崎

間とウラジオストク＝長崎間の海底ケーブルが敷設された。大北電信会社はロシア政府からロシア国内の電信網整備を請け負うとともに，ウラジオストクまでの電信網建設権と営業権を得ていた。1871年には，シベリア経由の陸上電信線がウラジオストクに達し，長崎経由で上海へと接続された。これにより，日本は長崎—ウラジオストク—モスクワ—ロンドンと，長崎—上海—香港—シンガポール—ロンドンという2つの経路でヨーロッパと結ばれるようになった。国内においても，1873年に東京＝長崎間に回線が引かれ，東京からヨーロッパ各国に電報を打つことが可能になった。さらに，大西洋横断ケーブルを経由してアメリカともつながった。

　中国に国際電信網が到達したのは前述のように1871年だが，清朝政府による許諾を得ずに敷設されたため，その事実が明らかになったのは上海租界まで直接海底ケーブルで接続されていた電信線が，呉淞＝上海間について陸上線に切り替えられた1873年のことであった。清朝政府は当初，陸上線の撤去を要求するなど電信を自ら利用するという発想はなかったが，外交上の情報を在外施設とやり取りするために用いられ，次いで，国内電信網も整備されていった。1881年に天津＝上海間が結ばれ，翌年には途中の鎮江から分岐して南京までの回線が完成した。1883年には，この年に勃発した清仏戦争への対応のため蘇州から広州を経てベトナム国境の龍州までも開通している。同年には，広州＝香港間も開通し，香港から大北電信会社の海底線に接続して，上海・天津方面，および日本とも接続された。また，1884年には天津と北京とが結ばれ，1885年には天津—山海関—旅順も完成して，北京と華南や遼東半島などが電信網で結ばれた。1880年代後半から1890年代にかけて，四川・貴州・雲南などの西南内陸部，吉林・黒竜江の東北部，山西・陝西・甘粛・新疆といた西北内

陸部へも電信網が広がって，全国的な通信網が形成されていった。

アメリカでは鉄道と同様に北東部を中心にネットワークが形成されていくが，1861年には中西部と太平洋岸が結ばれた。また，大陸横断鉄道の根拠法の1862年太平洋鉄道法では，鉄道とともに電信の建設支援も謳われており，沿線にケーブルが敷設されて1869年に全線が開通すると電信線もこちらに置き換えられた。アメリカ大陸とアジアとを太平洋経由で結ぶ海底ケーブルは，イギリスによるバンクーバー—フィジー—オーストラリア／ニュージーランドの経路が1902年に，アメリカのサンフランシスコから，ハワイ—ミッドウェイ—グアム—フィリピンという経路が1903年に開通した。1906年には，グアム経由で日本も後者の回線に接続されている。

電信によるリアルタイムの情報流通は，国際的な取引のあり方を変えた。世界のどの地域でどの品目がいくらで売買されているかという情報が瞬時に伝えられることで，裁定取引がより深化し，世界規模で物価の平準化が進んだ。

5 自由主義貿易体制の確立

●国際移動の法的枠組み

▷▷　関税は物流をどのように妨げるか考えてみよう。
▷▷　ヨーロッパにおける自由貿易体制はどのように実現されたのだろう。
▷▷　アメリカ合衆国で高関税が設定された背景は何だろうか。

蒸気船，鉄道，電信といったコミュニケーションインフラは，ヒトやモノの移動についての物理的障害を取り除き，輸送コストを大幅に低減した。人々は，金貨や銀貨，為替などをもって移動したから，ここにはカネの移動も含まれよう。

ある地域では小麦不足から価格が高く失業があって労賃が安い

一方，近隣の別の地域では小麦が余っていて労働力不足が生じているような状況で，後者で安く小麦を買って前者で売るとか，前者の労働者が後者に移動して高賃金を得るといった裁定取引が行われるためには，地域間の価格差情報を得られること，地域間でモノやヒトの移動が容易なこと，などが必要となる。これらが満たされなければ，地域ごとに異なる価格体系は持続する。輸送・通信インフラの整備は，こうした制約の大幅な緩和を意味し，この時期に，各国で国内市場の統合が進んでいった。

関税同盟 他方で，**政治権力の境界には，モノの移動を阻害する通行税や関税が設定される**のが常であった。しかも，「外部に対する統一関税をともなう自由貿易領域」であるところの関税同盟が国家の領域と一致するというのは自明なことではなく，ヨーロッパの近世国家にはほぼ例外なく国内関税が存在していた。1603 年にスコットランド国王ジェームズ 6 世がイングランド国王ジェームズ 1 世として即位して同君連合（⇨ **解説** ）を形成した後も，両国間には関税が存在した。フランスは，革命以前の数世紀にわたって政治的に統一されていたにもかかわらず，1790 年に撤廃されるまで国内に 1600 もの税関が存在した。のちにドイツ帝国となる地域は政治的にも分裂していたが，関税領域としては約 1800 に分かれていたという。

ドイツ関税同盟の成立 1815 年のウィーン体制下でドイツ語圏諸国は，オーストリアを盟主とする 35

解説 同君連合　複数の国家が同一の君主を戴くが，国境や法体系，国益などは別個である状態。現代でも，カナダやオーストラリア，ジャマイカ，パプアニューギニアなど，かつてのイギリス植民地の一部はエリザベス 2 世を国王とする立憲君主制をとっており，イギリスと同君連合の状態にある。

の君主国と4自由都市からなるドイツ連邦を形成することになるが，構成国同士の結びつきは弱く，軍事，警察，徴税などはそれぞれ独自に行われていた。しかも，個々の領邦国家内部にも関税領域が存在しており，物流の足かせになっていた。フリードリヒ・リストは，1819年に創設されたドイツ商工業協会の請願書のなかで，「ハンブルクからオーストリア，ベルリンからスイスに向けて通商を行うには，10の国を横切り，10の関税制度を学び，10回通過関税を払わなければならない」と嘆いている。

　プロイセンでは1818年に関税法が成立し，国内関税を撤廃して国境関税に統一することが目指された。しかし，ウィーン議定書で従来の領土とは飛び地状態になるラインラントを領有することになり，プロイセン領域内での関税障壁を撤廃してもなお，ライン川の物流の中心地であり地下資源の豊富なラインラントから首都ベルリンへ何かを運ぼうとした場合，少なくとも2度，税関を通るという状態となった。

　2つの領域の間には，ハノーファー王国，ヘッセン＝ダルムシュタット大公国などがあったが，プロイセンは1818年にヘッセン＝ダルムシュタット大公国との間で北ドイツ関税同盟を結び，飛び地問題を解消しようとした。これによって両領域が直ちに結ばれたわけではなかったが，プロイセン全体の経済的統一性を図る意味で重要であっただけでなく，プロイセンが自身の領域を越えて，ドイツの他の諸邦との経済統合へ向かう第一歩となった。

　他方で，この動きは他の領邦を刺激し，バイエルン王国とヴュルテンベルク王国による南ドイツ関税同盟，ザクセン王国とハノーファー王国を中心とした中部ドイツ通商同盟が結ばれ，ドイツ内に3つの関税同盟が鼎立することになった。しかし，プロイセンによる切り崩しが功を奏し，ヘッセン選帝侯国が中部ドイツ通商同盟を脱退して北ドイツ関税同盟に加盟したことを契機に，

1833 年に南北の関税同盟がドイツ関税同盟条約を結んで合体した。翌 1834 年 1 月 1 日にドイツ関税同盟が正式に成立すると，1836 年にはバーデン大公国やナッサウ公国がこれに加わり，オーストリアとドイツ北部の一部地域を除いて，ドイツの大部分を占める関税同盟地域が成立した。

| イギリスの通商政策と
| 自由貿易網の展開

ナポレオンの大陸封鎖令が解かれた後，イギリスでは 1815 年に**穀物法**が制定される。これは，価格が一定以上に高騰した場合を除いて穀物輸入を禁止する措置で，穀物価格を高値に維持したい地主や農場経営者の意向に沿ったものであった。他方で，繊維業を中心に成長していた工場主層は，高穀物価格が賃金を高め，製品価格を押し上げて綿製品の国際競争力を失わせるという批判を強めていた。1838 年にマンチェスターで結成された**反穀物法同盟**は議会に対するロビー活動を展開し，1840 年代にアイルランドのジャガイモ飢饉で餓死者が出たことも影響して，**1846 年には穀物法が廃止**され，イギリスは自由貿易体制へ進むことになる。

　これ以前からも貿易自由化の模索は行われていたが，相互主義（⇨ **解説**）を掲げる限り，イギリスは常に警戒された。1836 年にイギリスは，ドイツ関税同盟との間で，ドイツ産の木材に対する関税を下げる代わりにイギリス産綿製品の関税を引き下げるという条件での交渉を行ったが，プロイセンは穀物輸出にこだわり，穀物法の設定価格の引下げを要求したため決裂した。穀物法の廃止は，相互主義をあきらめて一方的に関税引下げを行うという，戦略の転換であった。

解説 相互主義　　国際関係において，相手国の自国に対する関税政策や入国規制，相手国に居住する自国民への待遇などに対して，それと同等の対応を自国も行うという考え方。

イギリスには，自国の行動によって自由貿易の利益が理解され
れば，追随する国が出てくるだろうという期待があり，実際，
1850年代初頭にはオランダやスイス，ポルトガルで大幅な関税
引下げが見られたが，残念ながらそれ以上の広がりは見られなか
った。この状況を打開したのは，1860年にフランスとの間で結
ばれた**コブデン＝シュヴァリエ条約**である。

　フランスには，自由貿易に対するインセンティヴはほとんどな
かったが，統一運動のさなかにあるイタリアに影響力を残したい
オーストリアとの戦争が現実味を帯びているという国際情勢のな
かで，背後のイギリスとの関係を良いものにしておく必要があっ
た。通商条約はそうした外交政策のひとつの選択肢に過ぎなかっ
た。

　条約では，フランスが禁輸品をすべて廃止し，税額は金額の
30％を超えないものとされた（実際には10〜15％の間で設定され
た）。イギリスは課税対象を419品目から48品目に減らし，ワイ
ンに対する税率も引き下げた。とくに重要なのは，相互の無条件
最恵国待遇（⇨ **解説** ）が定められていたことである。第三国との
通商条約で相手に特権を与える場合や何らかの品目の税率を英仏
間での水準以下に下げる場合は，その取り決めが自動的に英仏間
にも適用されることとされたのである。

　イギリスは自国の関税率を他のすべての国にも適用したが，フ
ランスはイギリスからの輸入品にのみ低い税率を設定したため，
他の諸国は事実上，広大なフランス市場から締め出される状況と
なった。英仏間の当初の外交的意図とは裏腹に，その後，各国が
同様の通商条約をフランスと結ぶことになる。1861年にベルギ

解説 **最恵国待遇**　2カ国間で設定された関税率や税関手続きの簡素化などにつ
　　　いて，どちらかの国がそれよりも条件の良い待遇を第三国に与える場合，
　　　それが自動的に二国間にも適用されるという取り決め。

一，1862 年にドイツ関税同盟（発効は 1865 年），1863 年にイタリア，1864 年にスイス，スウェーデン，スペイン，オランダと続き，1866 年にはオーストリアがこの自由貿易網に加わった。フランスとの条約を締結した国同士も条約を結び，1908 年の段階で，イギリスは 46 カ国，ドイツは 30 カ国，フランスは 20 カ国以上との条約を結んでいた。これらの条約はすべて無条件最恵国待遇条項を備えていたため，最初に英仏間で決められた税率 30 ％を上限として変動は見られるものの，第一次世界大戦に至るまでの約半世紀にわたって，ヨーロッパ諸国間で関税率が比較的低い状態が続くことになる。

この自由貿易体制は，非欧米諸国に対しても，直接間接に軍事力を用いることで強制された。イギリスは 1840 年代後半から 50 年代にかけて，植民地からの木材，砂糖，その他の原材料の優遇関税を廃止し，自治領には関税自主権を与えた。1860 年以降になると，最恵国待遇が植民地にも適用された。フランスの場合，植民地を通商上は国内として扱ったため，全体として完全な関税同盟となった。ドイツ，ベルギー，オランダの植民地でも，低率で無差別な関税体系がとられた。

その他の国々への自由貿易の拡大は，不平等条約という形をとった。大航海時代以前の東西の貿易は，イスラーム商人を介した間接的なものであったが，イスラーム国家は一般に異教徒に対して寛容で，15 世紀にオスマン帝国はジェノヴァに対して国内での自由な商業活動を保証するカピチュレーションと呼ばれる特権を与えている。その後，フランスやイギリスもこの特権を得て，イギリスの場合はカピチュレーションを得たエリザベス 1 世が，レヴァント会社にこれを与えて独占的な東方貿易を行わせていた。

カピチュレーションは，オスマン帝国の軍事的優位，したがって，必要であれば武力によっていつでもヨーロッパ人を排除でき

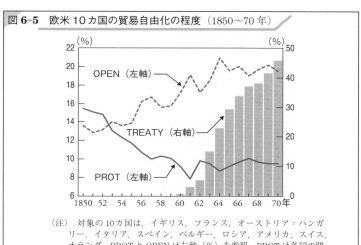

図 **6-5** 欧米 10 カ国の貿易自由化の程度（1850〜70 年）

(注) 対象の 10 カ国は，イギリス，フランス，オーストリア゠ハンガリー，イタリア，スペイン，ベルギー，ロシア，アメリカ，スイス，オランダ。PROT と OPEN は左軸（％）を参照。PROT は各国の関税収入を輸入額で除したものの平均で，OPEN は各国の輸入額が GDP に占める割合の平均。棒グラフ（TREATY）は，各時点で実際に結ばれていた二国間条約数が最大数（10 カ国の場合 45）に占める割合（右軸，％）。
(出所) Accominotti and Flandreau（2008), Figure 2, p. 158.

るという前提のもとに，西方との商業活動の拡大を目的として与えられたのだが，帝国の衰退とともに，ヨーロッパ諸国による主権の侵食を許すことになる。1838 年にオスマン帝国とイギリスとの間で結ばれたバルタ・リマヌ条約では，輸出入双方にかかる関税が 3％と定められ，エジプトで行われていた綿花やアヘンの専売制も廃止されて，イギリス商人による帝国内での自由な商取引が認められた。この条約は片務的な最恵国待遇を定めており，フランスやロシアにも同様の権益を与えることとなった。イギリスは 1840 年にカージャール朝ペルシアとも同様の条約を結んだが，こうした条約では，カピチュレーションに倣って帝国内に居住し商業活動を行うヨーロッパ人に対する裁判権はヨーロッパ諸国に与えられ，関税率の変更に関してもヨーロッパ諸国側の同意

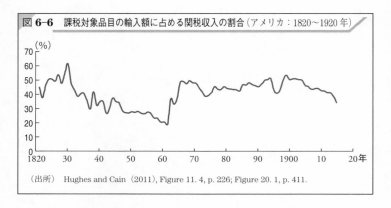

図 **6-6**　課税対象品目の輸入額に占める関税収入の割合（アメリカ：1820～1920 年）

（出所）　Hughes and Cain（2011）, Figure 11. 4, p. 226; Figure 20. 1, p. 411.

を必要とする協定関税とした不平等条約で，その後，清や幕末日本と結ばれる条約の原型となったといわれている（中国，日本については第 7 章第 4 節および第 5 節を参照）。

　ヨーロッパ諸国とは対照的に，アメリカ合衆国では 1860 年代以降，関税率が上げられていった。北東部の製造業は，1812 年に始まった米英戦争によるヨーロッパからの製品輸入の途絶をひとつの契機として発展を続けていたが，イギリス綿業に対する自国繊維業の保護は主張され続けた。他方で，奴隷制農業（第 5 章第 5 節を参照）を経済基盤とする南部にとって，高関税は物価高を意味した。小麦などの食料こそ，アメリカ国内で賄われていたが，衣服や農機具などは税率分だけ割高になる外国産のものか，その高関税に守られたやはり高い国内産のものを購入せざるをえないことになる。また，南部で生産される綿花やタバコなどのヨーロッパ向け商品に対して輸出先で関税がかけられた場合は，国際的な価格競争で不利となる。こうした**関税に対する立場の違い**も南北戦争の背景にあった。

　南北戦争の期間中，連邦議会から自由貿易を主張する南部議員が退場すると，モリル関税と呼ばれる高率関税が導入され，

1846年と1857年に南部の主張を入れて20％弱まで引き下げられた税率は，1865年には50％を超え，1920年代に至るまで40％以下になることはなかった。

6 シティの発展と多角的国際決済システム
●金融センターとしてのロンドン

> ▷ 伝統的な決済制度とはどのようなものだったのだろう。
> ▷ 19世紀のロンドンシティの特徴をまとめてみよう。
> ▷ アメリカ商人の茶の買付を例に，商品（茶・綿花）と現銀と為替の動きを図示してみよう。

伝統的な決済制度

ヨーロッパにおける貿易決済は，伝統的には金貨や銀貨など，それ自体に価値がある商品貨幣で行われてきた。もともと金銀などの資源に乏しいヨーロッパでは，中世初期においては，東方で流通していたビザンツ金貨などを利用しており，南部ドイツの銀山が開発されるにつれて銀貨も流通するようになった。また，イタリア商人のアラブ商人との通商から，西アフリカ沿岸の金貨も流入していた。ポルトガルによるアフリカ西岸遠征は，ひとつにはサハラ以南で採れる金の入手を目的としていた。16世紀以降，スペインによってラテンアメリカの開発が進むと，貴金属が大量にヨーロッパに流入し，物価の上昇が起こったのは先述の通りである。

金貨・銀貨での決済は基本的には大規模な国際的取引に限られていたが，取引のたびに毎回必ず貨幣の受け渡しが行われるわけではなく，12，3世紀に隆盛を迎えたシャンパーニュの大市などでは貸借の精算が行われていた。

18世紀末にオランダがナポレオンに占
領されると，アムステルダムに集まって
いた国際的な資本は，国際貿易で重要性
を高めていたロンドンへと流入した。アントウェルペンやアムス
テルダムと比べて特徴的なロンドンの金融機能は，①紙幣の広範
な利用が見られるようになったこと，②手形の割引（⇨ 解説 ）が
大規模に行われたこと，の2点である。

　イギリスは，1816年から17年にかけて，大改鋳と呼ばれる通
貨改革を行い，新たに純度91.7％，重さ7.988gのソヴリン金貨
の鋳造を開始して本位貨幣とした。40シリング以上の決済を銀
貨で行うことは禁止され，金貨の自由鋳造・自由融解も定められ
た。また，1844年のピール銀行条例で，新規銀行の紙幣発行を
禁止するとともに，金準備に比例した紙幣発行の限度額を設定し
た。中小の銀行が合併して新銀行になると紙幣発行ができなくな
るため，事実上，発券業務をイングランド銀行に限る金地金本位
制の確立であった。

　イギリスは世界の工場であり，その首都ロンドンには，国内の
さまざまな金融機関が集中し，貸出，手形割引，外国為替，保険
といった高度な金融サービスを提供していたため，実物経済のう
えでも金融機能の面でもポンド通貨に対する信認は他の追随を許
さないものとなっていた。加えて，ロンドンには欧米各国の銀行
が支店を置き，イギリス系のオリエンタル銀行（ボンベイで1842

解説 **手形の割引**　　満期日前の手形を，利子率や手数料を差し引いて換金する
　　　こと。一定期間後に相手に支払を約束した証書を約束手形（promissory
　　　note），相手への一定期間後の支払を第三者に委託する証書を為替手形
　　　（bill of exchange）と呼ぶ。こうした手形は，支払期日以後であれば額面
　　　通りに現金化できるが，期日より前に現金化したい場合は，誰かに買い
　　　取ってもらう必要がある。ロンドンでは，こうした取引が大規模に行わ
　　　れていた。

年に設立），チャータード銀行（ロンドンで1853年に設立），香港上海銀行（香港で1865年に設立），蘭印のジャワ銀行（1828年），仏印のインドシナ銀行（1875年）といった植民地銀行も活動していた。**世界中の国々と何らかの取引関係をもっていたイギリスの首都ロンドンでならば多角的な債権債務関係はほとんどすべて決済できた。**こうした状況が，ロンドンシティを世界の金融センターの地位に押し上げたのである。

　紙幣の利用と手形割引市場の隆盛は，ロンドンにおける貨幣供給が伸縮的であったことを意味する。兌換（⇨ **解説**）が約束された紙幣は，いわば，銀行が振り出した譲渡可能で持参人払いの約束手形であり，財そのものの価値としては金貨に比べて格段に安く，兌換の要求が殺到しない限り金貨準備の何倍もの額を発行することが可能であった。また，支払期限以前の手形の所持者は，利子さえ払えば割引市場でいつでも現金化できたので，事実上，貨幣として流通した。

　産業革命期初期のイギリス綿業は綿花の供給をインドに頼っていたが，次第にアメリカ綿が入ってくるようになる。1815年には，イギリスの輸入の53％を占めるようになったアメリカ産原綿は，1820年代にはほぼ7割，1830年代にはほぼ8割を占めるようになった。この間，絶対量でも，1815年の5400万重量ポンドが1838年には4億3100万重量ポンドを記録して約8倍となった。このアメリカからの原綿輸入の増加は，中国からの銀流出増大に影響を与えた。アメリカ商人は最初，広州でイギリス商人

解説 兌換　　紙幣を正貨（本位貨幣）と交換すること。正貨とは，金などの貴金属を含むことで額面と財としての価値がほぼ等しい鋳貨をいい，商取引において国家が無制限の通用力を保証したものである。わが国で明治30年に発行された正貨である10円金貨は，7.5gの金と0.8gの銀を含んでいたが，当時の金価格（1gおよそ1.34円）と銀価格（同0.04円）で計算すると，財としての価値も10.05円となりほぼ同一である。

と同様に現銀で中国茶を買い付けていたが，イギリスへの原綿輸出が拡大するにつれて，イギリス商人が綿花の支払のために振り出したロンドン宛の手形を中国に送って茶の購入にあてるようになった。第7章で詳述するように，イギリス系商人はアヘンの代価として手に入れた銀によって，このアメリカ商人による手形を購入し，それをロンドンに送って現金化した。**アメリカ商人は，イギリス商人から受け取った銀で茶を購入したのである。**こうした取引が可能となるのは，国際金融市場としてのロンドンの地位の確立による。

 章末問題

1　P&O汽船によるサウサンプトン＝カルカッタ航路を地図でたどってみよう。
2　ラテンアメリカの鉄道建設を調べてみよう。
3　EUの仕組みとドイツ関税同盟の仕組みを比べてみよう。

第7章 植民地体制の変容とラテンアメリカ，アジア

自由貿易体制の世界的拡大

　前章で見たように，イギリスにおける産業革命とその技術の応用は，生産のあり方やグローバルな商品流通に大きな影響を与えた。他方で，同時期のフランスでは政治的な革命が生じていた。フランス革命とナポレオン戦争は，周辺国の従属化や併合をともなったため，スペイン，ポルトガル，オランダがもっていた広大な海外植民地への影響も大きかった。ラテンアメリカ諸国は独立し，オランダの植民地は一時的にイギリスの支配下に入った。イギリスによる支配が進みつつあるインドでは，19世紀半ばに支配体制の大きな変化が生じた。19世紀後半には，中国や日本がグローバルな自由貿易体制に組み込まれていった。

1 ナポレオン戦争とヨーロッパ諸国の植民地

●本国の混乱とその影響

　▷　ナポレオン戦争によるヨーロッパ諸国への影響をまとめてみよう。
　▷　19世紀前半の東南アジア島嶼部で生じた変化はどのようなものだったのだろう。
　▷　中南米の植民地独立の特徴を宗主国別にまとめてみよう。

ナポレオンの拡張政策 　1793年1月にルイ16世が処刑されるに至って，ヨーロッパ各国はイギリスを中心に対仏大同盟を結成して革命に介入し，債権債務関係が革命政府によって放棄される事態を牽制した。同年末になると，フランスは反攻に転じ，革命戦争は次第にフランスによるヨーロッパ大

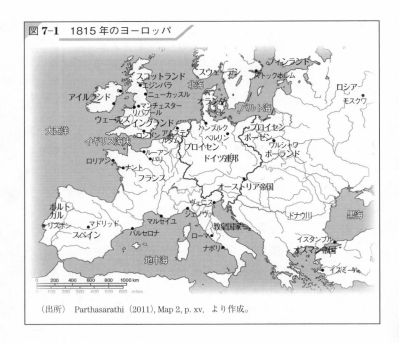

図 7-1　1815 年のヨーロッパ

（出所）　Parthasarathi（2011），Map 2, p. xv. より作成。

陸侵略戦争の性格を帯びていく。

　1794 年にオーストリア・ハプスブルク領のラインラントと南ネーデルラント（ベルギー）を併合したフランスは，翌 1795 年にはネーデルラント連邦共和国（オランダ）を征服して**衛星国バタヴィア共和国**とした。その後，ナポレオンの弟ルイ・ボナパルトが王位に就いて**ホラント王国**が成立したが，1810 年にはフランス帝国に併合された。

　当初フランスに敵対していたスペインは，ルイ 16 世が処刑されると和平に転じ，フランスの意向に沿う形で対ポルトガル戦争を戦うことになった。1805 年にはスペイン・フランス連合艦隊として，ポルトガルの同盟国イギリス海軍とトラファルガーで決戦を迎える。戦いはイギリス軍の勝利に終わり，**スペインは制海**

権を失ってラテンアメリカ植民地との連絡が途絶した。1808年にはフランスによる王家への介入を招き，ナポレオンの兄ジョゼフがスペイン国王ホセ1世として即位して属国化された。この間，ポルトガルは対仏融和策をとるスペインからの圧迫を同盟国イギリスの力で何とかしのいでいたが，1807年にはスペイン・フランス連合軍の侵攻を許し，**ポルトガル王室はイギリス海軍に護衛されてブラジルに渡り，リオ・デ・ジャネイロに遷都した。**

植民地経済の変化　オランダは，オランダ東インド会社によって開拓されたジャワ島を中心とした蘭領東インド，西インド会社によるブラジル北東部ギアナ，アフリカ南部のケープ植民地などを支配していたが，本国がフランスに併合されると，蘭領東インドは，1816年までイギリスの支配下に入った。また，南アメリカで開発が進んでいたギアナ地方は，英領ギアナ（現ガイアナ共和国），蘭領ギアナ（現スリナム），仏領ギアナ（現フランス海外県）に3分割されて別個に統治されることになった。ケープ植民地は，1797年から1803年までイギリス植民地となった後，1803年からはバタヴィア共和国領となり，1806年には再びイギリス植民地となって1910年にイギリス自治領南アフリカ連邦に編入されるまでイギリスの支配下に留め置かれた。

　東南アジアの島嶼部は，ナポレオン戦争の戦後処理を諮ったウィーン会議のなかでフランスの再拡大の防止を目的にオランダの独立と再興が認められ，**1816年以降，イギリスからの植民地の返還**が進められた。オランダ政府はジャワに東インド政庁を置き，東インド総督を任命して直接支配を行った。

　新生ネーデルラント連合王国の立憲君主となったウィレム1世は，自らも出資したオランダ商事会社を通じて，1824年以降，東インド植民地の本格的な開発に着手していくが，1825年から

30年にかけて，反オランダの反乱（ジャワ戦争）が起こり，その鎮圧のために人的にも金銭的にも莫大なコストを支払うことになった。反乱鎮圧後，植民地財政の立て直しのためにとられた政策が**黒字（純益）政策**で，一般には強制栽培制度として知られている。ジャワでは，収穫物の2割を領主に納めるという慣行が行われていたが，東インド政庁はこの慣行を利用して，農民に対して土地または耕作労働時間の2割を政庁の指定する作物の栽培にあてるように強制した。指定されたのは，コーヒー，サトウキビ，藍，茶，タバコなどの世界市場向けの商品作物であり，これらの作物の集荷，輸送，オランダ本国での競売などはオランダ商事会社が一手に引き受けた。

イギリスは，1819年にペナンよりも南方に位置しており，より戦略的な島嶼部との貿易を可能とする**シンガポールを建設**して自由港とした。関税をはじめとする煩雑な税関手続きを必要としない自由港シンガポールには，周辺地域の他の港から物資や人が集まった。自由港のインパクトは大きく，建設から数年を経ずして人口は10万人を超え，1830年代には中国船寄港地としてバタヴィアを抜く。

1824年には，スマトラ島の英領ブンクルとマレー半島の蘭領マラッカとの交換が取り決められ，**ペナン，マラッカ，シンガポールからなる英領海峡植民地**が成立した。この英蘭協定は，東南アジアの島嶼部でのイギリスとオランダによる事実上の植民地分割で，マレー半島とジャワ島などにまたがってムラユ語（マレー語）とイスラーム教によってゆるやかな一体性を保っていたこの地域が，現在の**マレーシアとインドネシアへと分断される起点**となった。

ラテンアメリカ諸国の
独立

中南米植民地の多くは，前述のギアナ地
方やカリブ諸島の一部を除いて，19 世
紀中に独立を果たしていく。フランス革
命の影響を受けて，フランス自身の植民地サン=ドマングで発生
したハイチ革命（1791〜1804 年）では，黒人による共和国が誕生
した。他方で，スペインの植民地では，自由・平等・博愛の精神
とは異なる方向で独立運動が進む。1810 年に本国で開かれたカ
ディス議会は，国民主権や三権分立を規定して立憲君主制を謳っ
た 1812 年憲法を制定した。しかし，植民地生まれのスペイン人
（クリオーリョ）などの支配層は，自由主義的な改革が植民地に及
ぶことはすなわち自らの伝統的権益の否定につながると捉え，
1810 年に自治政府を成立させたラ・プラタ連合（アルゼンチン）
とチリを皮切りに，パラグアイ（1811 年），ベネズエラ（1811 年），
コロンビア（1819 年），ペルー（1821 年），メキシコ（1821 年）な
どが独立を宣言していった。

　リオ・デ・ジャネイロに宮廷を移したポルトガル王室は，ナポ
レオン失脚後もブラジルにとどまり，本国から地代や公租を送ら
せていた。しかし，スペインの 1812 年憲法に影響を受けて 1820
年に成立した臨時政府が国民主権・三権分立・直接選挙・一院制
の憲法草案を策定すると，国王ジョアン 6 世は 1821 年に長男ペ
ドロを摂政としてブラジルに残して帰国する。翌 1822 年には摂
政ペドロの償還命令も下ったが，ブラジル内の諸地域の分離運動
が急進化することを恐れた地主や軍人・官僚に担がれて，皇帝ペド
ロ 1 世によるブラジル帝国が成立した。

2 独立後のラテンアメリカ
●経済構造の緩やかな変化

> ▷▷ 独立直後のラテンアメリカ諸国の関税政策はどのようなものだった
> のだろう。
> ▷▷ ラテンアメリカ諸国における第一次産品を国別にまとめてみよう。
> ▷▷ ラテンアメリカにおける近代産業はどういった産業で始まったのだ
> ろう。

独立の経済的帰結

独立は，宗主国と植民地双方の経済に大きな変化を与えた。世界のコーヒー生産の約半分，フランスとイギリスがヨーロッパにもたらす砂糖の40％を生産していたイスパニョーラ島でのハイチ革命では，サトウキビ畑が焼かれるなどして生産量が激減し，砂糖の再輸出で巨利を得ていたフランスに打撃を与えた。スペインはカタルーニャの繊維産業や輸出向け農業にとっての巨大な市場を失い，メキシコ独立による銀輸入の途絶によって対ヨーロッパ諸国に対する赤字補塡も不可能になった。ポルトガルも，貿易総額の4分の3を占めていたブラジルの喪失により関税収入が激減した。また，ジョアン6世は，遷都直後からブラジル諸港を開放して自由貿易を許可したので，同盟国イギリスからのブラジル市場への輸出が激増した。

植民地期末期のスペイン領は，ヌエバ・エスパーニャ，ヌエバ・グラナダ，ペルー，リオ・デ・ラ・プラタの4つの副王領のもとに，軍事的な支配機構である総督領と裁判機能を含む統治機関のアウディエンシアが十数個置かれており，ポルトガル領は全体でブラジル副王領となっていた。独立の際には，これらの副王領や総督領が単位となって新国家が建設されていった。大きさは

図 7-2　1826 年頃のラテンアメリカ

メキシコ
キューバ
ハイチ
ベリーズ
イギリス領ギアナ
オランダ領ギアナ
フランス領ギアナ
中央アメリカ連邦
共和国
ベネズエラ
コロンビア
エクアドル
ペルー
ブラジル
ボリビア
パラ
グアイ
プリ
ラオ
タ・
連デ
合・
州ラ
チ
リ
ウルグアイ
東方共和国

0　　400　　800　　1000　Miles
0　400　800 1000　Km

（注）　境界線は近似で示している。
（出所）　Bulmer-Thomas（2003), Map 2, p. 3, より作成。

まちまちで，1850 年頃の数値で人口を見ると，メキシコとブラジルは大きくそれぞれ 766 万人と 723 万人であり，コロンビア220 万人，ペルー 200 万人が続く。アルゼンチン，ベネズエラ，ボリビア，チリ，キューバは 100 万人台であった。

　独立は，それまで宗主国としか貿易ができなかったラテンアメリカが，より安い国から輸入し，より高い国に販売できるようになることを意味した。輸出にあたって，イギリス船やフランス船

で輸送することも可能となった。国際的な資本市場にもアクセスできるようになり，新政府の多くがロンドン市場で国債を発行した。

他方で，植民地期には副王領間の物資の移動が認められていたので，ラテンアメリカ世界は全体として単一市場だった。独立は，新たに多くの関税領域を創り出し，国境防衛のための軍事費も各国政府に重くのしかかった。

もっとも，宗主国以外の国との自由な貿易は，低関税という意味での自由貿易を意味しない。かつては，輸入関税，5分の1税（⇨ **解説** ），タバコ・塩の専売による収益，販売税，インディオに対する人頭税，新大陸での役職の売官などで鉱山の保全費や副王領の行政費が賄われていたが，独立後にはその多くが失われた。**独立直後の各国政府が頼れるのは関税収入のみで，税率はむしろ上昇し**，15％から100％の間で設定された。税収の補填を目的にロンドン市場で起債された国債は，ほとんどの国で利子支払と償還が滞った。債務不履行に陥った場合は，イギリスをはじめヨーロッパ各国の介入を招いた。

第一次産品輸出の拡大

メキシコ，コロンビア，ペルー，ボリビア，チリなどでは，貴金属やその他の鉱物資源が独立後も重要な地位を占めた。独立前後の混乱は既存の鉱山を荒廃させたが，復旧のための国内資本は乏しく，イギリスをはじめとするヨーロッパ諸国の資本が流入した。1825年までに，ラテンアメリカ全体で少なくとも25のイギリス企業が設立され，既存鉱山の復旧と新たな鉱脈の探索が行われた。ペルーの**銀生産は1830年代に倍増し**，メキシコの**金生産も1840年代には18世紀末のレベルを回復した**。チリでは新しい**銀鉱脈が発見され**

解説 5分の1税　鉱物生産の5分の1をスペイン王室が得る権利。

銅生産も拡大したことから，1850 年までに鉱産物生産は独立前のレベルを凌駕した。

　輸出拡大に重要な役割を果たしたのは独立前には生産が小規模だった新商品であった。**そのひとつがコーヒーで，ブラジルやコロンビア，コスタリカで栽培が広がっている。**ブラジルでは，1820 年代には砂糖と綿花が主要な輸出品で，それぞれ総輸出の30％，21％を占めていたが，1840 年代には27％と8％まで比率を低下させる一方，コーヒー輸出は 1830 年代以降 40％を超えるようになった。1885 年には，世界のコーヒー生産の半分以上がブラジルで供給されるようになる。

　新商品として最もインパクトがあったのは，**ペルー産のグアノ**である。グアノは，海鳥の死骸や糞，餌となっていた魚や卵の殻が堆積して化石化したもので，肥料の原料として大量にヨーロッパに輸出された。1840 年にはほぼゼロだった輸出は 1850 年代には年間約 35 万トンに達し，ペルー財政を潤した。

| 19 世紀後半の展開 |

　19 世紀後半においても，輸出による外貨獲得の重要性は多くの国で継続するが，輸出品目は植民地期の貴金属依存から徐々に脱却していく。メキシコやペルーの銀やコロンビアの金は依然として重要な輸出品だったが，それでも輸出額の 50％を超えることはなくなっていった。もっとも，鉱産物生産そのものが衰退したわけではなく，ペルーの銅生産は 1890 年以降拡大しており，ボリビアでは銀生産が低落する反面，錫の生産が拡大した。また，チリでは硝石ブームが生じている。

　その他の国では，新しい農産物が重要な輸出品となっていった。第一次世界大戦直前の 1913 年には，ブラジルやペルーの**天然ゴム**，アルゼンチンやウルグアイの**羊毛**，メキシコの**サイザル麻**などの品目が，各国の重要輸出品として並んでいる。熱帯性の奢侈

的食品も重要で，ブラジル，コロンビア，グアテマラなどでは**コーヒー**が，ドミニカ共和国とエクアドルでは**カカオ**が最大の輸出品である。パナマやコスタリカでは，**バナナ**の生産も開始された。マラリア治療薬の原料になる**キナ**や傷薬用の樹脂が採れる**ペルーバルサム**などの林産物に対する需要も大きかった。

新しい農産物の登場によって輸出品目の貴金属依存は軽減されたが，今度は導入された新しい作物への依存が強まる国も現れた。1913年における輸出額上位2品目が輸出総額に占める割合を見ると，グアテマラは90.5％（コーヒーとバナナ），コスタリカは86.1％（バナナとコーヒー）となっており，50％未満なのはアルゼンチン（トウモロコシと小麦で43.2％），メキシコ（銀と銅で40.6％），パラグアイ（イェルバ・マテとタバコで47.9％），ペルー（銅と砂糖で37.4％）の4カ国であった。ペルーやアルゼンチンではある程度の多様化が進むが，ラテンアメリカ諸国の多くでモノカルチャーが持続した。

1912年のラテンアメリカ全体に占める各国の輸出額の割合を見ると，アルゼンチンが最大で28.8％を占めており，次いでブラジルが21.9％，チリ，キューバ，メキシコがそれぞれ9.7％で並んでいる。1850年からの輸出額の成長は，ラテンアメリカ全体では年率3.8％で，62年間で約10倍になっている。アルゼンチンの輸出規模は40倍に拡大し，ブラジルは約10倍，メキシコは約6倍となった。

| 近代産業の萌芽 |

ブラジルやキューバの製糖業，アルゼンチンの畜産加工業（ビーフジャーキー），チリの銅鋳造所などは独立以前から大規模であった。これらは，そのままだと輸出の際に嵩張りすぎだったり腐ってしまったりするものに最低限の加工を施すことが目的ではあったが，ラテンアメリカにおける最初の近代的な生産施設であった。

製造業の拡大にとって，人口規模に規定される国内需要は重要な役割を果たした。1850年から1912年までに，ラテンアメリカの人口は約3000万人から7700万人にまで増加し，最大のブラジルが2440万人，メキシコは1430万人の人口を抱えることになる。また，成長率が著しかったのはアルゼンチンで，この62年間で7倍近い733万人となって，コロンビアやペルーを抜いて第3位となった。

　人口増加に加え，都市化によっても製造業の拡大が促された。もっとも，シェアが最大だったのは伝統的な食品加工業で，第一次世界大戦直前でも各国で製造業生産額の50％前後を占めていた。他方で，繊維や衣服のシェアは，人口規模の大きいブラジルやメキシコで30％以上に達した。繊維製品に対する需要拡大はまずは手工業的な生産によって担われたが，メキシコでは1840年代に遡って紡績工場の建設が見られる。また，ブラジルの紡錘数は1910年までに100万錘を超えており，メキシコも76万錘となっている。

　人口増加は建設業も刺激し，ブラジル，チリ，メキシコ，ペルー，ウルグアイ，ベネズエラではセメント工場が建設された。ただ，製鉄業の確立は遅れ，20世紀初頭までに近代的な銑鋼一貫工場が作られたのはメキシコのみであった。

　食品加工と繊維業の成長は，貿易のパターンを変えた。とくに，ブラジル，メキシコ，アルゼンチン，チリ，ペルーはある程度の工業化を達成しつつあり，資本財や中間財の輸入が増える一方，輸入品に占める消費財の割合は3分の1程度にまで低下した。

3 ヨーロッパ自由貿易体制とアジア(1)

●イ ン ド

> ▷ インドに課せられた関税体系をまとめてみよう。
> ▷ インドにおける近代産業はどのように発達していったのだろうか。
> ▷ インドからの移民はどの地域にどれほどの規模で流出したのだろうか。

インド大反乱とインド
統治の変容

独立を達成したラテンアメリカ諸国と異なり，インドでは19世紀を通じてイギリスによる支配の強化が進んだ。そのため，経済発展促進的な保護関税や官営企業，技術教育などの政策決定はインドの利害ではなく，本国イギリスの利害に左右され続けることになった。

これまでの章で見たように，イギリス東インド会社は通常は国家に帰属するような広範な権利を与えられた特殊な株式会社で，1756年にムガル皇帝から，ベンガル・ビハール両州における徴税権を獲得すると，行政機関としての性格をさらに強めていった。他方で，イギリス本国の商人やカントリー・トレーダー（第4章89〜90ページ参照）の間では，インドや中国との貿易独占に対する不満が高まっていた。このため，1793年にはインド貿易の一部が自由化され，1813年にはインド＝ヨーロッパ間の独占貿易が終了し，1833年には中国との独占貿易も終了して，商業活動が全面的に停止するに至る。この性格転換の背景にあるのは，イギリス本国で進行した産業革命である。図7-3に示したように，1820年までに東西間の綿布の輸出入の関係は逆転し，インドからの輸出品は，藍，原綿，砂糖，アヘンなどの第一次産品に変わっていった。

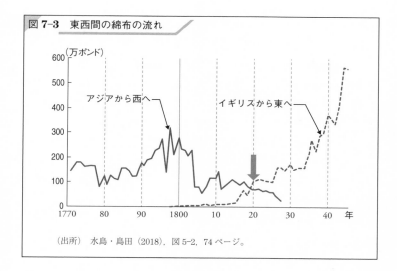

図 **7-3** 東西間の綿布の流れ

（万ポンド）

アジアから西へ

イギリスから東へ

1770　80　90　1800　10　20　30　40　年

（出所）水島・島田（2018）,図5-2, 74ページ。

　工業生産力の逆転と同時期に,イギリスはインド社会の「近代化」にも着手していった。1837年には公用語がペルシャ語から英語に変わり,寡婦の再婚の禁止や幼児婚などの風習について,法改正を迫った。また,藩王国（⇨**解説**）に対しては,嫡子のない藩王家は取り潰すという政策を適用し,ジャーンシーやサーターラーといった藩王国がイギリスに併合されていった。

　こうした半ば強引な近代化政策に対して,首都デリーに近いメーラト基地で東インド会社の傭兵（シパーヒー）は,1857年に反

解説 藩王国　イギリスのインド統治のうえで,軍事権と外交権を除く一定の自治を認められた地方政権。18世紀のムガル帝国の衰退にともなって自立化した地方勢力が,イギリス東インド会社（のちにイギリス本国）と軍事保護条約を結んで保護国化されたもので,マハーラージャ（ヒンドゥー教徒の場合）,ナワーブ（イスラーム教徒の場合）などを称した君主によって統治され,インド独立時には565の藩王国が存在した。独立直前のイギリス領インド帝国の総面積のうち,イギリスの直轄領であったのは60%ほどで,残りの40%,人口の23%は藩王国が占めた。

乱を起こし，デリーへの進軍を開始した。インド大反乱である。ムガル朝最後の皇帝バハードゥル・シャー2世が擁立され，イギリスへの宣戦布告がなされたことから，単なる反乱からイギリス対ムガル帝国の戦いへと性格を変える。最終的には，シパーヒーの多くに将官としての経験がなく組織的な軍事行動がとれなかったことからイギリス軍に敗北して大反乱は収束した。バハードゥル・シャー2世はイギリス軍に投降し，デリー城で裁判を受けた後，廃位されてビルマのラングーンに追放され，ムガル朝は名実ともに滅亡した。また，イギリス東インド会社も，反乱の責任を追及され，すべての権限がイギリス国王に委譲された。1877年には，ヴィクトリア女王がインド皇帝として即位し，インド総督が副王を兼任するインド帝国が成立した。

インドの工業化

18世紀以前において，インドは巨大な綿布輸出国であり，その市場は東は日本から西は西アフリカ，カリブ海諸島にまで達していた。また，木炭を用いた伝統的な製鉄もスウェーデン産の最高級のものに匹敵する品質を誇っていた。イギリス東インド会社によってボンベイやカルカッタに作られた造船所では，19世紀初頭までに数百隻もの木造帆船がインド人の手で建造され，イギリス軍艦やオランダ商船として利用された。

1820年代にイギリス製品の流入が本格化すると，これらの在来産業は次第に衰退した。インド産綿布はヨーロッパに輸出されていただけでなく，東南アジアでも用いられていたが，どちらの市場でも安いイギリス産綿布に駆逐されていった。インド国内では，イギリス製品の流入に加えて，東インド会社の政策によって無嗣の藩王家が消滅していったことから，宮廷で行われていた各種儀式用の衣装や軍服などの需要も減少した。その結果，低級品や最高級品は生き残ったものの，イギリス産綿布と正面から競合

した中上級品については壊滅的な打撃を受けた。

　イギリス製品の流入に対して，インドが独自に保護関税を導入することはできず，むしろイギリスに有利な税制が敷かれていった。たとえば，ベンガルの農村部で生産された綿布をカルカッタやダッカなどの都市に運び込む際には **15%の通過税**がかけられたが，イギリス製品は免除され名目的な **2.5%の輸入関税**が課せられるだけだった。また，帝国の他の地域への輸出もインド製品に対して差別的な税率が設けられ，オーストラリアが輸入する際には**インド製品には 5%の関税がかかる一方，イギリス製品は非課税**とされた。造船業では，喜望峰以東からイギリスに輸入される物品に対して，イギリス船でない場合には **15%の関税**をかけるという法律が 1815 年に制定されたことで，イギリス＝インド航路用の船舶需要が激減した。製鉄業では，各地で行われていた伝統的な製鉄業に加えて，1830 年代には南部でイギリス人の経営による大規模な製鉄所が設立されたにもかかわらず，保護政策はとられなかった。品質は劣るものの半値で購入できるイギリス産がインドに流入し始めると，工場主から再三にわたって東インド会社に保護関税の導入が要望された。しかし対応はとられず，製鉄所は 1860 年代までに閉鎖された。

近代産業

　こうした状況はあったが，19 世紀中頃から，インドでも機械制大工場による大規模生産が徐々に定着していく。**1854 年には C. N. ダーヴァル（1815～73 年）によってボンベイ紡織会社がインド初の近代的綿工場として設立され，1855 年にはジョージ・アクランドによってカルカッタにジュート工場が建設された。**アッサムで株式会社制度の紅茶プランテーションが設立され，ベンガルで大規模な炭鉱会社が設立されるのも，ほぼこの時期である。

　黄麻を原料とし，綿布やコーヒー豆などの梱包用の麻袋や土嚢

として用いられたジュートは，服飾素材として亜麻（リネン）の代替物とも考えられていた。ベンガル地方で栽培されていた黄麻は，17世紀までにはヨーロッパにもたらされたと考えられている。1830年代に捕鯨基地でありリネン工業が定着していたスコットランドのダンディーで，鯨油を用いた前処理によりリネン用機械で黄麻繊維を紡糸する方法が開発されると，ここがヨーロッパにおけるジュート産業の中心地となった。1853年のクリミア戦争で，ロシア産亜麻の輸入が途絶するとともにジュートに対する戦時需要が拡大すると，ダンディーではリネン生産からジュート生産への転換も行われたが，ジュート需要に十分応えることができず，黄麻の産地ベンガルでの生産を考える業者が出現した。アクランドによるジュート工場はこうした試みのひとつである。1859年には織布工場も設立されて，インド内の農産物梱包用に麻袋を供給したのみならず，オーストラリアやアメリカ，エジプトにも輸出された。1860年代から70年代にかけて，織機数は増加し，1880年代には6000台を超える織機が23の工場で稼働し5万人ほどを雇用するまでになった。

　ジュート工場や紅茶プランテーション，石炭鉱山などは，イギリス人の出資によりイギリス人が経営する株式会社形態で設立されたが，インドで会社を設立し経営していくには原料調達や雇用などローカルな知識が不可欠であった。イギリス人起業家も出資者も，こうした知識に欠けていたため，東インド会社の元社員など，現地に詳しく輸出市場についての知識のある者に経営全般を委ねる経営代理人制度が発達した。

　綿業においては，経営者も出資者もインド人であった。パールシー（ゾロアスター教徒）であるダーヴァルは，自らの工場を同じパールシーのコミュニティからの出資で設立した。その後の紡績工場への参入も，若干のイギリス企業を除けば，大多数がイン

Column ⑦　インドにおける土地制度の「近代化」～～～～～

　イギリスによるインドの「近代化」は，土地制度にも及んだ。インドの土地に関する権利関係は複雑で，直接耕作にあたる者の土地保有権や耕作権以外にも在地の職人らが農産物の分配を受ける権利や，村役人や郡役人が分配の手配や徴税請負を行う権利などが重層的に存在していた。イギリスは近代法的な土地所有権を持ち込み，ひとつの土地に1人の土地所有者という形での一元化が目指された。

　ベンガルとビハールにおける徴税権を得たイギリスは，ザミンダールと総称される地方の有力者に徴税を請け負わせ，担当地域の農民（ライヤット）から徴収した地税はザミンダールが取りまとめたうえで毎年の交渉で定められた納税額をイギリス側に支払っていた。1793年に導入された永代ザミンダーリー制では，その年に取り決められた納税額が固定され，農産物価格の上昇や新規の開墾で生じた余剰をザミンダールの手元に残すことで農業改良のインセンティブを創り出すことが試みられた。しかし，この時の納税額はザミンダールの収入の約9割を占め，支払に窮して徴税請負の権利を剝奪されるザミンダールが続出し，商人や高利貸しが支払を肩代わりして新たにザミンダールの地位に就いた。

　もともとザミンダールとなったのはムガル帝国以来の村や郡の世襲役人などで，農民層との間に何らかの共同体的なつながりをもっていた。しかし，新たにザミンダールとなった商人や高利貸しは在地の共同体とはまったく関係をもたず，国家と個人とをゆるやかにつないでいたリンクが断ち切られてしまった。また，農民の側も，それまで所有権をもっていた自作農民は権利を喪失して単なる小作人とされてしまい，ザミンダールに一方的に従属することとなった。

　マドラス管区やボンベイ管区においても永代ザミンダーリー制の導入が試みられたが，ベンガル管区と異なり，農民を直接の税

負担者とするライヤットワーリー制がとられた。この背景には，イギリス支配以前の両管区ではザミンダールによる徴税請負が一般的ではなかったという地域的な事情と，両管区の植民地化が本格化する19世紀前半においてイギリス本国で古典派経済学が影響力をもつようになり，本国の地主に比定されるザミンダールのような中間搾取者を排除すべきという経済思想上の傾向があった。両管区では，農民が近代的な土地所有者として法認されたが，設定された地税額が高額に過ぎたため，ここでも土地を手放す農民が続出した。イギリスによって導入された「近代的」な土地制度は，ザミンダーリー制もライヤットワーリー制も，インド農村を疲弊させインド大反乱の原因のひとつとなった。

ド人による経営であった。こうした綿紡績業の隆盛の背景には，アメリカの南北戦争（1861〜65年）による綿花供給の途絶があった（第5章144〜145ページ参照）。イギリス綿業は，この「綿花飢饉」によって原料不足に悩まされることになり，代替供給地をインドに求めた。その結果，インドでは綿花ブームが生じ，綿花取引で巨利を得たインドの貿易商が，今度はその資金を機械紡績のための設備に投じたのである。インド機械紡績業の主要な製品は，輸入されていた高番手のイギリス産綿糸と競合しない，20番手から30番手ほどの太綿糸で，主として国内の手織工向けに生産されたが中国や日本にも輸出された。南北戦争後の1870年代になると，ボンベイだけでなくグジャラート商人によってアフマダーバードにも展開した。

　1880年代から90年代に日本が紡績業を発展させていくと，インド産綿糸は日本市場から駆逐され，中国市場で互いに競合するようになった。インドでは早くから紡績工場による織布兼業が見られるが，中国市場への綿糸輸出が厳しくなると力織機を用いた

紡織兼営の傾向に拍車がかかった。1883年から1913年までに，紡錘数は200万錘から680万錘へと3.4倍の増加にとどまったのに対し，力織機は1万6000機が10万機と6倍以上に増加している。

19世紀後半のインドでは，近代的な紡績業の展開によって手織布などの在来産業も刺激された。さらに，綿業やジュート生産などとは直接かかわらない皮革製品や陶器，金属製家庭用品，木製品，カーペット，ショールといった伝統的な商品の生産も拡大した。これらの発展から，近年では，労働集約的産業（⇨**解説**）における熟練の蓄積も見直されている。

人口移動　インドで国勢調査が始まるのは1870年代で，調査方法や精度が州や藩王国によってまちまちなため推計となるが，1870年の人口はおよそ2億5000万人ほどであった。19世紀半ばには，移民と短期的な出稼ぎで多くの人々がインドを離れたと考えられている。1840年から1930年までに，出稼ぎを含めて**およそ2900万人が東南アジア，インド洋や南太平洋の島々に渡った**。その半数以上がビルマへの移動で，セイロンに約800万人，海峡植民地とその他東南アジアへ400万人，残る100万人ほどがアフリカやインド洋・南太平洋の諸島へ移住した。彼らの多くはコーヒー，茶，ゴム，砂糖などの農園，錫鉱山，道路・鉄道・港湾などの建設に携わった。起業のために海を渡った人々も200万人ほどいると推計されて

解説 **労働集約的産業**　生産の三要素（土地・労働・資本）のうち，労働を比較的多く使って生産が行われている産業を指す。機械類に体化された資本をより多く使い労働投入を少なくしようという生産のあり方は，資本集約的（労働節約的）な生産である。農業は土地集約的な産業であるが，同程度の土地で栽培されているタバコには人手がかかり（労働集約的），サツマイモやトウモロコシはそれほどではない（労働節約的）。第2章46ページも参照。

いる。

　また，年季奉公人（⇨ 解説 ）として期間を定めて海外へ渡る者
もいた。とくに，カリブ海諸国で奴隷制が廃止されると，奴隷に
代わる労働力として中国人と並んでインド人が雇用された。少な
くとも 50 万人が，5 年契約の年季奉公人としてカリブ海地域へ
渡り，主として砂糖農園で働いた。ナタールや東アフリカへの移
動も確認されており，全体でおよそ 150 万人が年季奉公人とし
て海外で働いたと考えられている。

4 ヨーロッパ自由貿易体制とアジア(2)

●中　　国

> ▶▶ 中国が開港に至ったのはなぜだろうか。
> ▶▶ 開港場体制の特徴についてまとめてみよう。
> ▶▶ 洋務の背景とその進展について考えてみよう。

開港と開港場体制　　　　18 世紀末以来の広州における対欧米貿
易の拡大に対して，清朝の行商に依存し
た貿易管理は困難になりつつあった。また，インドではベンガ
ル・アヘンに加え，東インド会社の管理を受けない安価なマル
ワ・アヘンが生産されてボンベイから輸出されるようになり，中
国のアヘン輸入は激増した。清朝はアヘンを禁止していたが，官

解説 **年季奉公人**　　雇用主と年季奉公契約を結び，数年間の労働と引き換えに
その間の衣食住や渡航費を賄ってもらって労働に従事した労働者。17, 8
世紀に北米のイギリス植民地にヨーロッパから渡った白人移民の半数ほ
どは，年季奉公人としての渡航だったと考えられている。インドからの
年季奉公人は，東インド会社などによって組織的に募集が行われ，年季
奉公の期間や年季明けにはインドに送り返すことなどが契約書に明示さ
れた。1948 年の国連総会で採択された世界人権宣言では，奴隷労働の一
形態として禁止されている。

僚や兵士の腐敗によって取り締まりに効果はなく，1820年代になるとアヘンの対価としての銀が中国から流出し始めた。その結果，銀と銅銭の交換レートが銀高になり，日常的に銅銭を使用する農民にとって，税金が銀建てであったために銅銭による支払額が大幅に増え，税の不払いが頻発して深刻な財政問題となった。そこで清朝はアヘンの厳禁策を採用，欽差大臣として林則徐を広州に派遣した。林が外国人商人の所有するアヘンを没収したことは，「自由貿易」と対等な外交の実現を狙っていたイギリスに武力行使の口実を与え，1840年，**アヘン戦争**が勃発した。

アヘン戦争はイギリスの一方的な勝利に終わり，1842年の南京条約で広州に加えて上海・寧波・福州・厦門の開港が決まり，香港島がイギリスに割譲され，行商が貿易管理と徴税を請け負う制度は廃止された。翌年に締結された南京条約の追加条約である五港通商章程・虎門寨追加条約によって清朝は**領事裁判権**や**片務的最恵国待遇**などの不平等な条項を認め，**協定関税制度**によって中国には従価5%という低関税の「自由貿易」が押し付けられた。翌1844年にはイギリスと同等の権利をアメリカ，フランスも獲得した。

しかし，開港後にイギリスの期待していた綿織物の輸出は増大せず，貿易も停滞した。また，清朝中央との直接交渉もできなかった。そこで1856年のアロー号事件をきっかけとしてイギリスはフランスとともに清朝に戦争をしかけ，第二次アヘン戦争（アロー戦争）となった。その結果結ばれた天津・北京条約によってイギリスは北京に外交使節を常駐させて清朝中央政府との直接交渉を可能にした。さらに，天津・漢口を含む華北・長江流域・台湾などの10港を開港させ，外国人の内地での通商や合法的な海外移民も認めさせた。また，上海の海関に導入されて成果のあが

っていた外国人税務司制度（⇨ **解説** ）の全開港場への導入が決まった。これによって不平等条約体制は完成した。もっとも，海関のシステム再編によって密輸が減少し，貿易が拡大したこととあいまって関税収入は増大した。これによって清朝中央は財政の大半を占めていた農業税（地丁銀）に匹敵する財源を確保して秩序回復を進めていくことが可能になった。

その後も開港場は増大し，開港場間や他のアジア諸港を結ぶ汽船定期航路と電信の整備が進み，1880年代以降には一次産品輸出の拡大にともなって**開港場が個別に世界市場と結びつく開港場経済圏**が成立していった。もっとも，開港場相互の関係は乏しく，全国的な市場圏は存在しなかった。

上海などの開港場には外国が行政権をもつ租界が設定され，そこには外国人商人のみならず，香港上海銀行をはじめとする欧米系銀行が展開した。道路や港湾設備などのインフラも整備され，多くの中国人が流入して人口も増大，なかでも上海租界は中国の貿易・金融，ひいては経済の中心となっていった。

一方で，外国人商人は中国の独特の商慣習や複雑な貨幣システムや度量衡に対応できなかったため，中国人商人との取引の仲介者である買辦（⇨ **解説** ）に依存していた。内地市場をおさえる中国人商人団体に対抗することも困難であり，外国人商人の活動は租界内に限定され，**内地市場に影響力を及ぼすことはできなかった。**

解説 **外国人税務司制度**　　外国貿易を管轄する海関に外国人を雇用する制度で，正確に貿易量・貿易額を把握して徴税できるようになり，密輸は大幅に減少した。第二次アヘン戦争後に全開港場に導入されることになったために，税務司を統括する総税務司が設置された。

　　買辦　　外国語や中国国内の商慣習に通じ，外国商社・銀行に雇用されて中国人商人との仲介を行った中国人。自らの資本をもち，投資や経営活動を行うことも多かったため，雇用者である外国商社に買辦の負債の返済義務があるかどうかが問題になった。

反乱と秩序回復

清朝にとって対外的な危機よりも深刻であったのが，中国国内の反乱であった。人口増大は19世紀になっても続き，19世紀初頭の3億人から19世紀半ばには4億3000万人以上にまで増大しており，その人口圧力は各地で緊張を高めていた。そうしたなか，開港後の銀流出増大による不景気もあって，19世紀半ばには西南少数民族，華北の捻軍（⇨ 解説），西北・雲南のイスラーム教徒，東南沿海の秘密結社が次々と反乱を起こした。そのなかでも最大の規模の反乱となったのが，**太平天国の乱**であり，長江中下流域を中心とする10年以上にもわたる内戦は，その他の内乱とあわせて数千万人の死者を引き起こす事態になり，中国の経済の中心である江南にも大打撃を与えた。

この反乱を鎮圧したのが曽国藩・李鴻章をはじめとする地方のエリートが出身地において編制した郷勇であった。清朝中央財政は崩壊していたため，彼らは郷勇の軍事費を確保するために流通税である釐金を導入し，独自の財源を確保した。釐金の徴収にあたっては，商人による請負体制がとられ，商人団体の再編にもつながった。

太平天国鎮圧の過程で総督・巡撫（督撫）に任じられた李鴻章らは，反乱鎮圧に際して**近代兵器の威力を認識**し，それぞれが確保した独自の財源をもとに，近代的な軍隊の編制と江南製造局や福州船政局をはじめとする官営兵器工場の建設を進めた。李鴻章はさらに外国人の汽船会社や外国製綿製品に対抗するために独自の汽船会社である輪船招商局や綿紡績工場である上海機器織布局を設立した。こうした一連の近代化事業を，外国と関連していた

解説 **捻軍** 塩の密売業者に淵源をもつ武装集団による反乱。太平天国の反乱に呼応して勢力を拡大，主に華北で活動した。

ことから「洋務」という。

　もっとも，洋務をリードした督撫たちは反乱の鎮圧と秩序回復を優先しており，清朝の体制そのものを変える意図はなかった。企業の設立にあたっては，金融システムの整備が進まず大規模な資金調達が困難な状況であったため，督撫の権威によって資金を集めて，官僚が監督して民間が経営する官督商辦という手法を用いざるをえず，官僚と商人の癒着は避けられなかった。近代的な軍隊建設は各督撫が主導して行われたために**軍隊の統合は進まず**，軍需工場も経営効率が悪くて**兵器の国産化に失敗**し，火砲などの多くは輸入に依存した。上海機器織布局に10年間の独占の特権を与えたため，**民間の綿工業の発達を阻害**することにもなった。

　日清戦争後になると，洋務事業が継続されるとともに，中国の民間企業の進出が本格化し，下関条約で認められた外国企業による工場設立も始まった。綿紡績業では中国資本の工場が設立され，国内市場向け移出が増大して輸入綿糸と競合するようになり，製糸業でも中国企業が成長して，原料の繭の確保で優位に立ち，外国資本の企業を圧倒した。こうした軽工業が中国の工業化の先駆けとなった。

5 ヨーロッパ自由貿易体制とアジア(3)

●日　　本

▷▷　幕末開港はどのような条件での世界経済参入だったのだろうか。
▷▷　日本の殖産興業政策を整理してみよう。
▷▷　日本の近代産業の勃興期で重要だった事項についてまとめてみよう。

開港とその影響　　18世紀後半から，ロシアやフランス，イギリスなどの外国船がたびたび日本近海に現れて貿易を求めていたが，幕府は拒否していた。1853年

に，アメリカ海軍のマシュー・ペリーが蒸気軍艦で浦賀に来航すると，幕府は抗しきれず翌 1854 年にアメリカと日米和親条約を結んだ。1858 年には日米修好通商条約と貿易章程が結ばれ，翌年に長崎，神奈川（横浜），函館の 3 港が開港された。その後，1868 年から 1869 年にかけて，兵庫・新潟の開港と大阪・東京の開市が行われ，外国人にも日本人にも自由な参入と営業を保証する自由貿易が始まった。

　日米修好通商条約と同様の条約は，同年にオランダ，ロシア，イギリス，フランスとも結ばれたため，総称して安政五カ国条約と呼ばれている。そこでは，日米和親条約以来の**片務的な最恵国待遇**に加え，外国人に対する**領事裁判権**，関税率の決定に相手国の同意を必要とする**協定関税**が定められた。関税率は 1866 年の「改税約書」によって従価 5％水準に落ち着くことになり，日本は有力な財政収入源とともに，産業保護のための関税政策の自由も失うことになった。領事裁判権の容認も，開港場における外国人の経済活動に日本側が制限を加えることができないことを意味した。日本はこうした条件のもとで世界経済に参入することになった。もっとも，外国商人の活動は開港場とその周辺に限られており，居留地の 10 里（約 40km）四方よりも外で自由に活動することは許されなかった。居住地制限が撤廃されて，内地雑居が実現するのは 1899 年のことである。

　日本の開国に重要な役割を果たしたのはアメリカだったが，南北戦争の勃発によりアメリカ商人の東アジアでの活動が低迷したため，初期の居留地貿易で中心的な役割を果たしたのはイギリス商人だった。最初期から活動していたのは香港に本店を置くジャーディン・マセソン商会やデント商会などの大規模商社であったが，1860 年代にはセントラル銀行やマーカンタイル銀行などが横浜に支店・出張所を開設し，P&O 汽船が横浜＝上海航路を開

設したことで，資金力に乏しく自前の船ももたない中小商社の参入が活発化した。また，1871年に電信網が長崎に達してヨーロッパとのリアルタイムでの交信が可能になると，巨大商社と中小商社との間の情報格差も縮小し，価格変動に対応するための在庫保有の必要性も減らしたため，資金面での参入障壁をさらに低めた。日本の側では，開港直後に集まってきた生糸の売り込みを図る多数の商人のなかから売込問屋と呼ばれる少数の有力商人が成長し，外国商人との取引機会を独占するようになって日本側の価格交渉力が上がった。

　開港はまた，中国商人をはじめとしたアジア商人との新たな関係も形成した。中国商人は函館に進出し，それまで長崎で行われていた北海道産海産物の取引拡大をもたらしている。また，欧米商人が牛耳っていた横浜と異なり，神戸や大阪では中国商人が大きな役割を果たし，イギリス産綿織物は上海から神戸への再輸出というルートでも流入した。

　幕末期に輸入された主なものは，毛織物，綿織物，武器であり，砂糖や綿糸も次第に貿易額を大きくしていった。主要な輸出品は生糸や蚕種といった絹関連の物産と茶であった。綿布や綿糸の輸入は手紡糸生産に大きな打撃を与え，原料供給を担った綿畑は1890年代にほぼ消滅した。他方で，薄手で無地のイギリス産綿布は，日本で一般に用いられていた先染めの絣（かすり）や縞木綿（しまもめん），厚手の国産白木綿などとは必ずしも競合せず，在来の織布業を完全に駆逐するには至らなかった。また，それまでの日本にはなかった毛織物は，軍服としての利用に加えて，和装の裏地など新たな利用方法が開発されるなど，新規な商品に対する柔軟な対応が見られる。イギリス産の綿糸は細番手の高級品が入ってきており，在来の手紡糸よりも必ずしも安いわけではなかったが，ここでも機械紡績による品質の斉一性という手紡糸とは異なる風合いを用い

た新たな製品が生み出された。

　開港時には，内外の金銀比価の違いから大規模な金流出が生じた。日本の金銀比価はおよそ1対5で，国際的な1対15というレートと比べて大幅な金安銀高だった。日米修好通商条約では，内外の金貨・銀貨の同種同量での交換が原則とされたため，8レアル銀貨（メキシコドル）を持ち込んで一分銀に換え，それを天保小判と交換して溶解し，海外に持ち出すだけで3倍の銀貨を手に入れることができた。天保小判には銀も含まれていたので，実際の交換比率はさらに良くなる。このため，メキシコドルから一分銀への交換が殺到し，大量の一両小判が海外へ流出した。

　保護関税政策がとれなかった日本は，**官営事業や政府から民間への補助金**などを通じて西洋技術の移転と技術者教育を模索した。必ずしも最初から体系立っていたわけではないが，対外自立を目的とした「富国強兵」のために，さまざまな「殖産興業」政策がとられたのである。

殖産興業のための施策

　官営事業は，第6章で述べた鉄道や電信に加え，機械製造，鉱山，繊維，農業などの分野で行われた。幕府が建設した関口大砲製造所や横須賀製鉄所は，維新後に新政府に継承され，前者は陸軍東京砲兵工廠，後者は横須賀海軍工廠として日本の兵器・機械生産の中核を担っていく。1873年に国営化された釜石鉱山では，鉄鉱石の採掘だけでなく外国人技術者を招いた木炭高炉による銑鉄生産も試みられ，兵器製造に直結する製鉄技術の獲得も図られた。繊維業では，綿紡績の堺紡績所（1870年）や愛知紡績所（1881年），器械製糸では富岡製糸場（1872年）などが設立され，欧米型機械生産技術の導入・普及が目指された。農業では，内藤新宿試験場，三田育種場，駒場農学校などが設立された。

　蒸気船による海運業や鉄道，金融機関の育成は，民間への補助

金や貸付金の交付という形でなされた。1874年の台湾出兵で兵員輸送を請け負った三菱会社には，官有その他の蒸気船30隻が無償で下付され，運航補助金も給付された。これにより，明治初期には外国航路や開港場同士を結ぶ内国蒸気船航路も独占していた欧米の汽船会社は駆逐された。

　五代友厚（1836～85年）や渋沢栄一（1840～1931年）などの有力な企業家に対しても資金貸付が行われたほか，広業商会，三井物産，三菱会社などの貿易商に対しては，外商を通さない直輸出を促す目的で荷為替手形資金の貸与も行われた。1880年に貿易金融専門の横浜正金銀行が設立された際には，資本金300万円のうち3分の1を政府が出資したほか，これとは別に海外直輸出荷為替資金として300万円が預け入れられた。また，日本初の民間鉄道会社である日本鉄道に対しては，開業までの債務に対する利子支払や開業後の株式配当支払を政府が保証した。

近代産業の発展　1880年頃を境に，財政難を理由に官営工場の民間への払下げが始まり，日本の産業発展の担い手は次第に民間企業へと移っていった。1885年以降，法人格をもち広く民間の資金を集めて事業を行う株式会社などの会社企業が増加したことから，この時期は企業勃興期と呼ばれている。

　綿紡績業で最初に大規模な機械制生産に成功したのは，1883年に操業を開始した大阪紡績会社であった。前述の官営紡績所が2000錘紡と呼ばれ比較的小規模であったのに対し，蒸気機関を備えた大阪紡績では，設立時から1万500錘で，数年のうちに数万錘の規模に達した。この成功はひとつのビジネスモデルを提供し，尼崎紡績や鐘淵紡績などが続いて，1890年代には国内市場から外国産綿糸を駆逐した。

　鉄道建設などで必要とされた膨大な鉄は，輸入に頼らざるをえ

なかった。大規模な高炉を用いる洋式製鉄は幕末から各地で試みられており，前述したように，釜石鉱山では1857年に銑鉄生産に成功している。しかし，維新後の官営事業は生産不振から失敗し，1894年に民間に払い下げられた。事業を引き継いだ釜石鉱山田中製鉄所は，安い労働力を使ってある程度の成功を見たが，生産規模は小さく，より大規模な銑鋼一貫生産工場が求められていた。

1901年に操業を開始した**官営八幡製鉄所**はこの要請に応えるべく設立された。ドイツ人の設計によりドイツ人技師を雇用して操業が開始されたが，当初はコークス炉がなく，使用した鉄鉱石もヨーロッパのものとは異なったため，しばらくは操業停止を繰り返した。1904年にコークス炉が完成し，田中製鉄所の顧問だった野呂景義（1854～1923年）が担当して炉に改良を施したことで，以降は順調な操業が進められた。これにより，日本国内での鉄鋼生産は急速に拡大し，1914年には鋼材の自給率が45％を超えた。

6 アジア間貿易の展開
●開港と市場をめぐる競争

▷ アジアの伝統的な輸出品である生糸（絹）や茶は欧米市場でどのように受容されたのだろう。
▷ インドと日本の綿糸輸出の競争についてまとめてみよう。
▷ アジアにおける砂糖生産にはどのような変化が生じたのだろうか。

アジア諸国の開港にともない，アジア間貿易が発達するとともに，欧米やアジア市場をめぐってアジア間競争が引き起こされた。インド・日本・中国の工業化の進展にともなってアジア間競争は激化し，在来産業にも大きな影響を与えた。

欧米市場では，中国と日本が生糸輸出で競合した。中国の江蘇・浙江産や広東産の生糸はフランスなどのヨーロッパ絹織物業向けに生産されたが，フランス絹織物業は手織も多くその市場は限られた。これに対し，均質な日本産生糸はアメリカの力織機を用いた絹織物業向けの緯糸用として大量に供給されるようになり，アメリカ絹織物業が拡大を続けたことから中国産生糸より優位に立った。

　紅茶はイギリス市場を独占していた福建産紅茶に対し，1860年代以降，インドのアッサムやセイロン島における生産が拡大し，やがて品質で劣る中国茶を圧倒していった。また，アメリカ市場においては台湾産烏龍茶や日本産緑茶が福建南部産の烏龍茶に取って代わっていった。もっとも，中国では銀価の下落もあって輸出には優位な状況であり，生糸や茶などの伝統的な輸出品に代わり，綿花・羊毛・大豆・大豆油・葉タバコといった多様な一次産品が輸出を伸ばしていった。

　アジア市場では，インド産アヘンが中国に輸出されていたが，1860年代から四川・雲南などを中心として中国国内の生産が活発になり1880年代から輸入代替化が進んだ。アヘンに代わってインドから中国に輸出されたのがボンベイなどで生産された太糸の機械製綿糸であり，安価で品質の優れたインド綿糸は中国の在来織布業に受容され，中国の手紡の在来綿糸は衰退した。インド産綿糸は日本にも輸入されて在来綿糸に打撃を与えたが，1880年代からの日本の綿紡績業の勃興にともない，日本市場から駆逐され，やがて日本綿糸は中国市場でインド綿糸と競合することになった。

　砂糖に関しては，日本の在来製糖業が，開港後に中国産・東南アジア産砂糖の輸入によって衰退した。一方，1880年代以降，中国市場ではジャワやフィリピンなどの東南アジア産の原料糖を香

港で精製した精製糖の輸入が増大して市場の半分を占めるに至り，中国南部における在来製糖業は品質向上が進まず停滞した。この香港産精製糖は日本の製糖業にも打撃を与えていくことになる。

　以上のようにアジア間競争において，中国の産品は品質改善が進まず，日本やアジアの植民地産品に国内外の市場を奪われることになった。結果的に貿易赤字が拡大したが，これは東南アジアに出稼ぎに赴いた華人の中国への送金によって相殺された。

Ｑ　章末問題
uestion

1　ナポレオン戦争によるヨーロッパ諸国の海外植民地への影響を整理してみよう。

2　ラテンアメリカ，インド，中国，日本の保護貿易政策の違いを比べてみよう。

3　アジア間競争の結果，中国の産業はどのような影響を受けたのだろうか。

第8章

工業化の新しい波と世界大戦

新興国の台頭と国際秩序の変化

　1870 年前後から，欧米諸国では 18 世紀半ばからの「最初の産業革命」とはまた異なる技術革新の時代を迎える。物理学や化学，医学，電磁力に関する知識など，科学的知見の蓄積とともに新たな技術の応用が行われ，化学産業や電機産業といった「新産業」が興隆した。こうした変化は「第二次産業革命」と呼ばれ，その多くはイギリスではなく，ドイツやアメリカで生じた。ドイツ・アメリカの両国は工業生産の面では世紀転換期前後に相次いでイギリスを追い越していく。

　新興国の登場と新たな産業の発展は，新たな原料供給地と市場を必要とし，アフリカや中東，大陸部東南アジアなどにも，欧米諸国による植民地化が広がっていく。スペイン，ポルトガル，オランダ，イギリス，フランスといった伝統的な植民地保有国に，ドイツ，アメリカ，ベルギー，イタリア，日本などが加わるのもこの時代である。諸国間の相克は，一方で国際組織の成立を促したが，経済力と軍事力の拡大著しいドイツの台頭は既存の国際秩序のバランスに影響を与え，第一次世界大戦へとつながっていく。

1 第二次産業革命とドイツ・アメリカの台頭

●新しい技術・新しい生産方式

▷　ドイツにおける工業教育と化学産業や電機産業との関係はどのようなものだったのだろうか。

▷　アメリカ型大量生産方式の特徴をまとめてみよう。

科学と技術　イギリスの産業革命は，必ずしも科学的知識を基礎としていない。アークライトの水力紡績工場は，教会の時計を作っていた時計製造職人や地元の鍛冶工の工夫によって作られていたし，ジャック・シャルル（1746～1823年）が気体の体積と温度の関係を定式化したのは，ニューコメン型蒸気機関が開発されてから70年以上後のことである。他方で，第二次産業革命で重要となった化学や電機については，体系化された科学的知識が不可欠であった。

科学研究と工業技術との接合に重要な役割を果たしたのは，ドイツやアメリカで整備された実学的な工業教育システムである。製造業にかかわる技能は，伝統的には徒弟制度などを通じたOJTで行われていたが，19世紀初頭のドイツ語圏諸国では，ウィーン（1815年）やカールスルーエ（1825年）など，各地で**ポリテクニクム（ポリテクニッシュ・シューレ）**と呼ばれる工業専門学校が設立された。これらは，工兵養成や軍事技術の開発を目的とした技術教育のために1794年にフランスで設立された，エコール・ポリテクニークの影響を受けたもので，実業的な技術者育成が行われてカール・ベンツ（1844～1929年）（⇨**解説**）やルドルフ・ディーゼル（1858～1913年）（⇨**解説**）などを輩出した。ポリテクニ

解説　カール・ベンツ　世界初のガソリンエンジン自動車の発明者として知られるエンジン技術者。1860年から64年まで，カールスルーエのポリテクニクムで学ぶ。1885年にベンツ・パテント・モトールヴァーゲンを製作し，1886年に特許を取得した。

解説　ルドルフ・ディーゼル　ディーゼルエンジンの発明者。アウグスブルクの工業学校を出た後，1875年から80年までミュンヘンのバイエルン王立ポリテクニクムで学んだ。ディーゼルエンジンでは，電気火花を使って

クムは，次第に学位授与権をもつ工科大学として整備されていき，工業教育だけでなく，科学研究の場にもなっていった。他方で，ゲヴェルベシューレ（職工学校）と呼ばれる初等・中等レベルの技術教育機関も数多く設立され，工業技術の普及に重要な役割を果たした。

化学産業の展開 　元素の組合せによって人工的に特定の物質を生成しようという試みは錬金術に遡るが，18世紀頃から徐々に体系化されていき，19世紀に入ると原子や分子の概念が確立されていった。19世紀半ば頃からは，組織的な研究によって合成アリザリン（赤）や合成インディゴ（青）といった合成染料，石鹸やガラスの材料となる炭酸ナトリウム（炭酸ソーダ），合成ゴム，プラスティック（セルロイド・ベークライト），ニトロセルロースやニトログリセリンといった爆薬などが次々と開発され，多くの事業会社が設立されて実用化が進んでいった。

　合成インディゴは，1897年にドイツ企業BASFによって商業的な大規模生産が開始された。それまでヨーロッパが輸入に頼っていた天然のインディゴに取って代わり，BASF，ヘキスト，バイエルなどのドイツ企業は世界の人工染料生産の9割を占めるようになって，生産量の約80％を輸出した。

　BASFは，ハーバー＝ボッシュ法によるアンモニアの大量生産でも有名である。これは，前述の工業教育機関と工業技術との接合の好例で，カールスルーエ工科大学のフリッツ・ハーバー（1868〜1934年）が空気中の窒素をアンモニアとして固定する方

燃料を発火させるガソリンエンジンと異なり，加圧により温度が発火点以上となった燃焼室内に燃料を噴射して自己発火させることで動力を得る。ディーゼルは，この点火装置不要の内燃機関を1892年に発明し，翌年特許を取得した。

法を開発し，BASF の化学者カール・ボッシュ（1874〜1940 年）がそれを改良して大量生産を可能とした。アンモニアは窒素肥料やカリウム肥料の原料として利用されて小麦などの生産量拡大に大きく寄与し，ハーバーは「空気からパンを作った男」と呼ばれた。

　医薬品の大量生産においても，化学企業が重要な役割を果たした。製薬業の起源には，中世以来の生薬を扱ってきた薬屋と 19 世紀に実験室を備えて発達していった有機化学産業があり，前者でも 19 世紀半ばに鎮痛剤としてのモルヒネやマラリア治療薬のキニーネなど，植物由来の医薬品の大量生産が成功している。後者の例としては，赤色染料のアリザリンなどを生産していたヘキストがあり，ジフテリア治療血清や梅毒治療薬サルバルサンの生産を行った。サルバルサンは，世界で初めて体系的かつ意図的に生産された化学療法用の合成物質で，合成染料生産のための中間財として使われるアニリン系色素から合成された。

　このように，化学産業の発達はアンモニア合成を通じた食料生産の増大や医薬品の大量生産をもたらし，先進工業国における潜在的な死亡率の低下に大きな影響を与えた。他方で，アンモニアから製造される硝酸カリウムは，黒色火薬の原料にもなった。「空気からパンを作った男」ハーバーは，第一次世界大戦では毒ガス兵器の開発に従事して「化学兵器の父」とも呼ばれており，化学産業の発展は人口増加に大きく寄与すると同時に，効率的に人を殺傷する手段をも提供することになる。

電動モーターと電灯

電磁気学についての知見は第二次産業革命に先立って研究が進められ，第 6 章で述べたように，19 世紀初頭には電磁石が電信という形で商業化された。19 世紀後半には，電動モーターと電灯が開発され普及した。

1860 年代に開発が進み，1871 年には商業的な販売が開始された発電機は，発明とほぼ同時期に，電気エネルギーを加えれば運動エネルギーを取り出すこともできることが見いだされ，電動モーターとしての利用も広がっていった。発電機による電力供給は使い捨ての電池に比べて安価であり，電力事業を商業的に可能なものにした。同時に，電動モーターとして使用すれば，従来の蒸気機関に匹敵する出力が可能であったことに加え，小型で初期投資額も少なく，工場の動力源としての蒸気機関を徐々に置き換えていくことになった。

　灯りとして電気を用いる試みは，電極間に発生する放電を用いたアーク灯として始まり，1878 年にパリの凱旋門周辺やロンドンのテムズ川沿いなどにアーク灯を用いた街灯が整備された。しかし，アーク灯の光は非常に強いため，一般家庭の屋内用にフィラメントを用いた白熱電球が，イギリスの物理学者ジョセフ・スワン（1828〜1914 年）やアメリカの発明家トマス・エジソン（1847〜1931 年）によって開発された。

　電動モーターや電灯を電池で利用するには莫大なコストがかかり，個別に発電機を設置するのも高くついたため，大規模な発電設備を 1 カ所に集約して広域的に送電する方法が模索された。エジソン電灯会社が 1882 年にニューヨークで開始した家庭用電灯事業や，ジーメンス・ハルスケ社によるベルリン郊外リヒターフェルトでの世界初の路面電車事業などは直流送電だったが，1880 年代後半に変圧技術が発展すると徐々に交流送電が主流になっていった。

　電力供給の拡大によって，街灯や電灯，市内交通向け電車など，現在の我々の都市生活の基礎的インフラが成立していくが，製造業においても工業用動力源としての電動モーターのみならず，化学物質の電気分解や鉱物・非鉄金属の電気精錬などでも利用され

た。電力業は，重化学工業の発展にとっても重要な役割を果たしたのである。

アメリカ型大量生産方式
化学産業や電力業では，一定以上の生産能力を達成するために巨大な装置を必要とする反面，生産能力を拡大するための設備の導入費用は比例的には増えない。このため，大型化することで製品価格を下げることが可能な，スケールメリットの大きい産業である。ベッセマー法やジーメンス・マルタン法によって19世紀半ば以降に大量生産が可能となった鋼鉄生産も同様の性格をもつが，これらの産業は**装置産業**と呼ばれ，スケールメリットの追求が大企業の成立を促した。化学産業のBASFやヘキスト，アメリカのデュポン，鉄鋼業ではドイツのクルップ，ティッセン，アメリカのカーネギーなどが代表的な大企業である。

他方で，のちに「アメリカ型」と称されるようになる大量生産方式は，**組立産業**で展開した。時計や蒸気機関車，ミシン，自動車などの機械産業は，大量生産のためには労働者も大量に必要になる労働集約的な産業だが，19世紀から20世紀にかけてのアメリカでは，この組立産業で独特な生産方法が模索された。

その嚆矢は木製時計の生産に見られる。ヨーロッパに比べて熟練職人が希少なアメリカでは，万能職人が重宝された。鉄も希少だったことから，大工などの木工職人が，家屋だけでなく家具や農機具などあらゆる木製製品を製作した。その多くで不必要な装飾は排され，最低限の機能のみが備えられた。こうした機能重視の傾向を背景に，真鍮製の歯車に代えて木製歯車を使った置時計が生産されるようになる。加工のしやすい木材を利用することで同一の部品を大量に作ることが可能となり，工程ごとに形状やサイズを正確に測定できる**専用ゲージ**が用いられた。伝統的な方法で真鍮製歯車を使った時計を生産する場合，1個に1カ月以上の

時間がかかったが，1820年代には年間で数千個の木製時計を製作する工場が出現した。このように，同型のどの製品にも使える同一規格で作られた**互換性部品**と工程の細分化，工程ごとに特化した**専用工具**の使用がアメリカ型生産方式の特徴となっていく。

もうひとつの特徴は，生産現場全体の流れに関する**組織管理**である。ここで重要な役割を果たしたのは，陸軍のエンジニアたちと彼らが派遣された鉄道会社の経験であった。19世紀半ばのアメリカにおいて，鉄道会社は飛び抜けて巨大であった。ニューイングランドの紡織一貫工業（第5章138〜139ページ参照）の労働者数が最大でも1000人程度だった時期に，東部の幹線鉄道会社では4000人以上の従業員を雇用するようになっていた。しかも，多くの女工が同質な仕事をしていた綿工場と異なり，鉄道会社ではさまざまな職種の者が働いていた。多彩な職種の大量の労働者を効率的に配置するという鉄道会社での要請は，のちにフレデリック・テイラー（1856〜1915年）によって提唱される科学的管理法（⇨ 解説 ）といった近代的な労務管理が，世界のどこよりも早くアメリカで発達していく背景のひとつとなっている。

互換性部品，工程の細分化と専用機械，生産管理といった特徴が集約されたのが，1908年にフォード社から発売された自動車，**モデルTの大量生産**である。ヨーロッパの組立工がフィッターと呼ばれ，個々に微妙に異なる部品をやすりやハンマーなどで調整（フィッティング）しながら取り付けていったのに対し，モデルT用の部品は文字通り組み立て（アセンブル）するだけで済ませら

解説 **科学的管理法** 　1880年代から90年代にかけてフレデリック・テイラーによって体系化され20世紀初頭に提唱された，生産現場における労働者管理の方法論。一定時間内に終わらされるべき標準的な作業量の設定，個々の作業にかかる平均的な時間の測定，生産管理のための専門組織などが提案された。

れる精度で作られていた。工程は細分化されていたから，非熟練労働者でもすぐに対応が可能であった。また，従来の自動車生産ではシャシーが固定されてその周りを人間が動きながらエンジンや車輪を取り付けていったが，フォード社ではベルトコンベアが用いられて，車体が動いていく移動式組立ラインが採用された。こうした方法により，第一次世界大戦直前の 1913 年頃には，年間で 25 万台のモデル T が生産された。週 6 日，1 日 10 時間操業とすればおよそ 45 秒に 1 台が生産されていたことになる。

ドイツ・アメリカによるキャッチアップ

第二次産業革命を特徴づける変化は，最初の工業国家イギリスよりも，ドイツやアメリカでより顕著であり，これらの 2 国は 19 世紀末から 20 世紀初頭にかけて，工業生産の点でイギリスを相次いで追い抜いていった。図 8-1 は，19 世紀後半から第一次世界大戦直前までのイギリス，アメリカ，ドイツの工業生産を示している。ドイツのキャッチアップは，1890 年代の粗鋼生産で始まり，錬鉄と硫酸の生産は 1900 年代に，石炭生産においても 1910 年代にイギリスを追い抜いた。アメリカの場合，これらすべてで 19 世期中にイギリスに追いつき，20 世紀に入るとイギリスを大きく引き離して，1913 年には，石炭生産で 1.8 倍，錬鉄と粗鋼で 3 倍から 4 倍，硫酸でも 2.6 倍の生産力を誇るようになった。表 8-1 から，工業生産の各国シェアを見ると，19 世紀半ばのイギリスは世界の工業生産の 5 分の 1 を生産する「世界の工場」であったが，1900 年にはアメリカにその座を明け渡し，1913 年にはドイツにも抜かれてしまう。

イギリスの相対的な衰退の理由としては，教育，企業規模，新技術採用への消極的態度などが挙げられている。イギリスは学校教育の整備の点で立ち遅れており，1850 年の段階での就学率がアメリカで 18％，ドイツで 16％だったのに対して，12％に過ぎ

図8-1 ドイツ・アメリカのキャッチアップ

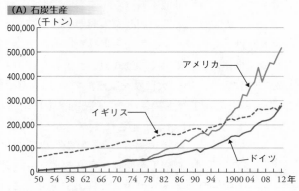

(A) 石炭生産
(千トン)

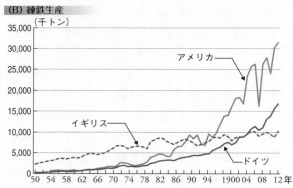

(B) 錬鉄生産
(千トン)

(出所) イギリスは，Mitchell（1988），pp. 247-9, 281-3, 426. アメリカは，Mitchell（1993），

なかったといわれる。また，上述したようにドイツでは職業教育の制度化が進んだが，イギリスではそうした動きは見られなかった。他方で，イギリスにおいては徒弟制度を通じた読み書き算盤や職業教育が行われており，労働者の質には差がなかったという議論もある。

　アメリカやドイツの企業は，**複数事業所をもつ大企業が特徴的**

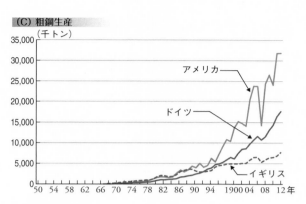

(C) 粗鋼生産

（千トン）

アメリカ

ドイツ

イギリス

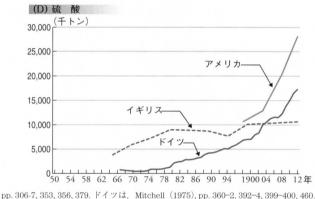

(D) 硫　酸

（千トン）

アメリカ

イギリス

ドイツ

pp. 306-7, 353, 356, 379. ドイツは，Mitchell（1975), pp. 360-2, 392-4, 399-400, 460.

で，家族経営による小規模企業が多かったイギリスと対照的だという点も指摘されている。生産のあり方も，アメリカやドイツでは19世紀末に資本集約化が進み，労働者1人当たりの資本装備率（⇨ **解説** ）は1870年の段階ではイギリスのほうが高かったが，

解説 資本装備率　　機械や設備などへの投資額を労働者数で除したもの。労働

表 8-1　世界の工業生産に占める各国の割合（%）

(単位：%)

	1800	1830	1860	1880	1900	1913
イギリス	4.3	9.5	19.9	22.9	18.5	13.6
ドイツ	3.5	3.5	4.9	8.5	13.2	14.8
フランス	4.2	5.2	7.9	7.8	6.8	6.1
ロシア	5.6	5.6	7.0	7.6	8.8	8.2
オーストリア＝ハンガリー	3.2	3.2	4.2	4.4	4.7	4.4
イタリア	2.5	2.3	2.5	2.5	2.5	2.4
アメリカ	0.8	2.4	7.2	14.7	23.6	32.0
日本	3.5	2.8	2.6	2.4	2.4	2.7

（出所）　Bairoch（1982）, Table 10, p. 296.

1900 年のアメリカはイギリスよりも 90％も高く，イギリスの 7
割程度だったドイツ人労働者の資本装備率もこの時期までにイギ
リスと肩を並べた。しかし，この点についても，市場環境の変化
に対する柔軟性では中小企業のほうが大企業に優るという議論が
なされており，イギリスが衰退した決定的な理由とはなっていな
い。

　重化学工業化の遅れを，イギリスの経済政策を左右した地主層
の製造業への無関心に見る立場もある。イギリスは，18 世期以
前から国際金融や海運業で卓越した地位を築いてきたが，これら
の産業に資金を提供していたのは地主層だったことから，金融業
および海運や商業を中心としたサービス業の利害が政策的に優先
され，後に見るように，ドイツやアメリカが保護貿易に移行して
も自由貿易を続けるなど，製造業の利害は無視されたという見方
で，ジェントルマン資本主義論と呼ばれる。実際，表 8-2 から
部門別の労働生産性を見ると，1911 年でもサービス業ではドイ
ツはイギリスの 8 割に過ぎず，アメリカも目立って高いわけでは

　　　者 1 人当たりの利用可能な機械設備の規模を表す。

表8-2 アメリカ・ドイツとイギリスの相対的な生産性（イギリス＝100）

		労働生産性		TFP	
		独/英	米/英	独/英	米/英
1871年	農業	55.7	86.9	58.3	98.4
	製造業	86.2	153.6	86.0	153.8
	サービス業	66.1	85.8	69.7	86.3
	GDP	59.5	89.8	61.6	95.1
1911年	農業	67.3	103.2	71.4	117.8
	製造業	122.0	193.5	102.6	151.1
	サービス業	81.3	107.3	83.2	71.7
	GDP	75.5	117.7	75.3	90.5
1937年	農業	57.2	103.3	59.7	118.8
	製造業	99.1	190.6	97.1	161.1
	サービス業	85.7	120.0	89.6	89.1
	GDP	75.7	132.6	78.3	105.9

（出所）　Crafts（2004），Table 1.2, p. 4.

ない。技術進歩や生産の効率性を表すとされる全要素生産性
（TFP）（⇨ 解説 ）で見ると，**サービス業におけるイギリスの優位は**
もっと顕著で，1871年から1911年にかけてアメリカをむしろ引
き離している。製造業では両国の後塵を拝したものの，「世界の
銀行」の地位は揺らいでいない。

　他方で，工業製品の輸出を見てみると，第一次世界大戦直前に
おいてもイギリスの存在感は大きい（表8-3）。1913年において，
イギリスで生産される工業製品の45％は海外に輸出されていた。
ドイツも大きく31％が輸出されていたが，巨大化しつつあった

解説 **全要素生産性**　　労働と資本の2つを生産要素として生産を行った場合，
　　投入要素を増やせばそれに応じて生産も増加すると考えられるが，技術
　　進歩や何らかの効率化によって，投入要素の増加以上に生産が増加する
　　ことがある。全要素生産性は，直接的には測定できない技術進歩や効率
　　化の影響を，生産の増加分から労働と資本の増加分を差し引いた残差と
　　して算出したものである。

表8-3　世界の工業製品輸出に占める各国の割合

（単位：％）

	イギリス	アメリカ	ドイツ	日本
1881/5	43.0	3.0	16.0	0.0
1899	34.5	12.1	16.6	1.6
1913	31.8	13.7	19.9	2.5

（出所）　Magee（2004），Table 4. 7, p. 83.

国内市場をもつアメリカではわずか5％であった。1880年代において，世界各国が輸入する工業製品の実に43％がイギリス製品だったが，20世紀に入っても国際市場におけるイギリスの優位は続き，1913年でも世界の工業製品輸出の3分の1を占めた。

2　新しい植民地

●東南アジアとアフリカ

▷▷　東南アジア大陸部の植民地化はどのように進められたのだろうか。
▷▷　東南アジアにおける経済開発を地域ごとにまとめ，そのなかで華人が果たした役割を考えてみよう。
▷▷　アフリカ分割にとってベルリン議定書はどのような役割を果たしたのだろうか。

　18世紀末にアメリカ合衆国が成立し，19世紀前半にはラテンアメリカ諸国が独立したが，他方で，19世紀後半には，アフリカ，中東，東南アジアに新たな植民地が形成された。この時期の領域的な拡大はそれ以前の時代よりも急激で，19世紀を通じて工業化を達成した新興国が新たに加わったことも特徴である。このため，新帝国主義の時代と呼ばれることもある。この植民地獲得競争は必ずしも経済的な動機ばかりではなく，外交的威信といった欧米列強間の政治的な思惑が背後にあるが，結果としてはこれら

の地域を世界経済に包摂することとなっていく。

東南アジアの植民地化
とタイ

東南アジア大陸部のうち，ビルマではコンバウン朝が拡大政策をとり，インドに勢力を広げつつあったイギリスと摩擦を引き起こした。第一次英緬戦争（1824〜26年）でビルマは敗北し，アラカンなど沿海部の2州をイギリスに割譲した。その後も両者の対立は続き，第二次英緬戦争（1853年）でイギリスは下ビルマ（⇨ 解説 ）を占領し，コンバウン朝は海への出入り口を失った。コンバウン朝は近代化政策を推し進めたが，イギリスは経済活動の拡大と中国進出のためにビルマの保護国化を図り，第三次英緬戦争（1885年）を引き起こしてコンバウン朝を滅ぼし，上ビルマ（⇨ 解説 ）を併合してビルマ全土を支配，**ビルマはイギリス領インドの1州となった。**

大陸部の東では19世紀初頭に成立したベトナムの阮朝が中央集権化を進めるとともに，直接支配を進めてベトナムを統一した。しかし，フランスは1858年に阮朝によるキリスト教徒迫害を口実にスペインとともにダナンを攻撃，1859年にはサイゴンを占領，1862年に阮朝はメコン・デルタ東部3省のフランスへの割譲を強いられ，**フランス領コーチシナ**が成立した。1863年にはフランスは**カンボジアを保護国化**し，1867年にはメコン・デルタ西部3省を占領して併合した。その後もフランスはベトナム進出を進め，1882年には北部ベトナムに駐兵して中国側と衝突，清仏戦争（1884〜85年）が勃発した。その間，フランスは1883年のフエ条約で**ベトナムを保護国化**しており，清仏戦争の結果，中国はベトナムへの宗主権を放棄して，フランスのベトナム植民地化

解説 上ビルマ・下ビルマ　それぞれエーヤワーディー川平原部の上流域・下流
域を指す。

を容認した。1887年になるとフランスは，コーチシナ・アンナン・トンキン・カンボジアをあわせて**インドシナ連邦**を成立させた。

　島嶼部では，海峡植民地（⇨解説）を得ていたイギリスは，マレー半島における錫生産の増大もあって1874年ごろからマレーシア諸州の王と条約を結んで保護国化を進め，1895年に保護州**マレー連合州**とした。その後，1930年までにマレー半島のすべてがイギリスの支配下に入った。オランダはジャワ島以外の支配を進め，アチェ戦争（⇨解説，1873〜1912年）が終結する時までにニューギニア島を除く現在のインドネシア領のほとんどがオランダの支配下に入った。スペイン領フィリピンは1834年にマニラが開港してイギリスの貿易ネットワークのなかに入ったが，1860年代の高等教育機関の整備もあり，東南アジアで最も早く民族運動が始まった。しかし，1890年代の独立運動はスペイン，そして**米西戦争**でスペインに代わりフィリピンを獲得したアメリカによって抑え込まれた。

　こうして東南アジアの大半が植民地化されるなかで，シャム（現在のタイ）はラーマ4世（在位1851〜68年）のもとで対外開放政策をとり，1855年にイギリスとのバウリング条約で開港し，世界市場へと編入されることになった。そしてラーマ5世（在位1868〜1910年）のもとで近代化政策を進め，教育・行政改革を進めるとともに，鉄道・電信の整備によってバンコクを中心とする一元的ネットワークを成立させ，**中央集権体制を確立して独立を**

解説　**海峡植民地**　　イギリス東インド会社が獲得していたペナン，マラッカ，シンガポールを1826年に統合して成立した植民地。関税のかからない自由港として国際貿易で繁栄した（第7章182ページも参照）。
　　アチェ戦争　　スマトラ島北端のアチェ人によるオランダの侵略に対する抵抗戦争。

維持した。

東南アジアの経済開発) こうして東南アジアの大半が植民地化さ
れるなかで, 経済開発が進められた。植
民地化されなかったタイも経済開発により財源を確保して近代化
政策を進めることになる。

　カンボジア・ベトナム南部の**メコン・デルタ**, タイの**チャオプ
ラヤ・デルタ**, ビルマの**エーヤワーディー・デルタ**は三大デルタ
と呼ばれる熱帯デルタであるが, 19世紀においてはこれらの地
域で**新田開発**が盛んに行われ, 米の生産量が増大した。中流域に
広い平野をもつこれらのデルタでは, 河口部では流れがゆるやか
になるため非常に平坦で, 雨期には一面水没し, 乾期には海水が
逆流し飲み水にも支障をきたすことから, 自然条件としては居住
にも稲作農業にも適していない。デルタ開発は17世紀から行わ
れていたが, 1850年代から60年代にかけて, ヨーロッパの技術
を用いた運河開削が進み, 掘った土を使った堤防や居住地の拡大
をともないながら, 水田開発が急速に進んでいった。これら3地
域からの米の輸出量は1870年代の140万トンから世紀転換期に
は400万トンにまで増大した。

　ビルマでは, 1852年の下ビルマの英領化が契機となり, イギ
リスによるエーヤワーディー・デルタ開発が進んだ。ビルマ米は
ヨーロッパ, 次いで南アジアが最大の輸出先となり, デルタ地帯
の精米産業と運送業にはヨーロッパ人企業家の投資が増大した。
デルタは運河開削と築堤による氾濫原の水田への転化によって進
められ, 農地造成は主として上ビルマから移住したビルマ人農民
が行い, ビルマ・インド人の金貸しが資本調達で重要な役割を果
たした。このほかインド人移民も増大したが, 彼らは輸送・精
米・港湾労働などの都市労働力を担った。

　タイではラーマ4世の対外開放政策と, バウリング条約の開港

が契機となり米輸出が増大，タイは米作モノカルチャーへと転換した。デルタ開発は王室と華人（⇨ 解説 ）の資本によって行われ，輸出先は香港とシンガポールで，そこから珠江デルタや英領マラヤ・蘭印に再輸出された。米作は自作農中心で発展したが，タイの精米所は華人が経営し，集荷と輸出も華人が担うなど，商業と金融は華人の支配下に置かれた。

メコン・デルタは1860年代からフランスの手で灌漑工事と運河の建設が始まり発展した。輸出先は香港・中国が中心で，次いでフランスであった。ベトナム人を中心とする地主による土地集中が行われ，米の集荷と精米，輸出など米をめぐる商業・金融活動は華人の支配下にあった。

蘭領インドは島嶼部最大の米供給地域であるジャワを擁したが，人口の急増により1870年代には米輸入地域となった。一方でジャワ島ではオランダ企業によるプランテーションで砂糖・タバコ・茶が栽培され，スマトラ・カリマンタンの欧米資本によるプランテーションではタバコやゴムが栽培された。労働力はジャワから調達され，これらの商品の輸出や労働者への消費財供給は主として華人によって行われた。

英領マラヤの発展は錫鉱山とゴム農園が牽引した。錫鉱山は1870年代まではスルタンの許可を得た華人による採掘や精錬が進められ，華人の秘密結社（⇨ 解説 ）が海峡植民地経由で流入する資金と労働力調達に大きな役割を果たしていた。1880年代に

解説 **華人**　　一般に，海外に居住する中国人のうち，中国籍を保持したままの者を華僑と呼び，中国籍を離れて現地の国籍を取得した者を華人と呼ぶが，近年では，国籍にかかわらず「海外で活動する（漢族の）中国人」という意味で使用されることも多い。

華人の秘密結社　　会党といわれる，相互扶助のための組織。中国南部で発達して東南アジアに持ち込まれた。会党同士が激しく争う械闘を行ったために，植民地当局の統制にあった。

なると精錬でヨーロッパ企業が華人を圧倒し，1890年代には植民地政府により華人の秘密結社は弱体化したが，採掘は華人が1930年代まで大きな役割を果たした。ゴム栽培は1890年代に軌道に乗り，20世紀初頭には自動車産業の発展によるタイヤ需要の急増にともない1920年代まで拡大した。ゴム栽培は欧米資本の大規模プランテーションと華人・マレー人の小農経営によって行われ，プランテーションの労働力の大半は南インドのタミル系移民であった。

フィリピンはマニラ麻・砂糖・ココナツの輸出が中心となった。マニラ麻は南部ルソンが主たる産地で，フィリピン人が土地投資を行い，工場投資はアメリカ資本が行った。砂糖生産はネグロス島と中部ルソンが中心で，フィリピン地主の広大な農園における賃労働雇用による経営が行われた。ココナツはフィリピン人所有の小規模農園で行われたが，加工は欧米資本だった。

以上のように，19世紀中葉以降，欧米・華人資本や欧米の技術を用いて東南アジアの経済開発は急速に進み，一次産品輸出が増大してモノカルチャー経済が形成された。労働力需要の増大のため，大量の労働力が中国・インド・ジャワから調達された。また，生産品や消費財などの流通も拡大したが，**流通の多くを華人が担う経済**が形成されていった。

ドイツ・ベルギー・イタリアの登場とアフリカ分割

ポルトガルによるアフリカ西岸探検以降，ヨーロッパ人はサハラ以南のアフリカを知るようになるが，沿岸に設けられた貿易拠点を通じて地元民から奴隷や金，象牙などを手に入れるのみであった。1807年に奴隷貿易を禁止し，1833年には帝国内における奴隷制を廃止したイギリスは，アフリカ沿岸に艦艇を配置して他のヨーロッパ諸国による奴隷貿易も牽制した。奴隷制廃止の流れは各国で共有されるようになり，カリブ海地域では，フラン

ス領で 1848 年に，オランダ領で 1863 年に廃止された。アメリカでは南北戦争後の 1865 年に廃止され，アフリカにおけるポルトガル領でも 1869 年には奴隷制が廃止された。

　アフリカ大陸の大規模河川の多くは河口付近に砂州や湿地帯が広がり，河口からさほど遠くないところに滝があるなど船舶の遡航が難しく，またさまざまな熱帯病にも阻まれて，ヨーロッパ人の内陸への進出は容易ではなかったが，蒸気船の発達や南米産のキナから精製されるマラリア治療薬キニーネの開発などによって，次第に地理的な知識が蓄積されていった。また，奴隷制廃止の流れのなかで，ヨーロッパ諸国にとってのアフリカの位置付けは奴隷供給地から，各国で成長を続ける巨大な製造業のための原料供給地および市場へと変化しつつあった。

　列強によるアフリカの分割には，従来からの植民地所有国に加えてベルギー，ドイツ，イタリアといった新興工業国が登場し，1880 年代以降，急速に進んだ。そのきっかけになったのは，ベルギー国王レオポルド 2 世によるコンゴ盆地領有の企てと，ドイツ宰相ビスマルクが主催したベルリン会議である。

　広大な植民地をもつ隣国オランダを意識し，即位前から海外に植民地をもつことを望んでいたレオポルド 2 世は，1878 年に上コンゴ研究委員会を設立し，1882 年に国際コンゴ協会と改名して会長としてコンゴ盆地の私的領有を計った。しかし，コンゴ盆地を挟む形でアンゴラとモザンビークを領有していたポルトガルは反発し，ケープ植民地とエジプトというアフリカの南北に利害をもつイギリスとも，アルジェリアから東部内陸への進出をうかがっていたフランスとも対立を生んだ。

　これら各国の利害調整のために，ビスマルクの主催で 1884 年から翌 85 年にかけてベルリンで国際会議が開催された。ベルリン会議には，英仏独をはじめベルギー，オランダ，イタリアなど

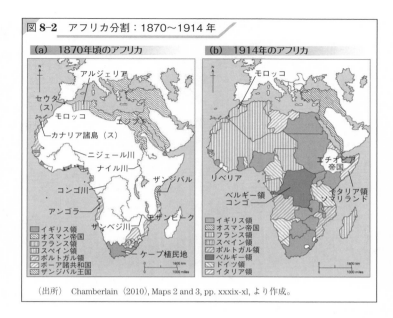

図 **8-2**　アフリカ分割：1870〜1914 年

(a)　1870年頃のアフリカ

アルジェリア
セウタ（ス）
モロッコ
カナリア諸島（ス）
ニジェール川
ナイル川
ザンジバル
コンゴ川
アンゴラ
ザンベジ川
モザンビーク
ケープ植民地

▦ イギリス領
▨ オスマン帝国
▧ フランス領
▤ スペイン領
▥ ポルトガル領
▨ ボーア諸共和国
▨ ザンジバル王国

(b)　1914年のアフリカ

モロッコ
エチオピア帝国
リベリア
イタリア領ソマリランド
ベルギー領コンゴ

▦ イギリス領
▨ オスマン帝国
▧ フランス領
▥ スペイン領
▨ ポルトガル領
▦ ベルギー領
▨ ドイツ領
▨ イタリア領

（出所）　Chamberlain（2010），Maps 2 and 3, pp. xxxix-xl，より作成。

14 カ国が出席し，全 7 章，38 カ条からなるベルリン議定書が締結された。議定書の主要部分はコンゴ盆地にかかわるもので，コンゴ盆地における自由な商業活動，紛争時のコンゴ盆地の中立化，コンゴ川の自由航行などを条件にベルギー王領としての「コンゴ自由国」が認められた。また，奴隷貿易の禁止とニジェール川の自由航行も定められた。さらに，沿岸部を領有した国による内陸部の併合を容認すると定めたうえで，領有が他の条約締結国に認められるためには，**その地における自由な通行や通商を確保する実効的な支配が行われていることが必要**とされた。

　この実効支配条項は，ポルトガルが 16 世紀に遡ってアフリカ沿岸の大部分の領有を主張する懸念の払拭を目的としていたと考えられるが，その意図を大きく超えてアフリカ分割を加速させる結果となった。というのも，各国は競って現地勢力の首長と条約

を結び，必要な場合は軍事力も用いながら実効支配を確立しよう
としたからである。会議からわずか10年後の1895年において
独立を保っていたのは，モロッコ，リベリア，エチオピア，ホビ
ョ・スルタン国，マジーティーン・スルタン国のみであり，
1904年の英仏協商でイギリスがフランスによるモロッコの領有
を認め，1908年にイタリアが，ホビョ，マジーティーン両国を
イタリア領ソマリランドとすると，リベリアとエチオピアを除く
アフリカ全土がヨーロッパ列強の支配下に入った。

3　大不況と保護主義の台頭
● 19世紀後半の世界経済

▶▶　国際金本位制とはどのような制度なのか説明してみよう。
▶▶　1873年の大不況は経済のマイナス成長をもたらしたのだろうか。
▶▶　19世紀末における各国の関税率を比べてみよう。

景気循環の発生　　　工業化以前の経済においては当然ながら
農業が大きな部分を占めていたから，経
済の動向は天候に大きく左右され，物価は供給側の要因で変動し
た。旱魃や洪水などの自然災害で農産物供給が急減すると，食料
価格はもちろん羊毛や綿花などの工業原料でも価格騰貴が引き起
こされた。

　イギリスで始まった工業化の波が欧米各国に波及していくと，
物価の変動は次第に需要動向による周期性をもつようになった。
増大する生産力と需要とのギャップは在庫の増減によって調整さ
れたが，過剰在庫となった工場が現金化を急いで廉価販売をすれ
ば物価は下落し，価格低下が需要を喚起すれば在庫は縮小して価
格は上昇する。また，設備投資が既存の工場に行き渡ると鋼材な
どの中間財需要が一服して価格が下落し，安い中間財を狙って新

工場の建設が広がると新しい需要が生まれるといった循環である。

　こうした経済活動の周期性は19世紀初頭には認識されており，1825年にイギリスで発生した金融恐慌が，戦争などの外生的ショック以外で生じた最初の恐慌であるとされている。19世紀半ばの1862年にはフランス人統計家クレマン・ジュグラー（1819～1905年）が，のちにジュグラー循環と呼ばれるようになる7～9年周期の景気循環について指摘している。

国際金本位制　19世紀の第4四半期にはまた，物価の動向が国境を越えて同調する傾向を見せるようにもなった。前節で見たように，南米やアジア，アフリカなどもグローバル経済に包摂されていくが，これらの地域は，鉄道や蒸気船定期航路の整備，ロンドンを中心とする多角的決済網の発展，電信網の展開によって相互に連結され，国際商業は飛躍的に拡大した。これに加えて，各国で金本位制が導入され，国際金本位制が形成されたことも大きい。

　金本位制とは，その国の通貨の価値を一定の重さの金で定める通貨制度である。第6章で見たように，イギリスはナポレオン戦争直後の1816年の貨幣法で，ソヴリン金貨を本位貨幣として定め，1844年のピール銀行条例でイングランド銀行を唯一の発券銀行とすることで，法的に金本位制を確立した最初の国となった。

　他の国々では銀本位制や金銀複本位制がとられていた。フランスは複本位制をとっていたが，ゴールドラッシュによって金の相対価格が下落すると，より希少な銀が退蔵されて銀貨と兌換可能な金貨を流通に用いることが行われたことから事実上の銀本位制になった。フランスは1865年にベルギー，スイス，イタリアとともにラテン通貨同盟を結成したが，その後すぐにネバダなどで新しい銀鉱が発見されて銀供給が増えると金の希少性が上がり，1873年には事実上の金本位制へと移行し，1878年に法制化され

表8-4　国際金本位制の広がり

国名	参加年	国名	参加年
イギリス	1844	日本	1897
オーストラリア	1852	インド	1899
カナダ	1853	コスタリカ	1900
ポルトガル	1854	エクアドル	1900
アルゼンチン	1863, 1883, 1903	フィリピン	1903
ウルグアイ	1863, 1885	海峡植民地	1903
コロンビア	1871	タイ	1903
ドイツ	1872	メキシコ	1905
スウェーデン	1873	ブラジル	1906
デンマーク	1873	ボリビア	1908
ノルウェー	1873	ギリシャ	1910
オランダ	1875	ニカラグア	1912
フィンランド	1877	オーストリア＝ハンガリー	（不換通貨）
インドネシア	1877	サントドミンゴ	―
ベルギー	1878	ハイチ	―
フランス	1878	ブルガリア	―
スイス	1878	中国	（銀本位制）
アメリカ	1879	グアテマラ	―
トルコ	1880	ホンジュラス	―
イタリア	1884	パラグアイ	―
エジプト	1885	ペルシャ	―
チリ	1887, 1895	ペルー	―
ルーマニア	1890	スペイン	（不換通貨）
サルヴァドール	1892	ベネズエラ	―
ロシア	1897		

（注）　オーストリア＝ハンガリー以下は，1913 年までに金本位制不採用。
（出所）　Meissner（2005），Table 1, p. 391.

た。ドイツは1871 年の普仏戦争の勝利により，フランスから得た 50 億フランの賠償金を用いて 1872 年に金本位制に移行した。アメリカでは，南北戦争中に発行されたグリーンバックと呼ばれる不換紙幣の金との兌換が 1879 年に開始された。1890 年代に工業化が進んだロシアは 1897 年に金本位制に移行した。アジアでは，日清戦争で巨額の賠償金を得た日本がロシアと同年に金本位制に移行しており，インドが 1899 年に，フィリピン，海峡植民地，タイが 1903 年に金本位制を採用する一方で，中国は銀本位

制にとどまった。

　国際金本位制では，それぞれの通貨が一定の重さの金で定義されるため，為替相場は固定的となる。イギリスのソヴリン金貨には7.3223g の金が含まれており，ドイツの 20 マルク金貨には7.1685g の金が含まれていたから，ポンド・マルク相場は 1 ポンド＝20.43 マルクとなる。短期的に為替相場がこれと大きく乖離した場合には金地金を現送したほうが有利になるため，理論上，外国為替相場は輸送費以上に変動することはない。

　金は歴史的に長期にわたって購買力が安定的だったため，金によって裏付けられた金本位制のもとでは，国内の物価安定が図られた。また，多くの国が金本位制をとることで外国為替の安定も期待された。他方で，一国における金融不安が他国へと波及する可能性も飛躍的に高めることになった。

┌─────────────────┐
│ 大不況と保護主義の台 │
│ 頭 │
└─────────────────┘

　1873 年にウィーンとニューヨークで生じた金融恐慌は，瞬く間に他の工業国や工業化しつつある諸国へと伝播し，その後，欧米各国は約 20 年にわたって長期的なデフレに見舞われた。これは当時，大不況（Great Depression）と呼ばれ，1929 年の大恐慌にその名を譲るまで，近代における最悪の不況だと考えられていた。また，史上初の世界同時恐慌でもあった。

　1870 年代初頭の中欧においては，統一直前の北ドイツ連邦で法人化手続きがゆるめられて会社設立ブームが起き，普仏戦争の賠償金も流れ込んで株価を押し上げていた。アメリカでも，南北戦争後の鉄道建設ブームによって，鉄道会社の設立が相次ぎ株価の上昇が見られた。

　1873 年 5 月にウィーンで生じた金融不安は取り付け騒ぎに発展し，数日間で数百ものオーストリアおよびハンガリーの銀行が破綻した。9 月にはニューヨークでもノーザンパシフィック鉄道

の社債引受を行っていた投資銀行の破綻に端を発して金融恐慌が生じ，ニューヨーク証券取引所は開設以降初めて 10 日間にわたって閉鎖された。アメリカでは，その後の 1 年間で 100 社を超える鉄道会社が破綻したといわれている。10 月にはベルリンでも銀行破綻が生じ，ドイツ各地の証券取引所で株価の下落が見られた。金融市場から資金が引き揚げられることで利子率が上昇し，運転資金も含めた債務負担が多くの企業に重くのしかかった。

　もっとも，近年の GDP 推計からは，**欧米各国経済は 1870 年代も 80 年代も順調に成長を続けた**ことがわかっている。また，1870 年から 1913 年までの年平均の経済成長率は，その前の時代（1820～70 年）よりも多くの国で高い。しかし，同時代人に強烈なインパクトを与えたのは大量の失業者であった。工業化の進展のなかで，多くの企業が設立されたが，それは同時に大量の賃金労働者を生み出した。大不況ではそうした企業が破綻し，都市に失業者があふれるという現象が目に見える形で現れたのである。

　大量の失業と長期にわたる物価下落により，欧米各国では保護主義の台頭が見られるようになる。1871 年のドイツ帝国の成立は，工業的な西部と農業的な東部との「鉄と穀物の同盟」と呼ばれるが，穀物価格の下落は，伝統的には自由貿易を支持してきた東部のユンカー（⇨ 解説 ）層を保護主義に向かわせた。自身もユンカー出身の宰相ビスマルクは，ドイツ関税同盟時代に結ばれた通商条約を破棄し，**1879 年に工業と農業の双方に保護主義を導入する新しい関税法を承認**した。1885 年には穀物に対する関税が従

解説 **ユンカー**　　エルベ川以東の東部ドイツにおける大規模地主でプロイセン貴族の中核をなす。16～17 世紀に強化された再版農奴制（第 2 章 54 ページ参照）を基礎として，領主直営地で農奴を使った農業経営を行った。19 世紀初頭に農奴制が廃止されたあとも，農業労働者を雇用して大規模農場経営を行い，一部は工場の設立など製造業にも進出して社会的な地位を維持した。

来の3倍に引き上げられ，錬鉄や綿糸など工業製品に対する関税も引き上げられた。フランスでも，普仏戦争の敗北やドイツの関税法導入をうけて保護主義勢力が政治的に台頭し，1881年には工業保護を趣旨とする関税法が導入され，1892年には**メリーヌ関税**と呼ばれる関税改革が行われた。メリーヌ関税では工業製品に対する課税が8.2％から11.4％へと引き上げられ，農産物についても3.3％から21.3％へ大幅に引き上げられた。イタリアでは**1887年に新しい関税法が導入**され，綿製品や金属製品に加えて穀物に対しても大幅な関税引上げが行われた。これはフランスとの間で軋轢を生み，10年以上にわたる関税引上げ競争に発展した。アメリカは独立以来ヨーロッパ諸国と比べると高い関税を設定しており，南北戦争以前には南部プランテーション所有者の意向がある程度反映されて関税を下げる局面も見られたが，戦後は南部の発言力が低下することで**30％以上の高関税**が続いた。ラテンアメリカ諸国もアメリカと同程度の水準であった。他方で，イギリスやオランダ，ベルギーは低関税を維持し，**アジアやアフリカの独立国の多くや植民地は欧米列強により低関税を強いられて**いた（図8-3）。

4 第一次世界大戦と国際金融システムの崩壊
●グローバル化の停滞

▷▷　19世紀末に世界貿易が拡大したのはなぜだろうか。

▷▷　20世紀初頭に大国同士の武力衝突はありえないと考えられていた理由は何だろうか。

▷▷　第一次世界大戦によって，物流と決済の世界的ネットワークはどのように分断されていったのだろうか。

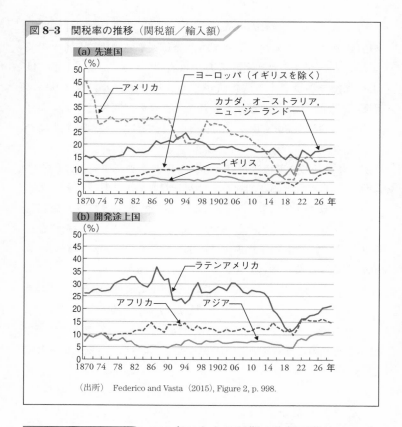

図 8-3　関税率の推移（関税額／輸入額）

(a) 先進国
(%)

アメリカ
ヨーロッパ（イギリスを除く）
カナダ，オーストラリア，
ニュージーランド
イギリス

1870 74 78 82 86 90 94 98 1902 06 10 14 18 22 26 年

(b) 開発途上国
(%)

ラテンアメリカ
アフリカ
アジア

1870 74 78 82 86 90 94 98 1902 06 10 14 18 22 26 年

（出所）　Federico and Vasta（2015），Figure 2, p. 998.

保護主義と貿易の拡大

　20 年にわたる長期の物価下落は 1890 年代には一段落して世界経済は回復局面に入った。この時期，イギリスやオランダ，デンマークは低関税を維持したが，保護主義に転換した大陸ヨーロッパ諸国の多くでは，むしろ関税の引上げが行われた。大不況の時期でも，世界の貿易規模は拡大を続けたが，1890 年代以降になると，大不況期に保護主義に転換した国々で貿易が拡大するという現象が生じた。イギリスの場合，1880 年代の輸出は年率 3.9％で拡大していたが，

1890 年代には 1.1％，1900 年代には 3.2％となっている。一方，ドイツでは関税の大幅引上げが行われた 1885 年までの 10 年間は 3.0％，1895 年までは 2.4％，1905 年までは 5.2％となっている。フランスも，メリーヌ関税以降の 10 年間（1892〜1901 年）の輸出は 1.9％の年率で成長しており，イギリスよりも高い。

　こうした輸出拡大の理由のひとつはアジア・アフリカにおける**植民地の拡大**である。表 8-5 を見ると，20 世紀に入ってヨーロッパ域内向けの輸出の割合が低下しているのに対し，ドイツやベルギー，イタリアではアフリカ向けの輸出が増えている。

　商工業の発展を後押しする公的な制度もこの時期に整備された。ヨーロッパ大陸諸国や日本の在外公館は，その国のマーケット情報を本国に送るようになり，次いで，専門の商務官を置くようになった。また，政府組織内に商務省などの商業全般を担当する省庁が作られたのもこの時期である。民間の団体として始まった在外の商業会議所も，各国政府によって公的な団体になっていき，とくにフランスやイタリアは，多くの在外商業会議所を設立した。

第一次世界大戦の経済的側面

　第一次世界大戦直前の世界人口は約 18 億人と推計されている。当時，その 3 割にあたる 5 億 7500 万人ほどの人々はどこかの国の自治領・植民地に住んでおり，その面積は実に地球の陸地総面積の 43％にのぼった。このうち，英仏蘭の 3 カ国で，植民地人口の 85.6％，植民地面積の 79.2％を占めていた。植民地帝国を築いた国々では，折からの保護主義的傾向もあって，植民地の存在は各国経済の存立にとって不可欠と考えられていた。それゆえ，ドイツ，イタリア，日本といった後発国がそこに割って入ろうとするなら，紛争は不可避であった。

　19 世紀を通じた**工業生産力の拡大**は兵器の能力の増大ももたらし，巨大な殺傷能力・破壊力を相対的に安価に備えることを可能

表 8-5　ヨーロッパ諸国の輸出先

(単位：%)

		ヨーロッパ	北アメリカ	南アメリカ	アジア	アフリカ	オセアニア
イギリス	1860	34.3	16.6	12.0	25.7	3.2	8.2
	1880	35.7	15.9	10.2	25.5	4.3	8.5
	1900	39.1	9.7	9.3	25.2	7.5	9.3
	1910	35.2	11.6	12.6	24.5	7.4	8.6
ドイツ	1860	88.3	7.0	2.6	2.0	0.1	—
	1880	84.6	9.0	3.1	2.9	0.3	0.1
	1900	78.3	9.3	4.8	5.0	1.6	1.1
	1910	74.0	9.0	7.8	5.9	2.3	1.0
フランス	1860	65.1	10.2	12.0	2.4	10.1	—
	1880	71.7	9.2	10.2	2.1	6.6	0.2
	1900	73.7	6.4	5.4	3.8	10.4	0.4
	1910	69.8	7.4	6.9	3.5	12.3	0.1
ベルギー	1860	92.4	2.1	4.0	1.3	0.5	—
	1880	92.9	2.8	3.0	1.0	0.2	—
	1900	86.2	4.9	2.5	3.8	2.0	0.6
	1910	81.9	4.2	5.9	5.1	2.3	0.7
イタリア	1860	93.7	1.3	1.9	1.1	2.1	—
	1880	89.1	5.4	2.4	1.4	1.7	—
	1900	76.9	9.5	7.2	2.7	3.4	0.4
	1910	65.8	13.3	11.6	4.4	4.3	0.4
スペイン	1860	61.2	7.0	27.8	1.8	2.2	—
	1880	77.3	3.5	16.9	1.4	0.8	—
	1900	81.7	2.5	11.8	2.3	1.6	0.1
	1910	70.6	6.5	18.2	1.4	3.2	0.1
スイス	1860	—	—	—	—	—	—
	1880	80.7	11.0	2.6	4.8	0.5	0.4
	1900	79.5	11.7	2.6	4.8	1.0	0.5
	1910	74.8	14.1	4.9	4.1	1.1	1.0
ロシア	1860	—	—	—	—	—	—
	1880	95.2	0.3	0.5	3.9	0.2	—
	1900	84.2	0.7	4.5	8.1	1.9	0.5
	1910	87.3	0.8	2.6	8.3	0.6	0.4

（出所）　Bairoch（1974），Table 6, p. 575.

とした。実際，経済成長による GDP 規模の拡大によって，軍事費の対 GDP 比は過剰な負担ではなくなっていた。1870〜1913 年の年平均で見ると，イギリスの場合 2.6％にすぎず，ドイツも同様の 2.6％，イタリアが 2.8％，オーストリア＝ハンガリーが 3.5

％，フランスが3.7％，ロシアが3.9％などとなっており，アメリカにいたってはわずか0.7％であった。

他方で，グローバル化の進展は**経済的な相互依存**を飛躍的に高め，戦争によって貿易と金融のネットワークが寸断されることの影響は計り知れないものと認識されていた。**工業国の賃金は高く**，大量の兵員を長期にわたって維持することは不可能と考えられた。このため，植民地をめぐる争いが大規模な武力衝突に発展する可能性は低く，戦争になったとしても兵器の能力によって短期間に決着がつくだろうと予想されていた。

この予想に反して，第一次世界大戦は起き，しかも長期化した。直接的な原因は，複雑で利害関係国の多いバルカン半島情勢での妥協の難しさにあり，拡大の要因は，英仏露の三国協商と独墺伊の三国同盟をはじめとする網の目状の条約において，宣戦布告をうけた国の同盟国が自動的に相手国に宣戦することが定められていたことにあろう。しかしその遠因は植民地獲得のための軍拡競争であり，長期的な軍拡競争では勝てない側による短期決着への賭けであった。

戦争遂行にあたっては，国内生産と輸入の拡大が図られ，消費と投資は抑制された。しかし，GDP の拡大は難しく，1917年の各国の GDP は戦勝国では戦前の水準を維持していたものの，中立国で97％，敗戦国では75％となり，ヨーロッパ全体では90％程度にまで縮小した。総生産の伸びが限定的ななかで，政府支出が GDP に占める割合は飛躍的に高まり，1917年のドイツの政府支出は GDP の59％に達し，フランスは50％，イギリスでも37％に達した。財源確保のための増税が行われ戦時国債が発行される一方，民間の消費は配給制度によって管理された。多くの若者が動員されたため民需製品生産のための労働力不足が生じ，減少する国内の民生品生産に代わって植民地や中立国からの輸入が拡

大した。

　連合国側では国際的な軍事動員体制がうまく機能した。アメリカは 1917 年まで中立を保っていたが，ドイツによる無制限潜水艦攻撃によるイギリス客船の撃沈で多数のアメリカ人乗客が死亡すると反独感情が高まり，1915 年には，英仏に限ってアメリカの銀行による長期貸付が許可された。また，そもそも英仏は，アメリカの公債や企業の株式・債券をドル建てで大量に所有しており，それらはニューヨークで現金化され，アメリカ産品の購入に充てられた。他方で，ドイツも同様にアメリカからの物資輸入を試みたが，イギリスの海上封鎖によって輸送が阻まれていた。また，同盟国側が戦時国債をロンドン市場やパリ市場で起債することはもとより不可能で，資金調達の規模は国内の金融市場に制約された。さらに，オーストリア＝ハンガリー帝国内では，より工業化が進んだオーストリアで民生品生産が縮小すると，ハンガリー側では必要な工業製品が手に入らないことから農産物の販売を拒むようになり，一国内でも経済が分断される事態が生じていた。

　　世界経済の分断　　　戦争が始まると，イギリス海軍は**ドイツに対する海上封鎖**を行い，中立国の船舶についても頻繁に臨検を行って，敵国向けの物資輸送だった場合は拿捕した。**ドイツの無制限潜水艦攻撃**は，これに対する対抗措置である。ドイツはまた，インド・太平洋地域でも**通商破壊活動**を行った。加えて，戦争の勃発によって海上保険料は暴騰し，場合によっては保険をかけること自体が拒否された。連合国は護送船団を組むことでドイツの潜水艦に対抗し，同盟国側は隣接する中立国を通じた陸上輸送の強化を図ったが，物流コストの上昇は避けられず，貿易規模は縮小していった。

　貿易決済のためのネットワークにも混乱が生じた。1914 年 7

Column ⑧　グローバル化と病気

　ヒト・モノ・カネ・情報の移動の拡大は，特定の地域の風土病が世界的に広がっていくことにもつながった。15世紀末以降の「コロンブスの交換」でも，ジャガイモやトウモロコシ，ウマ・ウシ・ロバといった動植物だけでなく，天然痘，はしか，チフス，インフルエンザ，ジフテリアなどの病原菌も海を渡り，アメリカ大陸で抗体のない先住民の命を大量に奪うことになったのは，第2章で見たとおりである。

　19世紀には，こうした病原体の移動について国際的な対応の試みが見られる。1851年には，19世紀に入って世界的な流行を見せるようになったコレラへの対策を焦点のひとつとして第1回国際衛生会議がパリで開催されている。コレラの原発地はガンジス川下流域と考えられているが，1817年から1824年にかけてアジア全域での流行が観察されており，1822年には日本でも罹患者が出た。1829年から1851年にかけての流行では初めてヨーロッパにも達し，1831年にはトルコからドイツやイギリス，フランスなどの西ヨーロッパ諸国に至る広い地域で大量の死者を出した。当時，アナトリア周辺の感染症が地中海を経由してヨーロッパへ伝播すると考えられていたため，第1回国際衛生会議にはオスマン帝国をはじめ地中海貿易に深い利害関係をもつイギリス，フランス，スペイン，サルディニア，教皇領，両シチリアなどの12カ国が集まった。議論は，検疫などの感染症に対する効果的な予防措置と，他方でそれによって貿易活動が過度に制限されることを避けるための方策についてなされた。国際衛生会議は，その後20世紀初頭までに11回開催されて国際協定の策定と改正がなされたが，1903年の第11回会議で恒久的な事務局をもつ組織の設立が提案され，1907年に国際公衆衛生事務局がパリで設立された。今日のWHOの前身のひとつである。

　第一次世界大戦は兵員の大規模な長距離移動をともなったが，

これによって 1918 年から 1920 年にかけて世界的に流行したのがスペイン・インフルエンザである。戦時中，各国は情報統制を行っていたが中立国だったスペインからは罹患情報が流れたことから，この名前が付いている。実際は，アメリカの兵営で発生したものが，アメリカ軍の欧州派遣によってヨーロッパにもたらされ，世界中に広がったものと考えられている。

　スペイン・インフルエンザにはおよそ 5 億人が感染し，5000 万人の命が奪われたと推計されている。第一次世界大戦の戦死者が両陣営あわせて約 1000 万人であったことを考えると，その被害の大きさがわかる。

〰〰〰〰〰〰〰〰〰〰〰〰〰〰〰〰〰〰〰〰〰〰〰〰〰〰〰〰〰

月 28 日にオーストリアがセルビアに対して宣戦布告すると，欧米各地の**証券取引所は閉鎖**され，開戦 3 日後の 7 月 31 日にはイングランド銀行，フランス銀行，ドイツ帝国銀行は**金兌換を停止**し，国際金本位制は崩壊した。

第一次大戦の世界的広がり

第一次世界大戦ではその名に違わず世界中で戦闘が繰り広げられた。1914 年 8 月には，ニュージーランド軍によってドイツ領サモアが占領され，9 月にはオーストラリア軍がドイツ領ニューギニアを占領した。1902 年に結ばれた日英同盟により連合国側で参戦した日本も，9 月に日英連合軍として中国の山東半島に上陸し，ドイツ東洋艦隊の基地となっていた青島を攻略した。日本はまた，南洋諸島のうち赤道以北のマリアナ諸島などのドイツ支配地を占領し，1915 年 1 月には中国に対して対華 21 箇条の要求を出して，ドイツが山東省にもっていた権益を日本に譲渡することを認めさせ，日中関係は著しく悪化した。

　インド洋と太平洋における海上輸送の護衛を引き受けたのも日

本海軍で，商船の護衛のほか，イスタンブル占領を目指したガリ
ポリの戦いにオーストラリアとニュージーランドが合同外征軍
（ANZAC）を派遣した際にも，エジプトまでの護衛を行った。

　ドイツがアフリカにもっていた南西アフリカ（現ナミビア），東
アフリカ（タンザニア），カメルーン，トーゴランドでも，イギリ
ス，フランス，イタリア，ベルギー，ポルトガルの現地軍との間
で戦闘が行われた。多くの場合，植民地在住のヨーロッパ人士官
とアフリカ人兵士とで構成され，アフリカの人々は連合国側と同
盟国側とに分かれて争ったが，植民地支配そのものに対する反乱
も生じていた。

　前述したANZACなどの外征軍も大規模に行われ，兵員の世界
的な移動が生じた。オーストラリアでは約42万人，ニュージー
ランドでは約10万人が兵士として動員されたが，これは両国の
当時の人口の約10％にあたる。開戦時のインド人兵士はイギリ
ス陸軍の正規兵よりも多く130万人を数えたが，このうち14万
人がヨーロッパの西部戦線に投入され，70万人が中東で戦った。
カナダ外征軍は62万人にのぼり，1917年に参戦したアメリカか
らは200万人の兵士がヨーロッパへ渡った。

　　　　　　　　　　　　　第一次世界大戦の戦死者は，両陣営をあ
　　大戦の被害　　　　　わせて1000万人にのぼると考えられて
いる。連合国側の戦死者約540万人のうち，フランス（115万人）
とロシア（170万人）で半数を越え，イギリスも70万人以上の戦
死者を出した。日本ではあまり意識されていないが，英仏の戦死
者数は第二次世界大戦の38万人（英），21万人（仏）をはるかに
上回っており，塹壕戦での人的消耗の激しさを物語っている。同
じく塹壕戦を戦ったドイツも204万人の死者を出した。

　物的資本の被害も巨大で，戦前との比較で見るとフランスは国
内資産の24.6％，海外資産の49.0％を失った。フランスはロシ

アに多額の貸付を行っていたが，大戦中に発生したロシア革命によって成立したソビエト政府が帝政ロシアの債務を引き継がなかったことが大きい。イギリスの損害は国内資産の9.9%，海外資産の23.9%にのぼり，その多くはアメリカの手に渡った。ドイツの国内資産の損害は3.1%と少ないが，ヴェルサイユ条約で課せられた1320億金マルクは戦前のドイツ資産の51.6%に達し，戦後復興に暗い影を落とした。

Ｑuestion　章末問題

1　ドイツ，アメリカの代表的な大企業を調べてみよう。
2　東南アジアの経済開発を国ごとにまとめてみよう。
3　第一次世界大戦中の各国軍隊の地理的移動を調べてみよう。

ホワイトハウス（ワシントン D.C.）
istock.com / Muni Yogeshwaren

第3部　停滞から再始動へ
グローバル化の新たな展開

　第3部では，第一次世界大戦後から 1990 年代までの期間を扱う。19 世紀から続いてきたグローバル化の流れは，二度の大戦および世界大恐慌によって中断を余儀なくされた。しかし第二次世界大戦後，新たな国際経済秩序の構築が進められるなかで，グローバル化の潮流は再び動き始めた。まず貿易の自由化が進められ，金融の自由化がそれに続いた。こうしたグローバル化の新たな流れを主導したのは世界最大の経済大国アメリカであった。一方，多くの途上国はグローバル化が進んでいく状況のもとで，経済成長の機会をつかんだ。なかでもアジア諸国は急速な経済成長を実現し，19 世紀以来の欧米諸国を中心とした国際経済の構造自体が大きく変化しつつある。とくに中国の台頭は，アメリカとの間で多くの経済摩擦を引き起こし，既存の国際経済秩序自体を揺るがしている。第3部では，こうした現在に至るまでのダイナミックな国際経済構造の転換に注目しつつ，グローバル化の流れを歴史的に追っていこう。

天安門（北京）
istock.com / luxizeng

第3部の見取り図

第9章　世界大恐慌とグローバル化の停滞：両大戦間期の世界経済

1 第一次世界大戦後の構造変化：アメリカの台頭，ソ連の登場，東アジアの工業化

2 グローバル経済再建への試み（1920年代）：アメリカを中心とした資金循環

3 世界大恐慌とグローバル化の停滞（1930年代）：ブロック経済体制の時代

4 第二次世界大戦の勃発

第10章　再始動するグローバル化

1 新たな国際経済秩序（IMF体制と自由貿易体制）とその機能不全（1940年代）
➡ ドル不足問題の解決と冷戦（アメリカ陣営〔資本主義圏〕とソ連陣営
〔社会主義圏〕の対立構造）の勃発

2 欧米諸国の経済成長と自由貿易体制の発展（1950～60年代）：機能不全の解消

3 1970年代の2つの危機＝IMF体制の崩壊と石油ショック
➡ ①IMF体制の崩壊 ➡ 変動相場制への移行＋資本移動の自由化
➡ ②石油ショック ➡ スタグフレーションの発生 ➡ 対応策：新自由主義的な
経済政策の登場＋ヨーロッパ統合の進展

第11章　グローバル化と開発

1 途上国の2つの課題：
冷戦と工業化

2 開発資金の源泉：国際援助と資源の活用
3 2つの貿易戦略：輸入代替（ラテンアメリカ，
インド）か輸出主導（アジア地域）か

4 社会主義圏の動向：ソ連・東欧の停滞と中国の改革開放路線への転換

第12章　加速するグローバル化

1 世界経済の構造変化（1980～90年代）：アジア諸国の再勃興

背景にあるグローバル化の進展

2～4 ヒト・モノ・カネのグローバル化
2 自由貿易体制のさらなる発展 ➡ 東南アジア諸国の経済成長
3 金融グローバル化の進展と金融危機の頻発
4 人の移動の活発化

5 社会主義圏の崩壊 ➡ 世界全体がグローバル化に包摂されていく

第 9 章

世界大恐慌とグローバル化の停滞

両大戦間期の世界経済

　本章は，第一次世界大戦と第二次世界大戦に挟まれた時代＝両大戦間期を対象とする。1914 年に勃発した第一次世界大戦によって，19 世紀に進んだグローバル化の流れは頓挫した。1920 年代には欧米諸国を中心としてグローバル経済の再建が試みられたが，世界大恐慌（1929 年）によって，それらの試みも潰えた。ゆえに両大戦間期は，総じてグローバル化が停滞した時代であったと位置づけられよう。一方で，第二次世界大戦後の世界に大きな影響を与える要素——アメリカの台頭，中国と日本の工業化，ソ連の誕生——が生み出された時代でもあった。

1 新たな秩序への胎動
●第一次世界大戦後の国際経済構造の変化

> ▶▶　第一次世界大戦によって生じた構造変化を整理してみよう。
> ▶▶　それらの構造変化が 20 世紀史にどのような影響を与えたのか考えてみよう。
> ▶▶　東アジアにおいて工業化が進んだのはなぜだろうか。

アメリカの台頭とイギリスの衰退

　第一次世界大戦は国際経済の構造に大きな変化をもたらした。その変化は，いずれも 20 世紀史全体に大きな影響を与えるものであった。それは以下の 3 点にまとめられよう。

　第一に，アメリカの国際的な台頭とイギリスの衰退である。第 8 章において見てきたように，第一次世界大戦前における国際経済

の中心はイギリスであり，国際経済秩序もイギリスを中心として形成されていた。しかしアメリカは19世紀後半に第二次産業革命を実現し，急速に重化学工業化を進め，第一次世界大戦前の段階で，その経済力はイギリスを上回るようになっていた。たとえば，1913年の時点でアメリカの実質 GDP は，イギリスの約 2.3 倍の規模に達していた。

　また，アメリカは経済成長に必要な資金を，イギリスを中心とするヨーロッパ諸国から調達していた。ゆえに第一次世界大戦前のアメリカは債務国であった。しかし 1917 年まで参戦しなかったアメリカは，第一次世界大戦中，ヨーロッパ諸国への資材と資金の供給源となった。その結果，終戦時には連合国側に対して約 71 億ドルの債権を有する債権国へと変化していた。逆にヨーロッパ諸国，とくに英仏は巨額の対米債務を抱えることになり，その返済に苦しめられることになった。これ以降アメリカは，国際貿易・国際金融の両面で，存在感を徐々に増していった。

　一方で 19 世紀の中心国であったイギリスの国際経済におけるプレゼンスは低下した。鉄鋼や綿業などの主要な輸出産業の競争力は低下し，イギリス帝国圏への輸出依存度が高まった。また，金融面でも帝国圏への依存度が増した。たとえば，第一次世界大戦前と異なり，帝国外への投資を帝国圏への投資が上回るようになっていた。輸出と海外からの投資収益の低迷によって資金的な余力もなくなり，海外への投資は短期的に借り入れた資金を基礎として行わざるをえなくなった。短期債務の増大は，ポンドの価値を徐々に低下させていった。

　このように第一次世界大戦は，経済力の面で見た場合，イギリスからアメリカへの中心国の移行をもたらした。しかしアメリカには自身を中心とする新たな国際経済秩序を構築する意志はなく，イギリスを含むヨーロッパ諸国も，イギリスを中心とした戦前の

国際経済秩序の再建を目指していた。

ソ連の成立 第二に，ソビエト社会主義共和国連邦（以下，ソ連）の成立である。長期化した第一次世界大戦はロシア経済に悪影響を与え，深刻な食糧不足が生じていた。1917 年，こうした状況に不満をもった労働者や兵士が蜂起し，ロシア帝国は打倒された。帝政崩壊後，革命に参加した諸勢力のなかから最終的に主導権を握ったのはレーニン（1870～1924 年）率いるボルシェビキ勢力（のちのソ連共産党）であった（ロシア革命）。その後，共産主義政権に反発する勢力との内戦や欧米諸国や日本による干渉を乗り越え，1922 年にソ連の建国が宣言された。

ソ連の建国はグローバルに大きな影響を及ぼした。まず，資本主義諸国内で共産主義・社会主義運動（⇨ 解説 ）が活発化していく契機となったことである。これらの運動は親ソ連や反ソ連などさまざまな立場のものが存在したが，労働者の権利や生活環境の改善を重視する点では共通した部分が多かった。ゆえに，これに対抗する保守政党の側も社会福祉の充実を目指さざるをえず，**第二次世界大戦後に本格化する福祉国家の建設にも大きな影響を与えた**。

もうひとつは，ソ連を中心とした共産主義政党の国際組織としてコミンテルン（1919～43 年）が結成され，「革命の輸出」が試

解説 **共産主義・社会主義運動**　ともに「資本主義」や「資本家」に批判的な立場に立ち，「労働者」の福祉の向上を目指す運動である。ただし両者ともに非常に多義的であり，用いられる政策手段も多様である。一方，ほぼ同一視する議論もあり，議論の際には注意する必要がある。たとえば，レーニンは，生産物の配分方法において両者は区別され，社会主義は「能力に応じて働き，労働に応じて受け取る」，共産主義は「能力に応じて働き，必要に応じて受け取る」とし，社会主義を共産主義の前段階として位置づけた。

みられたことである。コミンテルンの影響下，各地に共産党が設立された。たとえば，中国共産党は 1921 年，インドシナ共産党は 1930 年に設立された。こうした動きは，**第二次世界大戦後，社会主義政権が各地域に樹立され，ソ連を中心とする社会主義諸国とアメリカを中心とする資本主義諸国の対立＝冷戦が激化していくなかで，20 世紀史に大きな影響を与えていく。**

> 東アジアの工業化

第三に，東アジア，とくに日本と中国における工業化の進展である。第一次世界大戦期にヨーロッパとの貿易が途絶したことが両国の工業化に大きな影響を与えた。

日本は第一次世界大戦期に大きく輸出を拡大した。アジア地域への輸出を減少させたヨーロッパに代わり，対アジア輸出を増大させた。また，好況に沸くアメリカへは大量の生糸が輸出された。第一次世界大戦にともない船舶不足が世界的に生じたことから，造船業も発展した。輸入面では，第一次世界大戦によってヨーロッパからの輸入が途絶したことにより，機械や化学などの産業を中心に輸入代替が進み，重化学工業化が進展した。その結果，日本の経常収支は戦前の赤字から黒字へと転換した。経常収支は1920 年代に再び赤字となるものの，この時期に形成されたアジアとアメリカを中心とする貿易構造と重化学工業化は，その後の日本経済の基礎となった。

中国でもヨーロッパからの輸出が減少したことにより，19 世紀末から進展しつつあった工業化を基礎とし，綿業を中心とした輸入代替工業化が進んだ。たとえば，中国の機械製綿糸自給率は1910 年の 38.4％から急上昇し，1930 年には 100％を超えた。機械製綿布の自給率も同時期に 8.2％から 55.3％へと増大した。

一方，日本国内の賃金上昇，中国の関税引上げなどの要因により，成長する中国資本との中国市場における競争が不利になった

日本の綿紡績業は，1920年代に中国へと相次いで進出した。中国資本は在華紡と呼ばれる日系の在中紡績企業と激しく競争しつつも，技術協力を図るなどし，その生産性を向上させていった。そうした意味で在華紡も中国の工業化に一定の貢献をなしたといえよう。

1927年に成立した蒋介石を中心とする南京国民政府は，1928年に統一の完了を宣言した。南京国民政府は，不平等条約の撤廃交渉を進め，関税自主権の回復に成功した。そして保護貿易関税に基づく輸入代替工業化戦略を遂行し，国民経済の建設を推し進めた。こうした中国における経済ナショナリズムの高まりは，外国勢力，とくに日本との緊張関係を高めていった。軽工業を中心とするという点において，日中両国の産業構造が類似していたことが両国の対立を激化させた。

2 1920年代の世界経済
●アメリカへの依存と一時的な安定

▷▷ 1920年代にヨーロッパ経済を安定化させた要因は何だろうか。
▷▷ 欧米経済の安定化がラテンアメリカ経済に与えた影響を整理してみよう。
▷▷ 1920年代におけるアメリカとアジアの経済関係の変化をまとめてみよう。

アメリカと「黄金の20年代」

1920年代のアメリカは，「黄金の20年代」といわれるような繁栄の時代を築き上げた。実質GDPの平均成長率（1920～29年）は4.2％と安定し，失業率（1923～29年）も5％以下で推移し，ほぼ完全雇用の状態にあった。その背景には，自動車や家電といった消費財に対する旺盛な需要，第二次産業革命に基づ

ニューヨーク州ピークスキルのハドソン川を渡る車（1924年）：1920年代のアメリカでは，自動車や家電といった耐久消費財が爆発的に普及し，大量消費社会が花開いた。
DE AGOSTINI PICTURE LIBRARY / DE Agostini / ゲッティイメージズ

く電機や化学といった新産業の台頭およびそれらにともなう活発な設備投資があった。19世紀末に自動車のような消費財生産を中心に導入された大量生産システムが確立し，そこで生産された商品が大量に消費される「大量消費社会」が開花した時代といえよう。消費の拡大は輸入の増加も生み出した。世界の輸入に占めるアメリカのシェアは，1911〜13年の13％から1929年には18.5％へと拡大し，イギリス（17.4 → 16.7％）を上回った。これは海外諸国からすれば，輸出先としてのアメリカ市場の重要性が高まったことを意味した。

　こうした繁栄のなかから生み出された資金は，国内や海外へと活発に投資された。国内では株式市場の活況をもたらし，ヨーロッパやラテンアメリカを中心とした海外への証券・直接投資を通じた資金供給は，第一次世界大戦前と比べて倍増した。それは後述するように海外諸国にとっても主要な資金供給源のひとつとなり，1920年代における国際経済安定化のカギでもあった。アメリカ経済の観点から見れば，そのグローバル化が大きく進み始めたこ

とを意味した。

ドイツ賠償問題 第一次世界大戦後のヨーロッパ経済は不安定な状態が続いていた。その重要な要因は，ドイツ賠償問題であった。1919 年に結ばれたヴェルサイユ条約によって第一次世界大戦は終結し，ドイツは領土の一部や海外資産を失い，多額の賠償を課されることになった。イギリスやフランスはアメリカに対する債務を抱えており，その返済のためにもドイツからの賠償を必要としていた。実際の賠償額は，1921 年に 1320 億金マルクと決定されたが，その額はドイツの支払能力を大きく超えるものであった。ゆえにドイツによる賠償支払はすぐに行き詰まった。それに対して不満をもつフランスは，ドイツの経済的な中心地であり，石炭と鉄鋼業が集中していたルール地域をベルギーとともに軍事的に占領した（1923 年）。こうした賠償問題をめぐる混乱は，ヨーロッパ経済の停滞に拍車をかけた。

　状況を打開するために介入したアメリカが提案したのがドーズ案（1924 年）であった。米英からの圧力のもと，フランスもこの提案を渋々受け入れ，ルール占領は終結した。ドーズ案は，賠償の年間支払額を引き下げる，外貨ではなく自国通貨での支払を認めるなど，ドイツの賠償負担の軽減を行うものであった。またドーズ案に基づきドイツは，賠償金支払のためにドーズ公債を発行し，海外からの資金調達を行った。この資金調達が成功したことおよび賠償問題に一定の見通しがついたことが呼び水となり，海外，とくにアメリカから民間資本がドイツへと流入するようになった。この流入した資金を基礎として，ドイツ経済は復興へと向かっていった。それ以降「ドイツから英仏への賠償支払→英仏のアメリカへの債務返済→アメリカからドイツを中心としたヨーロッパへの投資」という資金循環が形成され，1920 年代後半にはヨー

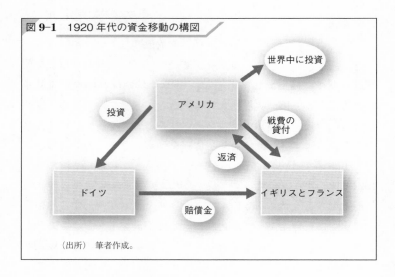

図 9-1　1920 年代の資金移動の構図

世界中に投資

アメリカ

投資

戦費の
貸付

返済

ドイツ

イギリスとフランス

賠償金

（出所）　筆者作成。

ロッパ経済は安定を取り戻した（図 9-1）。

再建金本位制

一方，国際金融システムの面では，第一
次世界大戦前の金本位制（第 8 章第 3 節
を参照）への復帰が各国の目標とされた。金本位制は当時のグロ
ーバル・スタンダードであり，各国とも貿易の前提となる通貨の
安定のためには，そこへの復帰が必要であるという点を疑ってい
なかった。

アメリカは 1919 年に金本位制に復帰していたが，最も重要で
あったのは，19 世紀後半以降の基軸通貨（⇨ 解説）であったポン
ドを有するイギリスの金本位制復帰であった。金本位制への復帰
をめぐりイギリスでは，第一次世界大戦前と同じ為替レートでの
復帰は，当時のイギリス輸出産業の実力からすれば割高ではない

解説 **基軸通貨**　国際的な貿易や金融取引などにおいて最も使用されている通
貨。ゆえに各国政府や中央銀行は対外的な支払に備えて，当該通貨を準
備通貨として多く保有する。

か，という議論が生じていた。しかし政府は戦前と同じ為替レートで1925年に金本位制へと復帰した。案の定，衰退しつつあったイギリス輸出産業にとって，その為替レートの水準は割高であり，大きな打撃を受けた。一方，金融面から見ると，ポンドの対外的な価値が維持されることを意味した。イギリスは製造業の輸出利害よりも，金融利害を重視し，アメリカからの資金援助を得つつ，旧来の為替レートでの復帰を実施した。そして，このイギリスの復帰を契機として，多くの国が金本位制へと復帰していった。ゆえに1925年が再建された金本位制＝再建金本位制の起点とされる。

　再建金本位制が，第一次世界大戦前の金本位制と異なる点は複数あるが，最も重要な点は，基軸通貨がポンドだけではなくなっている点である。アメリカの経済力がイギリスを上回るようになり，貿易や国際金融の面でも大きな影響力をもつようになった結果，ドルがもうひとつの有力通貨として台頭していった。たとえば，1913年に準備通貨全体に占めるポンドの割合は40.0％であり，ドルはほぼなかった。しかし1928年にはイギリス46.2％，アメリカ30.1％となっており，ドルが1920年代に大きく地位を高めていることがわかる。つまり再建金本位制の時代は，ポンドとドルの2つが基軸通貨として位置づけられる複数基軸通貨体制の時代であった。

```
ラテンアメリカ経済と
一次産品輸出
```
ドイツ賠償問題の解決と再建金本位制の成立によって安定を取り戻したヨーロッパ経済と好調に推移するアメリカ経済の存在は，欧米諸国における一次産品に対する需要の増大を生み出した。その結果，一次産品産出国から欧米諸国への輸出が増大した。その典型的な存在がラテンアメリカ地域であった。

　第7章で見たように19世紀後半以降，多くのラテンアメリカ

ラテンアメリカのコーヒー農園：こうした大規模農場にお
いて生産された一次産品が欧米諸国へと輸出された。
ullstein bild Dtl. / ullstein bild / ゲッティイメージズ

諸国は農業製品や鉱産物といった一次産品の輸出に依存するモノ
カルチャー型の経済構造を形成していた。一方でインフラの整備
や公共事業などの開発のために必要な資金も海外に依存していた。
その主要な資金供給先はヨーロッパ諸国，とくにイギリスであっ
た。こうした構造は第一次世界大戦後，大きく変化した。

　ラテンアメリカから欧米諸国への一次産品輸出は 1920 年代に
急増した。たとえば，ブラジルやコロンビアによるコーヒー，チ
リの硝石や銅，ベネズエラの石油，アルゼンチンの穀物や食肉な
どが代表的な商品であった。これら 5 カ国の商品輸出額は 1913
～29 年にかけて実質ベースで約 1.7 倍に拡大した。輸出の大幅
な拡大の結果，各国は貿易収支の黒字を計上するようになった。
しかし貿易黒字の多くの部分は，イギリスへと還流してしまった。
なぜならばイギリスは第一次世界大戦前より多額の証券投資を行
っており，ラテンアメリカ諸国は，その配当や利払いをイギリス
に対して行わなければならなかったためである。その支払は貿易

黒字だけでは賄いきれず，アメリカからの資金流入によって補われていた。つまりラテンアメリカ諸国では，大陸ヨーロッパとアメリカへの一次産品輸出によって蓄積した貿易黒字とアメリカから流入した資本によって，イギリスへの支払を行うという構造が新たに形成された。ここでもアメリカからの資本輸出が重要な役割を果たしていた。またアメリカは証券投資だけではなく，石油や鉱業，農業といった一次産品分野へと活発に直接投資を行った。この結果，ラテンアメリカ経済の対米依存は 1920 年代に深まっていった。一方で輸出と直接投資の受入れ拡大は，ラテンアメリカ諸国の経済成長率を大きく高めた。

アメリカとアジア

対米依存度を高めたのはラテンアメリカだけではない。アジア諸国も多かれ少なかれ，アメリカへの依存度を第一次世界大戦前よりも強めた。第一次世界大戦期からアメリカの対アジア貿易は日本と東南アジア地域，とくにフィリピン，英領マラヤ，オランダ領東インドを主要な相手先として輸出入ともに順調に増大した。

日本は生糸を中心に対米輸出を拡大し，綿花や石油といった原材料や機械などの資本財の輸入を増大させた。また先述したようにヨーロッパ諸国との貿易が途絶した第一次世界大戦期にアジア地域への輸出を拡大した日本は，その後も綿製品などの軽工業品を中心に輸出を増加させていった。そうした輸出の拡大は，アメリカからの原材料や資本財の輸入の増大を招くことになり，日本がアメリカに依存する構造が形成されていった。

フィリピン，英領マラヤ，オランダ領東インドからは砂糖，ゴムや錫といった一次産品がアメリカに輸出された。19 世紀以降の植民地経済化のなかでモノカルチャー型の経済構造が形成され（第 8 章第 2 節を参照），それが継続しているという点ではラテンアメリカと同様であった。対米輸入の 8 割はアメリカの統治下に

あったフィリピンが占めており，他の地域の輸入面での対米依存度は低かった。ゆえに圧倒的に出超であった。これに対して大陸部のタイや仏領インドシナは，上記の3地域にコメを輸出することで貿易黒字を形成していた。これら東南アジアにおいて形成された貿易黒字は，イギリス，フランス，オランダといった宗主国や華僑ネットワークを通じて香港や中国へと還流していった。

このような形でアメリカを中心とした**環太平洋経済圏が徐々にアジア地域に形成されつつあった**。このことは第一次世界大戦前に大きなプレゼンスをアジア地域に有していたイギリスの地位をアメリカが代替しつつあることを意味した。実際，イギリスの対アジア輸入は第一次世界大戦前と同じ水準を維持したものの，その輸出は，植民地であったインドを除いて，大きく減少していた。

人の移動

貿易と金融の面では，アメリカを中心として1920年代後半に安定が取り戻されたが，人の移動の面では，中国，インドから東南アジアへの移民を除き，停滞が生じた。安定が取り戻されたとはいえ，経済的な停滞は続いており，労働移動は難しくなった。また，19世紀末から各地域において移民排斥の動きが強まっていたが，第一次世界大戦後，そうした動きはさらに加速した。

とくに19世紀における最大の移民受入れ国であったアメリカでは，1924年移民法が成立し，移民の制限が行われた。1924年移民法は，年間の移民数に上限（16万5000人）を設定するとともに母国籍割当制度を導入した。母国籍割当制度とは，1890年の国勢調査を基準とし，その時点での各国出身者の人口×2%を各国に割り当てる移民枠とすることで，国別に移民数を制限する制度であった。1890年を基準とすることで，その時点ではまだ少なかった東欧・南欧からの移民を制限することを目的としていた。また，帰化が許可されていない外国からの移民も禁止すると

されたが，これは日本からの移民を排除することを狙ったもので
あった。

　こうした移民に対する制限は1930年代も継続した。次節で見
る世界大恐慌の発生と相まって，それまで増加傾向にあった中
国・インドからの移民も一時減少し，1930年代も人の移動は低
調なまま推移した。両大戦間期は，人の移動という面では停滞し
た時代として位置づけられる。

3 世界大恐慌
●グローバル化の停滞

> ▷　なぜアメリカでの株価の暴落が世界大恐慌へとつながったのだろう
> か。
> ▷　各国の世界大恐慌への対応をまとめてみよう。
> ▷　世界大恐慌がラテンアメリカとアジアの経済に与えた影響を整理し
> てみよう。

アメリカからの資本輸
出の停滞

　1929年にアメリカで生じた株価の大暴
落を契機として，世界中が深刻かつ長期
的な経済危機に見舞われた。この事態を
世界大恐慌と呼ぶ。世界大恐慌は，各国の経済システムや国際経
済システムに大きな影響を与え，人の移動を除き，1920年代に
徐々に復活しつつあったグローバル化の流れを大きく逆流させた。
また第二次世界大戦が勃発する遠因にもなった。では，その発生
から帰結に至るまでのプロセスについて見ていこう。

　世界大恐慌の発生以前から国際経済の状況には陰りが見え始め
ていた。その契機となったのはアメリカからの資本輸出の停滞で
あった。投機的な動きも絡みながら加熱していくアメリカ株式市
場に資金が流れたこと，こうした動きを警戒する連邦準備制度理

事会（FRB）が1928年に入り金融引締政策に転換し，海外から
の借入れが難しくなったことが，その背景にあった。本章第2節
で見たように，アメリカからの資本輸出はヨーロッパやラテンア
メリカといった各地域の経済を支えるカギになっていた。ゆえに，
その供給が細っていくことによって，世界経済は徐々に不況への道
を歩み始めることになった。

　また，再建金本位制のもとでのアメリカの金利引上げは，アメ
リカへの金の流出を意味した。ゆえに各国は自国からの金流出を
防ぐために金利を引き上げざるをえず，これも景気を悪化させて
いく一因となった。そして1929年10月に発生したアメリカで
の株価暴落が，1920年代後半の経済的な安定を崩壊へと向かわ
せた。

　　　　　　　　　　　　　　アメリカ株式市場での株価（ダウ平均）
　世界大恐慌の発生　　　　　　は，1929～32年にかけて約9分の1に
なるまで下落した。株価の急落は，大規模な銀行危機を招いた。
1930～33年にかけて約8800の銀行が倒産し，金融システムは破
綻した。経済成長率もマイナスとなり，失業率も最高25％にま
で達した。

　アメリカ経済の崩壊は，輸入の低迷，資本輸出の減少に帰結した。
これはアメリカ市場やその資金に依存していた各国経済に対して悪
影響を与えた。とくにヨーロッパ経済安定の要にあったドイツにお
ける金融恐慌の発生（1931年）は，世界経済の不安定化に拍車を
かけた。

　アメリカにおける株価の暴落後，ドイツからはアメリカへの資
金流出が続いた。この流出は，アメリカの資金に依存していたド
イツの企業や金融機関を経営危機に陥れた。ドイツを救済するた
めにアメリカのフーバー大統領（任期：1929～33年）は，賠償支
払および欧州諸国の債務支払を1年間猶予するフーバー・モラト

リアムを宣言した（1931年6月）。しかしドイツからの資金流出は止まらず，ドイツ第2位の規模をもつ金融機関であったダナート銀行が経営危機に見舞われ，1931年7月に倒産するに及び，ドイツの金融システムは崩壊し，深刻な金融恐慌に陥った。結局，ドイツは資本流出を食い止めるために為替管理を実施し，再建金本位制から離脱した。

ドイツは同時に在独イギリス資産も凍結したため，イギリスへも金融危機が飛び火し，資本流出が増大していった。すでに世界大恐慌の発生後，輸出が急減するとともに，ラテンアメリカなど海外からの投資収益も大きく落ち込んでいたイギリスは，最終的にそうした資本流出に耐えきれず，ドイツ同様，再建金本位制から離脱した（1931年）。そしてイギリスの離脱が契機となり，多くの国が相次いで再建金本位制から離脱し，再建金本位制は崩壊した。こうしてアメリカで発生した株価の暴落は，国際金融システムの崩壊を招くこととなった。

管理通貨制度の導入

再建金本位制の崩壊は，各国が為替管理を実施し，自由な為替取引を認めないという点において，資本移動の自由化の停止を意味する一方，**管理通貨制度の採用により，拡張的な財政・金融政策の実行を可能とした**。金本位制の場合，固定相場制度の維持に金融政策が活用されるため，自国の景気動向にあわせて金融政策を実行することができない。しかし離脱することによって，金融緩和政策など景気回復に向け，拡張的な政策を実行することが可能となった。

たとえばアメリカでは，1933年に就任したF. D. ローズベルト大統領（任期：1933〜45年）は，ニューディール政策（⇨ **解説**）

───────────────────────────────

解説 ニューディール政策　　ローズベルト政権によって実施された一連の政策パッケージ。政策理念として，3つのR（救済〔Relief〕，回復〔Recovery〕，改革〔Reform〕）を掲げていた。本文中にある財政・金融政策を活用した

TVAによるダム建設：フォートラウドンダムの建設。テネシー川流域の住人450万人の便益を図るためにテネシー川を活用するという巨大事業。ニューディール政策によって，こうした公共事業が全米各地で行われた。

Universal History Archive / Universal Images Group / ゲッティイメージズ

と呼ばれる一連の対応策を実施した。まず就任直後に全銀行の営業を停止し，金融システムのさらなる崩壊を防ぐとともに，再建金本位制から離脱した。FRBは金融政策のフリーハンドを獲得し，市場への資金供給を拡大していった。財政面においてもテネシー川流域開発公社（TVA）に代表されるような大規模公共事業を実施し，積極的な財政支出を行った。その結果，1936年までに景気は徐々に回復軌道に乗り始めた。

日本の場合，1930年1月に再建金本位制に復帰したものの，世界大恐慌の混乱に耐えられず，1931年12月に再び離脱した。離脱後，円の暴落は放置され，日本からの輸出は急速に回復した。また，日本銀行が直接国債を引き受け，財政支出を拡大するとと

世界大恐慌からの救済・回復を目的とした政策だけではなく，労働者の権利を保護するワグナー法（1935年），年金の導入を行った社会保障法（1935年）といった改革も実行された。また金融危機を防ぐために，銀行と証券の分離，預金保険制度の導入など，金融市場に対する厳格な規制（グラス・スティーガル法：1933年）も導入された。

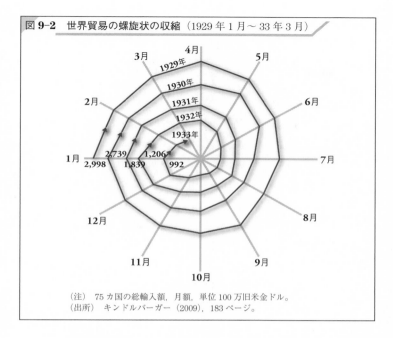

図 **9-2** 世界貿易の螺旋状の収縮（1929 年 1 月〜33 年 3 月）

（注） 75 カ国の総輸入額，月額，単位 100 万旧米金ドル。
（出所） キンドルバーガー（2009），183 ページ。

もに，金融緩和政策が実行された。その結果，景気は急速に回復していった。

　イギリスが再建金本位制から離脱した後，日本をはじめ他の多くの諸国も再建金本位制から離脱していった。**再建金本位制から離脱した各国は，日本と同様，為替レートを自国通貨安の方向に誘導することによって，輸出の拡大を目指した。こうした各国の政策は，通貨安競争を招き，国際金融市場を不安定化させた。**結局，通貨安競争は，1936 年に米英仏による声明に基づく三国通貨協定が発表され，国際金融市場が安定化するまで続いた。

ブロック経済体制

　一方，世界貿易は世界大恐慌の影響により一気に収縮した。また，世界大恐慌に直面した主要各国が保護貿易政策を採用し，自国市場の防衛を図

ったことにより，世界貿易の崩壊は加速した。図9-2は世界大恐慌以降における世界貿易の縮小を示したものである。世界貿易が加速度的に減少していった様子がわかる。

　その契機となったのはアメリカによる**スムート・ホーリー法**（1930年）の制定であった。アメリカは輸入品に対する関税を大きく引き上げ，自国市場を外国製品から防衛する姿勢を明確にした。伝統的な保護貿易主義への回帰といえよう。これに対抗してイギリスは，1932年に開催された**オタワ会議**において，イギリスとその植民地および自治領諸国間における貿易のみを優遇し，それ以外の諸国に対しては高関税を設定する特恵関税体制を構築した。また，北欧諸国やアルゼンチンと通商協定を締結することによって，その体制を強化していった。その結果，イギリスの連邦諸国圏からの輸入が全体に占めるシェアは，1929年の30％から1937年には42％へと増大した。

　こうしたブロック経済化への動きが加速するなかで，1933年に政権を掌握したA. ヒトラー（1889～1945年）率いるドイツは東・南欧諸国との間に**広域経済圏**を形成するため，貿易統制と為替精算協定を組み合わせ，外貨を利用しない形で貿易を行う体制を構築した。日本は経済ナショナリズムを強める中国における利権の確保を目指し，満洲事変（1931年）を引き起こした（図9-3）。そして台湾，朝鮮，満洲を中心に**円ブロック**といわれる経済圏を構築していき，各国とも自身の経済圏の拡大を目指して，相互の対立を深めていった。

　このように主要国が保護貿易政策によって植民地を中心とした経済ブロックを形成し，相互に対立している状況を指して，ブロック経済体制と呼ぶ。

　こうしたなか，アメリカは，1934年に互恵通商協定法を成立させ，通商協定によって関税を相互に引き下げるという政策転換

図 9-3　満洲事変と日本軍の進路

黒　龍　江

チチハル

吉　林

遼　寧

ハルビン

長春

牡丹江

吉林

承　徳

柳条湖

熱河

奉天

天津

大連

(出所)　児玉幸多編『日本史年表・地図』吉川弘文館，1995 年ほかをもとに作成。

を行った。これは保護貿易一辺倒であったスムート・ホーリー法
からの転換を示すものであった。この協定を主導した国務省は，
アメリカが積極的に輸入を拡大することを通じて，ドルを中心と
した資金循環を国際的に構築し，最恵国待遇の原則に基づく国際
的な自由貿易体制の再建を目指した。しかし国内外の保護主義勢
力に抗することはできず，その実現は中途半端なものに終わった。

　以上のように主要国は世界大恐慌からの脱出を目指して，金融面
では再建金本位制からの離脱と管理通貨制度の導入，貿易面では保
護貿易政策を採用した。

世界大恐慌は一次産品輸出国にも大きな影響を与えた。欧米諸国の一次産品に対する需要は激減し，価格も暴落した。そのため欧米諸国への一次産品輸出に依存していたラテンアメリカ経済も深刻な危機へと陥った。貿易収支は一気に悪化し，対外債務の支払も不可能となった。アメリカからの資本流入の減少は，そうした危機に拍車をかけた。

こうした経済危機から脱出するためにラテンアメリカ諸国が採用した政策は大きく２つ存在する。ひとつは高率の保護関税を設定することで自国市場を守り，従来輸入に依存していた工業製品を自国で生産できるよう，工業化を進めていく**輸入代替工業化戦略**であった。そのために主要な産業分野において国有企業が設立された。たとえばブラジルは，繊維部門を中心とした軽工業部門において輸入代替を進めると同時に，鉄鋼業の確立を目指して，国内における鉱山開発にも着手した。もうひとつは，特定の主要国と貿易協定を結び，自国の一次産品輸出に特権的な地位を相手国市場において認めさせる代わりに，相手国からの工業製品の輸入を受け入れるという取引を行うものであった。アルゼンチンとイギリスの間で締結された**ロカ・ランシマン協定**（1933 年）はその代表的なものである。この協定によってアルゼンチンはイギリスの食肉市場を確保したが，イギリスの工業製品に対する関税引下げを容認せざるをえなくなった。

アジア諸国にも世界大恐慌の影響は及んだ。まず，東南アジア地域のアメリカとの貿易は大きく減少したが，その後，アメリカの景気回復にともない 1930 年代後半には回復していった。その回復プロセスにおいて，フィリピン，英領マラヤ，オランダ領東インドの対米依存度はさらに深まった。つまり 1920 年代に

形成された構造はそのまま1930年代においても変化しなかったといえよう。

　大きな変化は日本からの軽工業製品輸入の急増であった。東南アジア諸国の輸入に日本が占めるシェアは，1930年代に大きく増加した。その背景には，先述した日本の再建金本位制離脱後の輸出の急激な拡大があった。

　日本による急速な輸出の拡大は経済摩擦を引き起こした。とくに東南アジアとインドへの輸出拡大は，その宗主国であるイギリス・オランダによる対日輸入制限措置の実施にまで至った。第7章で見たようにインドでは工業化の萌芽が見られたが，あくまでも萌芽に過ぎず，インドや東南アジア市場において日本製品に対抗することはできなかった。

　満洲事変以降，日本製品は中国市場から締め出され，東南アジアとインドは日本にとって重要な市場となっていた。そのため日本はイギリス・オランダとの貿易交渉（日印会商・日蘭会商）を行ったが，その成果は芳しいものではなかった。ゆえに日本は，自国の重化学工業化を進めるとともに，台湾，朝鮮，満洲といった植民地との分業関係を発展させていった。日本を中心とした帝国圏内部における分業関係は，相互に産業構造を高度化させながら発展していった（円ブロック）。**日本が東南アジアとの貿易よりも円ブロックの強化を重視していくなかで，アジア域内貿易は崩壊**していった。しかし，日本帝国圏の成長はアメリカからの資本財や原材料の輸入に決定的に依存していたという点で脆弱性を有していた。日本による対米輸出はアメリカによってブロックされており，世界大恐慌以前の水準を回復することはなかったが，輸入は増加を続けた。

日中対立の激化　　一方，日本による円ブロックの形成は，中国との対立をさらに激化させた。事実

Column ⑨　国際経済システムの安定に必要なことは？〜〜〜

　世界大恐慌の古典的な研究である C. P. キンドルバーガー（石崎昭彦・木村一朗訳）『大不況下の世界——1929-1939 ［改訂増補版］』（岩波書店，2009 年〔原著は 1986 年〕）は，世界大恐慌が拡大・長期化した要因を，19 世紀以来，国際経済の中心国であったイギリスには，国際経済システムの安定を確保するための責任を果たす能力がなく，第一次世界大戦後に台頭したアメリカは，その能力を有していたものの，責任を果たす意志がなかった，という点に求めている。

　では，国際経済システムの安定のために中心国が担うべき役割は何だろうか。キンドルバーガーは，①開かれた市場の維持，②長期融資の安定的な提供，③安定的な為替相場システムの維持，④マクロ経済政策協調の実現，⑤金融危機に対する流動性の供給（最後の貸し手），の 5 点を挙げている。そして，とくに金融危機の際には⑤の機能が最も重要であると指摘している（上書，314ページ）。つまり中心国が開放された市場を維持し，貿易の縮小を食い止めるとともに，資金を潤沢に供給することによって，国際経済の危機の拡大・長期化を防ぐことができるという。

　では，両大戦間期のアメリカは①〜⑤の機能を果たす能力を有していたのであろうか。たとえば，こうした機能を果たすうえで必要となる国際的信用網は，当時，イギリスの金融機関を中心に構築されており，アメリカの金融機関の国際的信用網は発達の途上で，世界全体を覆うものではなかったという評価も存在する。国際経済システムを安定化させる役割を果たすための基礎となるインフラにまで視野を広げて評価する必要があるだろう。

　現代の国際経済についても考えてみよう。キンドルバーガーが挙げている 5 つの機能は，現代の国際社会においてはどのような主体によって担われているだろうか。アメリカや中国，それとも何らかの国際機関だろうか。もしもそうした主体が存在しないの

であれば，国際的な金融危機の拡大を防ぐことは不可能なのだろうか。世界大恐慌の教訓は，現代においても私たちに国際経済の行方を考えるためのきっかけを与えてくれる。

～～～～～～～～～～～～～～～～～～～～～～～～～～～～～

上の銀本位制国であった中国は，世界大恐慌勃発後の銀価格の変動によって大きな影響を受けていた。すなわち世界大恐慌直後は，銀価格の低落により輸出を増大させた。しかし多くの国が金本位制を離脱し，為替レートを切り下げていくなか，中国は価格競争力を失い，輸出は低迷した。加えて，銀価格の低落に苦しむ銀生産者を救済するために行われたアメリカの銀買上げ政策（1934年）によって銀価格が上昇することで，さらに輸出は低迷した。また，中国からは銀が大量に流出し続けていた。こうした状況に対応すべく中国は，米英からの支援のもと，幣制改革を行い，管理通貨制度へと移行した（1935年）。管理通貨制度へと移行した中国は，1936年には経済を安定化させることに成功した。

　こうした中国の状況に対して日本陸軍は，満洲国の建国以降も華北方面において干渉を続け，勢力圏の拡大を目指していた。このことは中国経済の混乱に拍車をかけるものであった。しかし幣制改革後の中国が経済的な安定を取り戻すなかで，南京国民政府は中央集権国家として力を強めていった。これに対抗して利権の確保・拡大を目指す日本陸軍は，華北において南京国民政府が設定した関税を無視して密貿易を行い，分離工作を行うなど，さらに中国への干渉を強めていった。

ソ連と計画経済システム

　一方で世界経済からほぼ孤立した状態にあったソ連は，こうした世界大恐慌をめぐる混乱からは切り離された状態に置かれており，他の諸国ほど大きなダメージを受けなかった。1913〜50年のソ連の年平均経済成長率は2.2％であり，西欧の1.2％を

上回っていた。実質 GDP も同期間にほぼ倍増した。

　ソ連の経済体制は，**計画経済システム**と呼ばれる。計画経済システムとは，中央集権化された政府が，生産，配分，消費といった経済プロセス全体を計画に基づき運営する体制である。多くの場合，土地や機械などの生産手段は国有化される。また工業生産も，資本主義国とは異なり，1930 年代においても増大を続けた。こうした堅調さの背景にあったのが，第一次五カ年計画（1928〜32 年）および第二次五カ年計画（1933〜37 年）であった。ソ連は，これらの計画のもと，重化学工業に資金を集中的に投資することを通じて，その生産水準を大きく向上させた。たとえば第一次世界大戦前と比べ，1940 年には銑鉄生産は約 4 倍，発電量は約 8 倍になった。しかし投資が重化学工業に偏重する形で行われたため，消費財の生産は低迷した。たとえば，指数で見た場合，工業総生産高は 1913 年から 1940 年にかけて約 8.5 倍になったが，農業総生産高は約 1.4 倍の増大にとどまった。土地を国有化し，農業の集団化（⇨ 解説 ）を推し進めたものの，農業生産は停滞したままであった。これは旧来の共同体に基づく生産に慣れた農民が，農業の集団化に反発したためであった。不作が続くなか，ソ連は工業化に必要な外貨獲得のために農業製品を強制的に輸出し，その結果として 1933 年にはウクライナを中心に大規模な飢饉が発生した（ホロドモール）。消費財生産の増大は第二次世界大戦後に持ち越された。一方で教育や医療の改善や社会保障制度の充実が進められ，生活の質の向上が図られた。

解説 **農業の集団化**　　農地は国有化され，農業に使用する道具や施設などは，そこで農業に従事する農民らによって共有される。農民が政府に指定された農場において共同で農業に従事する体制であり，社会主義圏では多くの場合，強制的に実行された。ソ連のコルホーズ，中国の人民公社が有名である。

4 第二次世界大戦の勃発と戦時経済体制

●グローバル経済の崩壊

▷▷ 戦時経済体制の特徴は何だろうか。

第二次世界大戦の勃発　ブロック経済化が進んでいくなか，ヒトラー政権は，ヴェルサイユ体制こそがドイツ経済が停滞している要因であると主張し，公然と軍事力を強化し，現状変革を目指した。それはドイツによってコントロールされる広域経済圏の拡大という形で当初は現れたが，徐々に領土的な野心を隠さないものになっていった。ドイツは1938年にオーストリア，1939年にチェコを併合した。そして1939年8月にソ連と独ソ不可侵条約を締結し，翌月には独ソがポーランドへと軍事侵攻し，分割占領した。これを契機とし，ポーランドの同盟国であったイギリスとフランスはドイツに宣戦布告し，第二次世界大戦が勃発した。

アメリカは当初参戦せずに，武器貸与法（1941年）を成立させ，英仏を物資・資金面で支援した。参戦の契機となったのは日本による真珠湾攻撃（1941年）であった。日米両国の対立は，日本が日中戦争遂行のために必要な資源獲得を目的として，戦略的要地である南部仏印に進駐したことによって決定的となった。アメリカは経済制裁を強化し，これに反発する日本は真珠湾攻撃に踏み切った。

ドイツによるポーランド侵攻，日本による真珠湾攻撃が，第二次世界大戦をもたらした。

戦時経済体制　戦争の遂行のため，連合国側のイギリス，アメリカ，ソ連，枢軸国側のドイツ，イ

Column ⑩　「総力戦体制」の戦後への影響～～～～～～～～～～

　「総力戦体制」のもと，各国政府は企業や消費者を統制下に置き，戦争遂行のためにあらゆる資源を投入していった。こうした戦時統制経済は，戦後にどのような影響を残したのであろうか。

　日本においてこの問題を取り上げ，大きな論争を巻き起こしたのが，野口悠紀雄『1940年体制――さらば戦時経済』（東洋経済新報社，1995年〔増補版2010年〕）であった。同書は，戦後の日本経済の特徴とされる要素，すなわち日本型企業（下請け制度，年功序列型賃金制度，終身雇用制等），間接金融中心の金融システム，強力な官僚制度，直接税中心の財政制度，借地・借家人の権利を強く保護する土地制度，の多くの部分が戦時期に構築されたものであると主張した。この「1940年体制」論に対して，戦後改革がもつ意義を強調し，戦時期との断絶性を強調する観点からの批判が行われ，大きな論争となった。

　現在では個別の分野において，戦時統制経済と戦後改革の影響に関する実証研究が進められるとともに，戦時期と戦後改革期をひとつの時代（1937〜54年）として捉え，両者が日本の経済システムに与えた変化を包括的な視点から把握しようという研究も登場している。

～～～～～～～～～～～～～～～～～～～～～～～～～～～～～～

タリア，日本という主要な諸国は，**戦時経済体制**の導入を行った。**具体的には市場における価格メカニズムを停止し，企業による生産や販売，貿易，金融は政府の統制下に置かれた。労働力も政府によって配分され，消費者は配給制のもとで消費活動を行わざるをえなかった**。こうした手段を通じて，あらゆる経済活動を政府が統制し，保有するヒト・モノ・カネといった資源のすべてを戦争遂行へと動員していく「総動員体制」を構築した。これらの諸国において「総動員体制」が構築できた背景には，近代国家（第4章を

参照）の形成プロセスにおいて，各種統計を整備するとともに，国民や企業の行動を国家のもとで把握するシステムが構築されていたことがある。こうした戦時統制経済は，1945 年に第二次世界大戦が終了するまで継続した。そして，その後の経済体制にも一部はそのまま引き継がれた（*Column* ⑩を参照）。

一方，近代国家の構築に至っていなかった中国の国民政府にとって，戦時経済体制の構築は困難な課題であった。個々の人々すべてを把握することができておらず，課税や徴兵も恣意的かつ不公平なものとならざるをえなかった。中国ではこうしたシステムの構築は，戦後へと持ち越された。

章末問題

1　1920 年代に世界経済が一時的に安定化したメカニズムを整理してみよう。
2　世界大恐慌の発生が与えた影響について，各地域別に考えてみよう。
3　両大戦間期に生じたアジア地域における変化をまとめてみよう。

第10章

再始動するグローバル化

自由貿易体制の再建と金融グローバル化

　本章では，欧米諸国を中心とした第二次世界大戦後の国際経済システムの展開を描いていく。第二次世界大戦後の国際経済システムの形成を主導したのはアメリカであった。そこでは自由貿易体制の発展が重視される一方，金融のグローバル化は抑制された。しかし 1970 年代の２つの危機，すなわち IMF 体制の崩壊と石油ショックを契機として，1980 年代以降，金融面でのグローバル化が急激に進展していくことになる。

1 国際経済秩序の形成とその機能不全
●ドル不足問題とその解決

▷　アメリカが構築した IMF・GATT 体制について説明してみよう。
▷　なぜアメリカが目指した国際経済秩序は機能不全に陥ったのか，考えてみよう。
▷　アメリカはどのようにして機能不全を解消しようとしたのだろうか。

アメリカの国際経済秩序構想

　アメリカは，両大戦間期とは異なり，第二次世界大戦後の国際経済秩序の形成を主導した。当時のアメリカは，世界の鉱工業生産の約半分（1948 年）を占める圧倒的な経済力を有していた。そうした経済力を背景に，アメリカは第二次世界大戦後の国際経済秩序の検討を戦時期から進めていた。その際に重視したのは自由貿易体制の再建であった。その背景には，世界大恐慌期に各国が採用した保護貿易政策が，最終的にはブロック経済へとい

たり，第二次世界大戦の原因のひとつとなったことへの反省があった。また，戦時期に過剰な生産能力を構築していたアメリカ企業にとって，戦後には輸出市場が重要になるとも考えられていた。**これは世界大恐慌によって切断された貿易面でのグローバル化を新たに再始動させようという試みであった。**

　国際金融システムの面では，世界大恐慌の発生後，各国が金本位制から離脱したことにより，再建金本位制は崩壊していた（第9章）。ゆえにアメリカはドルを中心とする新たな国際通貨システムの構築を目指した。各国は保護貿易政策を実行するために通貨の交換を制限し，自国市場の保護を行っていた。しかし貿易を行う国同士の通貨が制限なく交換できなければ，国境を越える取引は不可能である。ゆえに自由貿易体制を機能させるためには，国際通貨システムを再建し，貿易の際に通貨が自由に交換できるように，通貨の交換性を回復しなければならなかった（為替自由化）。

> **IMF 体制**

　自由貿易体制と国際通貨システムの再構築をめぐる交渉は戦時期から断続的に行われていたが，まず形になったのは後者であった。1944年に開催されたブレトン・ウッズ会議において，主要国は戦後の新たな国際通貨システムに合意した。**その特徴は，ドルと金のリンケージを中心とした固定相場制度を採用している点にある**（図10-1）。金本位制のもとでは，各国通貨は金と結びつけられていた。しかしIMF体制においては，ドルのみが金とのリンクを維持する仕組みとなっていた（金1オンス＝35ドル）。他の諸国は自国通貨とドルの間に固定為替レートを設定した。そうすることによって各国通貨同士の固定為替レートの水準も定まる。これは第二次世界大戦後にアメリカが圧倒的な経済力をもっていた現実を反映したものであり，ドルを中心とした国際通貨システムの構築を意味し

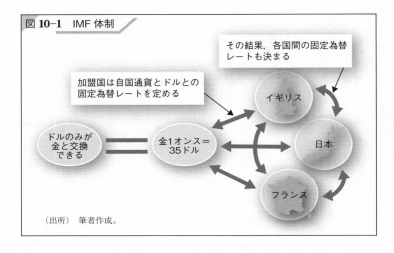

図 10-1　IMF 体制

その結果，各国間の固定為替レートも決まる

加盟国は自国通貨とドルとの固定為替レートを定める

ドルのみが金と交換できる

金1オンス＝35ドル

イギリス

日本

フランス

（出所）　筆者作成。

ていた。そして，この固定相場制度を運営する国際機関として国際通貨基金（以下，IMF）が設立された。ゆえに第二次世界大戦後の国際通貨システムは **IMF 体制**とも呼ばれる。同時に，主としてヨーロッパ諸国の戦後復興のための資金を供給することを目的とした，国際復興開発銀行（以下，IBRD，のちの世界銀行）も発足した。これは一定の経済復興が実現しなければ，各国通貨の交換性が回復し，IMF 体制が機能することはないと認識されていたためである。

　先述したように IMF 体制のもとでは為替取引の自由化が求められたが，直接投資や証券投資などの資本移動を規制するか否かは各国に任された。まずアメリカは資本移動を規制しなかった。アメリカは金 1 オンス ＝ 35 ドルという関係を維持するために，過度なインフレを防ぐなど国内経済を安定的に運営することが求められた。他の加盟国がドルとの固定相場を維持することで，ドルを含む各国間の固定相場制度が機能した。他の加盟国は資本移動の規制を実行した。加盟国の多くは，資本移動を完全に自由化

することによって，固定相場を不安定化させる投機的な資金の動きが生じてしまうと考えていた。また資本移動を規制することで，金融政策によって固定相場を維持する必要がなくなった。その結果，大恐慌期以降に採用されていた拡張的な財政・金融政策の実行を可能とする管理通貨制度の枠組みが，戦後も維持できた。こうした意味において IMF 体制は，貿易の自由化を進め，世界貿易のグローバルな拡大を目指す一方，金融のグローバル化は抑制するという性格を当初はもっていた。

IMF 体制の機能不全　しかし IMF 体制は機能しなかった。その最大の原因はドル不足にあった。IMF 体制はドルを中心とした固定相場制度であり，必然的にドルに対する需要が高くなる。ゆえに，ある国が通貨の交換性を回復した場合，多くの国が当該国にドルとの交換を求め，ドルが枯渇してしまう可能性があった。実際，1947 年にイギリスがポンドの交換性を回復した際には，ドルとの交換要求が殺到し，すぐに交換を再停止せざるをえなかった。つまり通貨の交換性を回復するためには，世界各国が一定額以上のドルを保有しておくことが必要であった。しかし戦後復興が進んでいないヨーロッパ諸国にとって，ドル圏に商品やサービスを輸出することによってドルを獲得することは至難の技であった。また，ドル圏から輸入せざるをえない食料品等の必需品への支払にドルを優先的に回すために為替管理が必要とされていた。そのため通貨の交換性を回復させ，IMF 体制を機能させるためには，ドル不足状況を改善する必要があった。

GATT の成立　次に自由貿易体制の構築について見ていこう。アメリカは貿易自由化交渉を進めるための国際機関として国際貿易機関（ITO）の設立を目指した。交渉の結果，その設立を規定した ITO 憲章は 1948 年に調印されたが，各国において批准されず，ITO は設立されなかった。戦後

復興が遅々として進んでいなかったヨーロッパ諸国が反対したことや、アメリカ連邦議会が新たな国際機関によって自国の政策に新たな制約が課される可能性を懸念したことが失敗の背景にあった。

　その結果，第二次世界大戦後の貿易自由化を進めるための基盤は，ITO 憲章に至るプロセスで締結された**「関税及び貿易に関する一般協定（GATT）」**(1947 年) に置かれた。締約国は，数量制限を排し，関税引下げを進める**「自由」**，特定の締約国に対する関税や国内制度での差別を禁じる**「無差別」**，多角的貿易交渉（⇨**解説**）を意味する**「多角」**という GATT の原則に基づき，主として関税引下げを目的とした「ラウンド」と呼ばれる貿易自由化交渉を行った。

　発足直後の 1947 年から 51 年にかけて 3 度の貿易自由化交渉が行われ，関税の引下げが進められた。とくに第 1 回では，約 4 万 5000 品目の関税引下げが行われ，貿易拡大に大きな影響を与えた。またアメリカも率先して自国市場の開放を進めることで，自由貿易体制の構築を主導した。しかしヨーロッパ諸国の戦後復興が進まず，ドルが不足しているため，通貨の交換性回復の目処が立たない状況では，貿易の拡大にも限界があった。こうした状況を改善するには設立されたばかりの IBRD では力不足であり，当初構想していた国際経済秩序を機能させるためには，アメリカ自身がヨーロッパ諸国に対する支援策を実行しなければならなかった。

米ソ対立の激化

加えて米ソ対立の激化は，アメリカに西欧支援の重要性を認識させた。その対立

解説 多角的貿易交渉　　GATT や世界貿易機関（WTO。GATT の後継機関〔第12 章第 2 節を参照〕）の場で加盟国が貿易自由化など貿易にかかわるさまざまな問題について交渉を行うこと。ラウンドとも呼ばれる。

は，ソ連が共産主義政権の樹立を目指していた東欧諸国の政治体制をめぐる問題，共産主義勢力が台頭するトルコやギリシャをめぐる情勢など，多くの側面にわたるものであったが，とくに米英仏ソ4カ国によって分割占領されていた敗戦国ドイツの戦後処理問題をめぐって両国は対立を深めていった。

ソ連は自国の経済再建のためにドイツの経済力や資源を活用することを意図していた。ソ連は，ドイツにおいて生産された物資を賠償として引き渡すように，他の占領国に対して強く要求した（経常生産物賠償）。これに対してアメリカは，西欧全体の復興を目指す立場から，そのカギとなるドイツ復興を促進するために，ソ連への経常生産物賠償には応じないという立場をとった。この結果として，両国の対立は1946年半ばから高まっていき，1947年3〜4月に開催されたモスクワ外相会談において賠償問題をめぐって両者は決裂した。このドイツ問題をめぐる両国間の対立が起点となり，米ソ対立はあらゆる局面・地域において深まっていった。

マーシャルプラン　国際経済システムの機能不全，米ソ対立の激化という状況のなか，アメリカが実施した政策がマーシャルプランであった。アメリカのマーシャル国務長官（任期：1947〜49年）は1947年6月5日に，ヨーロッパ側が援助を受け入れるための共同の機関を設置するのであれば，大規模な対ヨーロッパ援助を行う用意があることを公表した。これがマーシャルプランである。マーシャルプランの目的は以下の3点であった。

第一に，西欧諸国の経済復興である。深刻なドル不足状況，ITOをめぐる交渉の不調はアメリカに西欧諸国の経済状況が非常に悪化していることを認識させた。ゆえに大規模な経済援助を通じて，ドル不足状況を改善し，各国の経済状況の回復を図るのが，戦後

トルーマン大統領（任期：1945〜53年）による
1948年対外援助法へのサイン：1948年4月3
日，ワシントン。アメリカは同法に基づき，西
欧に対する大規模な援助を実行した。
AFP＝時事

構想の将来的な実現のために必要であると考えた。また「共同の機関」の設置によって，西欧統合を促進し，巨大な単一市場を形成することが，復興のために重要であると位置づけた。

第二に，ソ連の封じ込めであった。共産主義勢力の攻勢にさらされるギリシャとトルコを軍事援助によって支援し，ソ連共産主義を封じ込めると宣言したトルーマン・ドクトリン（1947年3月）とは異なり，マーシャルプランではソ連や東欧諸国に対しても参加が呼びかけられていたが，アメリカは東側諸国が参加するとは考えていなかった。実際，ソ連や東欧諸国は西欧諸国と参加をめぐる交渉を行ったが，最終的に参加を拒否した。この参加拒否は，冷戦の発生を決定づける契機となった。そして社会主義と計画経済の原則に基づくソ連を中心とした東側陣営と，自由と民主主義，資本主義を原則とするアメリカを中心とした西側陣営が対立構造を形成した。その対立構造はグローバルに各地域へと拡大していった。そして冷戦の発生は，アメリカが主導する国際経済秩序から東側諸国が離脱することを意味した。

第三に，ドイツ問題の解決である。まず米ソ対立の中心点とな

っていたドイツの西側（米英仏）占領部分（1949年に西ドイツとして建国）をマーシャルプランに組み込み，西欧の復興に貢献させる。加えて西欧統合のなかにドイツを封じ込めることで，周辺諸国（とくにフランス）がもつドイツの経済力に対する警戒心を弱めようという構想であった。こうした西ドイツを西欧統合内に封じ込め，その統合された西欧によってソ連を封じ込める体制を指して「二重の封じ込め」と呼ぶ。またソ連占領地区は，共産主義を原則とする国家＝東ドイツとして建国（1949年）され，冷戦構造が確定するに至った。

西欧諸国は，即座にマーシャルプランの受入れを表明し，そのための機関としてヨーロッパ経済協力機構（以下，OEEC）を1948年に設立した。そしてアメリカ議会において1948年対外援助法が成立し，1948〜51年にかけて大規模な援助が行われた。その金額は当時のアメリカのGDPの1％を超える大規模なものであった。

ソ連と東欧諸国は，西側諸国とは別の経済圏を形成することで対抗した。ソ連，ポーランド，チェコスロバキア，ハンガリー，ルーマニア，ブルガリアの6カ国は，1949年に経済相互援助会議（COMECON）を設立した。東ドイツも1950年に加盟し，相互の経済協力を進める体制を整備した。しかし基本的にはソ連と東欧各国間の二国間貿易が中心であり，ひとつの経済圏として発展していく余地は乏しかった。

2 復興から成長へ

●欧米経済の黄金時代

▶▶ 西欧とアメリカで高度経済成長が実現した要因をそれぞれまとめてみよう。

▷　ヨーロッパ統合の進展を，大陸ヨーロッパとイギリスを対比しなが
ら考えてみよう。
▷　第二次世界大戦後，人の移動はどのように変化したのだろうか。

西欧経済の復興

1950 年代の西欧においては，マーシャルプランのもと，欧州域内における貿易自由化と決済システムの再建が進められた。貿易面では，GATTにおける貿易自由化交渉と並行して，OEEC を舞台として欧州域内貿易の自由化も進められた。また決済システムの面では，ヨーロッパ決済同盟（1950 年，以下，EPU）が成立し，各国間の貿易収支の不均衡を調整し，最終的に金やドルを使って決済するというドルを節約する仕組みが整えられた。その結果，**域内貿易の再建・成長が急速に進み，1950 年代に西欧諸国は戦後復興を成し遂げ，高い経済成長率を記録した**。その結果として，多くの西欧諸国は 1958 年には通貨の交換性を回復し，IMF 体制が本来の形で機能する状況がようやく実現することになった。そして西欧諸国は 1960 年代を通じて「黄金時代」と呼ばれる高度経済成長の時代を迎えた。たとえば，経済成長率で見た場合，西欧の平均は 1913〜50 年が 1.2％であったのに対し，1950〜73 年のそれは 4.8％に達した。また輸出量の増加率も同期間において −0.14％から 8.4％へと上昇した。

ヨーロッパ統合

もうひとつ，この時代に起点をもつのがヨーロッパ統合である。フランス，オランダ，ベルギー，ルクセンブルク，イタリア，西ドイツの 6 カ国を中心として経済統合への動きが開始された。1951 年に設立された石炭と鉄鋼部門を統合する**ヨーロッパ石炭鉄鋼共同体（ECSC）**を皮切りに，1957 年には 6 カ国の関税同盟である**ヨーロッパ経済共同体（EEC）**および原子力エネルギーをめぐる協力

組織であるヨーロッパ原子力共同体（EURATOM）が設立された。関税同盟であるEECのもとで加盟国間の貿易は大きく成長した。たとえば，加盟6カ国それぞれの貿易に域内貿易が占めるシェアは，設立以前は30〜40％程度であったが，1970年代には50〜60％程度へと上昇した。

　フランスなどの西ドイツの周辺国は，二度の大戦を引き起こした西ドイツに対する安全保障の確保を最も重視していた。しかしアメリカがドイツ復興を重視する方針に転換していくなかで，むしろ復興ドイツの経済力をヨーロッパ統合のなかに封じ込めることで，その経済力の活用と安全保障の確保を両立させようと考えるにようになった。それが1950年代のヨーロッパ統合の進展につながっていった。そして1967年には**ヨーロッパ共同体（EC）**が設立され，3つの共同体はその傘下に置かれた。

　一方，ECSC設立以降の大陸ヨーロッパにおける統合の動きに加わらなかったイギリスは，オーストリア，スイス，スウェーデン，デンマーク，ノルウェー，ポルトガルと**ヨーロッパ自由貿易連合（EFTA）**を1960年に形成し，EECに対抗した。しかし**EFTAは自由貿易地域にとどまるゆるやかな統合であり，貿易や経済成長率でもEEC各国に遅れをとった。**ゆえにイギリスもEECへの加盟を望むようになり，1963年には加盟を申請した。しかしイギリスの加盟によってアメリカの影響力がEEC内で強まることを警戒するフランス大統領ド・ゴール（任期：1959〜69年）によって拒否され，1960年代にその加盟が実現することはなかった。

アメリカ経済

第二次世界大戦後のアメリカでは，戦時期に拡大した製品の供給能力に需要が追いつかず，大恐慌が再び生じるのではないかと懸念されたが，杞憂に終わった。1950年代から60年代前半にかけてのアメリカ経

済は基本的に良好な状態を保っていた。たとえば，1950～73 年にかけての実質 GDP 成長率は 3.9％であり，西欧には及ばないものの安定的に推移していた。

19 世紀末から 20 世紀初頭にかけての第二次産業革命によって生み出された製造業は，アメリカで発展してきた大量生産システムに基づき，引き続き第二次世界大戦後におけるアメリカ経済の成長を支えた（第 8 章も参照）。自動車産業（GM，フォード，クライスラー），電機産業（GE，ウェスティングハウス），航空機産業（ボーイング，ロッキードなど）に代表される製造業企業はアメリカの経済成長を牽引した。

また第二次世界大戦中の研究開発のなかから生まれたコンピュータや電子・通信機器などのハイテク産業も大きく発展した。たとえば，カリフォルニア州のシリコンバレーでは，スタンフォード大学や民間の研究所において，半導体の研究開発が進められると同時に，多くの企業が生み出され，アメリカを代表するハイテク産業の集積地帯が形成された。また軍事的な目的から国防総省による半導体の開発や支援が行われたことも，その発展に重要であった。

こうした主要な産業部門においては，生産性の上昇に見合う賃金の上昇を保証する代わりに労働争議を抑制する労使協調体制が構築された。また企業は，手厚い福利厚生制度（企業年金や医療保障制度など）を労働者に提供した。その結果，分厚い中間層が生み出され，膨大な需要を国内外にもたらした。

こうした旺盛な国内需要は，大量生産システムに基づき製造された，大量の製品の受け皿になるとともに，海外からの製品輸入を支えた。つまり良好なアメリカ経済のパフォーマンスは，アメリカが西欧諸国による対米輸入制限を容認する一方で，西欧からの輸出については受け入れ，西欧諸国が不足していたドルの獲得

を可能にしていた。アメリカは1930年代に挫折した，輸入を受け入れることによって自由貿易体制を発展させていくという構想を，第二次世界大戦後に実現したのである。

> ケインズ主義と福祉国家

このように欧米諸国は1950〜60年代にかけて高度経済成長を享受したが，その繁栄をもたらした要因のひとつとして「大きな政府」の登場が挙げられる。その背景には，戦時期において政府が生産から消費まで統制下に置いていた「総動員体制」（第9章第4節参照）の存在があった。復興が進むにつれて，政府による統制は緩和されていったが，政府による規制は多くの局面において維持された。

また政策的な面からは2つの特徴が指摘できる。第一に，ケインズ主義（⇨解説）的な経済政策である。第二次世界大戦後の欧米諸国は，ケインズ主義に基づき，拡張的な財政政策と金融政策を活用することで，国内経済の安定的な成長を実現しようとした。市場経済は不安定なものであり，そこに対して政府が経済政策によって介入しなければ，安定的な成長は実現できないとの考え方が背景にあった。また，上述したようにIMF体制下における管理通貨制度が，それを可能にする制度基盤となっていた。

第二に，福祉国家の観点である。19世紀に始まった社会福祉制度は，第二次世界大戦後に大きく拡大した。戦前は一部の市民のみが対象であったが，より包括的なものへと発展していった。イギリスにおける「ゆりかごから墓場まで」というスローガンに代表されるように，医療保険や年金といった社会福祉制度の拡充

解説 **ケインズ主義**　イギリスの経済学者ケインズ（1883〜1946年）の学説に影響を受け，第二次世界大戦後に発展した経済政策思想。政府が財政政策や金融政策を駆使することで，マクロ経済の安定化を目指すという考え方。

が，第二次世界大戦後の欧米諸国において，それぞれの特徴を有しつつも，進んでいった。このような福祉国家の建設がこの時期に進んだ理由は，まずひとつには，ソ連などの共産主義諸国の影響がある。共産主義諸国は「資本家」ではなく「労働者」によって支配される国家として位置づけられ，さまざまな社会福祉制度の充実が図られた。これに対抗して資本主義諸国においても福祉国家の建設が進められた。もうひとつは，「総力戦体制」の影響である。第二次世界大戦では，あらゆる階層の市民が兵士として参戦するとともに，軍事生産力の拡大に動員された。ゆえにそうした市民は，政治的な権利の拡大だけではなく，自身の社会福祉への権利も主張するようになった。

　これらの政策的な要因の結果，欧米諸国政府の財政規模は19世紀に比べると大きく拡大した。そして財政規模の拡大の結果，それを支える国民の税金や社会保険料の負担率も徐々に上昇していかざるをえなかった。

人の移動

欧米諸国の高度経済成長は，人の移動にも大きな影響を与えた。両大戦間期から第二次世界大戦期にかけては国際的な人の移動は低調であった。しかし第二次世界大戦後，再び人の移動は活発化していく。1945〜73 年にかけての人の移動を示した概念図である図 10-2 から特徴を確認していこう。

　まず第一に，多くの人を惹きつけたのは西ドイツやフランスといった西欧の中核国であった。先に見たように西欧諸国は高度経済成長を実現しており，労働力不足が深刻化していた。多くの国はゲストワーカー・プログラムを通じて，周辺国から労働者を受け入れた。また第二次世界大戦後に独立した多くの植民地諸国から西欧の旧宗主国への移民も増加した。一方で，旧イギリス帝国圏内では，イギリス本国への移民を除くと，多くの植民地の独立

図 **10-2** 国際的な移民の流れ（1945〜1973 年）

（注）　矢印の太さは流量の大きさを近似で示している。正確な数値は入手できないことが多い。
（出所）　Castles, Haas and Miller（2014）, p. 105.

によって，旧帝国内諸国間の移民は大きく減少した。

　第二に，**アメリカ**である。第 9 章で見たように，アメリカへの移民は 1924 年移民法以降停滞していたが，**1965 年移民法**が新たに成立し，母国籍割当制度が廃止されるなどした結果，移民受入れ数が再び拡大し始めた。1951〜60 年にかけて年平均 25 万人だったのが，1961〜70 年には平均 33 万人へと増加した。しかし 1901〜10 年にかけての平均 88 万人にはまだ及ばない状況であった。

　第三に，**オーストラリア**も代表的な移民受入れ国のひとつであった。1947〜73 年にかけての労働力増加の半分は移民によるものであった。第二次世界大戦後のオーストラリアは年 1％の人口増を目標として移民を受け入れた。経済成長のためには労働力の増大が必要であると考えていたためである。当初はイギリスから多くの移民を受け入れていた。しかしイギリスの復興にともない流入する人数は減少し，代わってバルカン半島やスラブ地域から

の移民が増加した。オーストラリアは白人移民しか受け入れない方針をとっていたため（白豪主義），ヨーロッパ地域からの移民が大部分を占めた。この方針は1973年に廃止され，その後はアジアからの移民が増加することになった。

第四に，**中国から東南アジアへの移動の消滅**である。社会主義国化した中国は，人の移動を大幅に制限し，移民が大きく減少した。また東南アジア諸国も，第二次世界大戦後の独立にともない移民の流出・流入を制限した。

3 1970年代の危機とその克服

●グローバル化のさらなる進展

▶ IMF体制が崩壊した要因と，それが世界経済に与えた影響を考えてみよう。

▶ スタグフレーション克服のために各国が実行した政策をまとめてみよう。

▶ ヨーロッパ統合の発展プロセスを，その段階的な変化に注目し，整理してみよう。

1950～60年代の欧米諸国の経済成長によって，自由貿易体制は新たな段階に入り，貿易のグローバル化はさらに発展した。一方で欧米諸国は，1970年代に2つの大きな危機に見舞われた。ひとつはIMF体制の崩壊であり，もうひとつは石油ショックであった。この2つの危機を乗り越えていくなかで，グローバル化はさらに進展していくことになった。

米欧間の経済摩擦とケネディ・ラウンド

まず1960年代以降の貿易面でのグローバル化の進展について，主として国際貿易体制の変化に注目しつつ概観していこう。

西欧諸国は復興を成し遂げ，1960年代に高度経済成長を実現した。アメリカは依然として世界最大の経済大国であったが，西欧諸国のキャッチアップが進んでいた。ゆえに復興期に容認されてきた両者の不平等な関係の見直しが進められた。その最も代表的な分野が貿易であった。

　その重要な契機は，1962年のアメリカ通商拡大法であった。アメリカでは関税率を決定する権限は議会にあるが，同法は大統領に関税率を大幅に引き下げる権限を与えるものであった。この権限に基づきケネディ大統領（任期：1961〜63年）は，新たな多角的貿易交渉を呼びかけた。ここにおいてアメリカは，西欧からの輸入を一方的に認める立場から，互恵的な関税引下げを求める立場へと変化した。このケネディの政策は，1964〜67年にかけてGATTで行われたケネディ・ラウンドへと結実した。ケネディ・ラウンドの参加国数は62カ国と，前回（ディロン・ラウンド，1960〜61年，26カ国が参加）から大幅に増加し，工業製品の関税を平均して35％低下させることで合意した。その結果，1960〜70年代にかけて世界貿易は大きく拡大していった。1913〜50年にかけての世界貿易の年平均成長率が0.9％であったのに対し，1950〜73年は7.9％であった。

　一方，次章以降で見るように，多くの途上国にとっては，こうした自由貿易体制の発展とどのように向き合い，自国の開発戦略を構築していくかが大きな課題となった。

ドルの流出

アメリカからのドルの供給に基づく1950年代の西欧諸国の経済成長により，ドル不足問題は解消した。多くの西欧諸国は，通貨の交換性を回復し，1960年代にはIMF体制が本来想定されていた形で機能し始めることになった。しかし，すぐにその機能不全が明らかになった。その大きな原因は，ドルが過剰に市場へと供給されるように

なったことであった。

　IMF 体制は，ドルと金の結びつきを基礎とした固定相場制度を基本としている。ゆえにドルが不足すると機能しない。しかし市場に出回るドルが過剰になりすぎると，ドルと金の交換可能性に対する信頼が低下し，IMF 体制を危機に陥れてしまう。しかし 1960 年代を通じて，アメリカからのドルの流出が続き，市場におけるドルは過剰になっていった。

　その要因として 3 点指摘できる。第一に，**アメリカによる海外軍事支出の拡大**があった。とくにベトナム戦争の問題である。1960 年代以降，ベトナム戦争が泥沼化していくに従い，アメリカの海外における軍事支出も大きく拡大していった。第二に，**欧米企業の多国籍化**の進展である。1960 年代にアメリカ企業は対外投資を順調に拡大していった。1957 年と 1970 年の直接投資額を比較すると，約 3 倍に拡大している。とくに，1950 年代に経済成長を実現した西欧諸国に対して，アメリカ企業は活発に直接投資を行った。また西欧企業も，アメリカにおいて事業の拡大に必要な資金の調達を行った。これらの活動は，アメリカからのドル流出の拡大につながった。第三に**貿易収支の悪化**である。1960 年代のアメリカは 5％前後の経済成長率を記録し，国内経済は好調であり，輸入も増大した。また，西欧および日本の復興が進むにつれて，IMF 体制が発足した当初の固定為替レートが，それらの諸国の対米輸出を有利にしていた。そのため輸入が増大する一方，輸出面におけるアメリカ企業の競争力は低下した。その結果，貿易収支が悪化し，流出していくドルの部分をカバーできなくなっていった。1960 年代に入り，アメリカの貿易収支の黒字幅は縮小していき，1971 年には貿易赤字へと転落した。

　こうした状況に対してアメリカは，資本移動規制の導入，対外軍事支出の同盟国とのバードン・シェアリングや固定為替レート

の変更を試みたが，大きな効果はなく，ドルの流出は続いていった。一方で，各国通貨の交換性が回復し，貿易が拡大するとともに，それにともなう短期的な資本移動も増大していった。こうした貿易取引にかかわる信用の拡大も，アメリカからのドルの流出を促した。そして流出したドルをベースとしたユーロ・ドル市場がロンドン中心に形成された。ユーロ・ドル市場とは，アメリカ国外に存在するドルを取引する市場を指す。そこでは国家による規制の枠外において，金融機関の間で活発なドル取引が自由に行われた。アメリカによる資本移動規制はその発展をさらに促進した。その後ユーロ・ドル市場は，ドル資金を調達する中心的な国際金融市場として発展していった。

　ドルの過剰な流出は，他の諸国（とくにフランス）によるアメリカへのドルと金の交換要求を増大させた。その結果，アメリカの金準備は 1960 年代を通じて減少を続け，1970 年には 1948 年の半分以下のレベルへと落ち込んだ。このことは，アメリカの第二次世界大戦直後における圧倒的な経済的地位が失われたことを意味していた。

IMF 体制の崩壊と変動
相場制度への移行

こうした 1960 年代における金の流出に耐えられなくなったアメリカは，1971 年 8 月に金とドルの交換停止を宣言し（ニクソン・ショック），IMF 体制は崩壊した。アメリカは金とドルの結びつきを中心とする固定相場制度を維持する努力を放棄した。

　IMF 体制の崩壊後，先進国間において協議が行われ，固定相場制度の再建が目指されたが，結局，なし崩し的に変動相場制度へと移行することになった。1970 年代以降の変動相場制度のもとでは，各国間の為替レートは日々の為替取引の状況によって変動するようになった。一方でドルは金との結びつきを放棄したものの，変動相場制度への移行後も国際的な基軸通貨の位置を占め続

けた。アメリカの経済力は低下したとはいえ，依然として世界最大の経済大国であり，輸出市場としても非常に大きな地位を占めていた。また，アメリカから流出し続けていたドルが国際金融市場に膨大に存在しており，国際的な取引を行う際に有用であったということも理由のひとつであった。

IMF体制が崩壊したことにより，欧米諸国を中心に資本移動の自由化が1970年代末から1980年代にかけて加速度的に進み，金融面でのグローバル化が一気に進展した。1960年代以降の企業や銀行の多国籍化の進展によって，より自由な各国間の資本移動が求められるようになっていったことがその背景にあり，アメリカは各国に対して資本移動の自由化を進めるよう働きかけを強めた。そして資本移動の自由化の進展は，各国の金融市場や金融部門のさらなる発展をもたらした。その結果，先進国間の資本移動は爆発的に拡大した。その影響は開発を進める途上国にも波及した。途上国も資本移動を自由化し，先進各国から開発資金の導入を進めていった。

一方で，金融のグローバル化は，為替レートの乱高下や金融危機の多発という問題を世界経済に対して投げかけるようになっていった（第12章を参照）。

石油ショックと新自由
主義的経済政策の登場

もうひとつの1970年代の危機は二度の石油ショックであった。1973年にイスラエルとエジプト，シリアの間で勃発した第四次中東戦争を契機として，中東産油国は石油価格を大幅に引き上げた。さらにイスラエルを支持する諸国に対する石油禁輸も実行された（第一次石油ショック）。その結果，石油価格は大幅に上昇し，先進国を中心とする石油輸入国の経済に大きな打撃を与えた。先進各国は，失業率の大幅な上昇と10％を超える物価上昇が同時に生じるスタグフレーションに見舞われた。1979年

には二度目の原油価格の引上げが行われ，先進各国のインフレーションは加速した。

　先進各国は自国の失業率とインフレ率の低下を目指し，模索を続けた。そのなかで登場した経済政策思想が**新自由主義**であった。従来，不況の克服のために実施されていたのはケインズ主義に基づく経済政策であった。拡張的な財政政策と金融緩和政策によって需要を刺激することで，景気の回復を図るという考え方である。つまり1970年代までの経済政策において重視された対象は需要側であった。しかし1970年代において拡張的な財政政策は，インフレをさらに加速させただけであり，問題を解決することができなかった。ゆえにケインズ主義的な経済政策のあり方が疑問視されると同時に，既存の経済構造それ自体にも大きな問題があるのではないかと考えられるようになった。

　そうした状況のなかで登場したのが新自由主義という考え方である。**新自由主義的な経済政策は，需要側ではなく，供給側の構造改革を重視した**。企業や労働者の生産性上昇を図ることによってスタグフレーションから脱出することができるという考え方である。そのためには市場経済システムの活用が重要であるとされた。つまり国営企業を民営化し，補助金を廃止すると同時に，あらゆる規制の緩和を進めていくことで，国家の経済プロセスへの介入を減らしていく。そして減税によって企業や労働者のインセンティブを引き出し，生産性の向上を図る，というものであった。1980年代にはケインズ主義に基づく「大きな政府」から，上記のような新自由主義に基づく「小さな政府」への転換が重視されるようになった。

　代表的な例としてはイギリスのサッチャー政権（任期：1979〜90年，石炭，鉄鋼，自動車など）や日本の中曽根政権（任期：1982〜87年，電話，鉄道など）による国営企業の民営化が挙げられる

先進国首脳会議（サミット）：レーガン米大統領（右から 4 人め），サッチャー英首相（同 2 人め），その間に位置どる中曽根康弘首相（同 3 人め）。1983 年 5 月 29 日，米国バージニア州ウィリアムズバーグ。
CNP = 時事通信フォト

が，最も典型的なものはアメリカのレーガン政権（任期：1981〜89 年）による経済政策体系＝レーガノミクスであろう（*Column ⑪*を参照）。

　規制を撤廃し，あらゆる市場の自由化を重視する新自由主義的な考え方は，国際貿易や資本移動の自由化をさらに推し進めることにもつながっていった。

サミットの登場

石油ショックやスタグフレーションの克服を目指し，国際的な協調体制も 1970 年代に構築された。1975 年にフランスのジスカール・デスタン大統領（任期：1974〜81 年）が提唱する形で，石油ショックとそれにともなう世界経済の混乱の克服を目指して，**第 1 回先進国首脳会議**（のちの **G7 サミット**）が開催された。同会議には，アメリカ，イギリス，フランス，西ドイツ，日本，イタリアが出席した。この会議にはのちにカナダも加わり（いわゆる G7），サミットを中

Column ⑪ レーガノミクス ～～～～～～～～～～～～

　1970年代のアメリカ経済は，スタグフレーションに見舞われ，GDP成長率もマイナスになる年があるなど低迷の時代であった。製造業の競争力も低下し，日本からの鉄鋼，自動車，家電製品の輸入が増大し，両国間の貿易摩擦が激化するようになった。この状況から脱却するための改革案とともに登場したのがレーガン大統領であった。

　レーガン大統領は，サプライサイドの改革を重視し，新自由主義的な経済政策を展開した。これをレーガノミクスと呼ぶ。レーガノミクスのもと，まず所得税や法人税の大幅減税が実行された。これによって企業と労働者のインセンティブを引き出そうとした。次に規制緩和によって市場の活性化を目指した。とくにエアラインなどの運輸業，情報通信産業，金融業などの規制緩和を進めた。また労働市場規制の緩和も実行された。高いインフレ率に対しては，金利の大幅な引上げによって対応しようとした。

　その効果はどうであったか。まず高インフレは，金融引締政策によって抑制された。一方で歳出の削減は進まず，さらにソ連を「悪の帝国」と呼び，「強いアメリカ」を目指して国防費を増大させたことから，財政赤字は大きく拡大し，その政策意図とは異なり，「大きな政府」が形成された。その結果，大規模減税と相まって，レーガノミクスの意図したところとは異なり，需要サイドが大きく刺激され，アメリカの景気は一気に好転した。

　また金融業の規制緩和は，ニューディール期に構築された銀行業に対する各種の規制の撤廃＝金融自由化を意味し，金融業は活性化した。また情報通信産業の規制緩和は，その後の情報通信技術（ICT）産業の発展の基礎を築いた。労働市場の規制緩和によって，労働の流動化が進み，労働組合は弱体化していった。こうした点においてレーガノミクスは，その後のアメリカ経済のサービス化の進展に大きな役割を果たしたともいえよう。

また，レーガノミクスは世界経済の行方に大きな影響を与えた。第一に，財政赤字の拡大に見られるように，レーガン政権による実際の政策すべてが新自由主義的な経済政策であったとはいえないが，その理念は，国際的に大きな影響力をもった。第11章において見るように，1980年代にラテンアメリカ諸国が新自由主義的な改革を実行させられたのはその好例である。アメリカは国際経済政策を活用することによって，新自由主義的な構造改革をグローバルに拡大していった。

　第二に，経常収支赤字の拡大をめぐる問題である。レーガノミクスのもとでのアメリカの好景気は輸入を大きく拡大させた。また金融引締政策による高金利は，中東や日本・西ドイツからアメリカへの資金流入の増大につながった。その結果，為替レートはドル高傾向が続き，アメリカ企業による輸出競争力を削ぐとともに，輸入拡大の要因ともなり，経常収支の赤字は一気に拡大した。これは上述した財政赤字の拡大とあわせて「双子の赤字」と呼ばれた。そしてアメリカの経常収支赤字は，1980年代後半から90年代前半には縮小・安定したものの，その後は再び拡大し続け，アメリカの国際経済構造の特徴として定着している。

───────────────────────────────

心とした先進各国の協調体制が構築された。つまり国際政治・経済の問題について，年に一度，各国首脳が集まり，解決策について協議するサミットを中心に，先進各国の経済政策の協調を進める枠組みが生まれた。たとえば，1978年のボン・サミットでは，停滞する世界経済を比較的経済状況が良好であった日本と西ドイツが内需を拡大することで牽引すべきであるという「日独機関車論」が唱えられ，1979年の東京サミットでは第二次石油ショックへの対応策が話し合われた。その後もサミットはG7諸国がさまざまな政治・経済問題を協議する主要な舞台となった。

1970 年代の 2 つの危機は、ヨーロッパ統合の進展にも大きな影響を与えた。まず 1973 年に初めて加盟国の拡大が行われた。原加盟国の 6 カ国に加え、デンマーク、アイルランド、イギリスの加盟が認められた。とくにイギリスは、1960 年代から加盟を申請していたが、イギリスをアメリカの「トロイの木馬」と考えるフランスのド・ゴール大統領の強硬な反対によって認められなかった。しかし 1969 年にド・ゴールが辞任すると、1971 年から交渉が再開され、1973 年にその加盟が認められた。

　加盟国の拡大という点ではヨーロッパ統合の進展が見られたが、それ以外の面では低調であった。その背景にはスタグフレーションがあった。失業率とインフレ率が上昇し、各国政府は対応を迫られたが、その多くは企業の国有化や補助金の支給といった形で、政府の経済プロセスへの関与を増大させ、経済危機を克服しようとするものであった。それは旧来のケインズ主義に基づく政策をさらに強化したものに過ぎず、ヨーロッパ統合をさらに進めることで、経済危機を乗り越えようという試みは存在しなかった。唯一、IMF 体制崩壊後の為替レートの急激な変動に対応する形で、EEC 加盟国、デンマーク、アイルランド、イギリス、スウェーデン、ノルウェーが参加し、各国の通貨間の変動幅を一定に抑える試みが行われた。これはスネーク制度と呼ばれ、事実上の固定相場制度の西欧における再現でもあり、通貨統合の最初の試みであった。しかし石油ショックによる経済混乱に各国が一国主義的に対応していくなかで、事実上、西ドイツの通貨マルクの影響力が強い周辺国のみが残り、イギリスやフランス、イタリアといった欧州の大国は離脱し、失敗に終わった。

　さまざまな経済対策にもかかわらず、1970 年代から 80 年代前半にかけての西欧経済は、停滞が続いていた。日本やアメリカの

Column ⑫ エネルギー革命 ~~~~~~~~~~~~~~~~~~~~~~~~~~~~~~

　生産や消費活動において主として使用されているエネルギー源が大きく変化する現象を指してエネルギー革命と呼ぶ。

　本書の第5章においては，産業革命とのかかわりでエネルギー源の石炭への変化とその影響が説明されている。いち早く石炭を活用したイギリスは，工業化をリードし，のちに「世界の工場」と呼ばれるような経済力を世界に先駆けて築いた。

　石炭に続くエネルギー源となったのは石油である。石油は19世紀後半には使用されていたが，それが石炭に代わり，世界的に主要なエネルギーとなったのは1960年代以降のことである。その背景には，大規模な油田の開発，大型タンカーの導入など輸送手段の向上があった。また石油は石炭よりも取扱いが容易であり，熱効率も高かったため，石炭からの移行が急速に進んでいった。

　ゆえに石油価格の急騰をもたらした1970年代における二度の石油ショックは，各国経済に大きな影響を与え，スタグフレーションをもたらした。そして石油エネルギーに依存していた各国は，エネルギー消費の節約を進めるとともに，原子力や太陽光・風力といった再生可能エネルギーなどの新エネルギー源を模索した。しかし石油エネルギーが主流である状況は現在においても変化していない。

　現在，石油の多消費は二酸化炭素の排出を通じた地球温暖化の原因となっており，その対策は大きな課題となっている。またスリーマイル島（1979年），チェルノブイリ（1986年）および福島（2011年）の原子力発電所の事故は多大な被害をもたらしている。そうした状況を踏まえて，次のエネルギー革命の方向性について，私たちは考えていかなければならない。

~~~~~~

企業との激しい競争によって圧迫された西欧経済は，高い失業率に悩まされ続けた。こうした状況に対して，一国主義的な対応は限界に到達したという認識が広がり，1980年代後半以降のヨーロッパ統合は，加盟国を拡大しながら，新たな段階へと入っていくことになった。そうした意味で，1980年代はヨーロッパ統合の歴史において大きな転換点であった。

ドイツ・フランクフルト：2002 年に流通が開始されたユーロは，現在 EU 加盟 27 国中，20 カ国において利用されている。
筆者撮影

　その転換を象徴するものとなったのが，**単一欧州議定書**であった。単一欧州議定書は，西欧域内市場の自由化を大きく進めることによって，真の意味でのヨーロッパ統一市場を形成することで，経済危機を脱しようという試みであった。そこでは関税の撤廃だけではなく，資本移動の自由化も進めていくこと，さまざまな規制を取り除き，法制度や経済政策を調整・統一していくことが目標とされた。そして単一欧州議定書が発効した1987 年から 1992 年の期間にそれを実行することが定められた。また，のちのユーロの導入（会計通貨としては 1999 年に導入，2002 年から硬貨・紙幣の流通開始）につながる**通貨統合**への動きも始まった。1988 年に欧州委員会委員長ジャック・ドロールによってまとめられた「**ドロール報告書**」は，通貨統合の実現へ向け

た3段階のプロセスを定めた。

そうした流れを受けて1992年に加盟国の間で同意されたのが，マーストリヒト条約であった。マーストリヒト条約では，単一通貨ユーロの導入が決定されると同時に，ECSCなどの経済統合に関する分野を欧州共同体の柱，それに加えて警察・刑事司法協力，共通外交・安全保障政策の2つの柱が加えられ，3本の柱によるヨーロッパ統合の構造が規定された。そしてヨーロッパ統合は新たな歩みを始めることになった。

1970年代の危機に対して西欧諸国は，各国がそれぞれのやり方で経済危機の克服を目指すという道を放棄し，統合を進展させ，そこで新自由主義的な経済政策を進めていくという新たな道を選択したのである。

 章末問題

1　当初は機能不全であったIMF体制は，いかにして機能するようになり，そして崩壊したのか整理してみよう。

2　貿易と金融両面のグローバル化が再建されていくプロセスを整理してみよう。

3　新自由主義的な経済政策の特徴をまとめ，それが現在に与えた影響について考えてみよう。

第11章

グローバル化と開発

自由貿易体制とどう向き合うのか？

　本章では途上国の工業化への動きと社会主義圏の動向について扱う。第10章で見たように，第二次世界大戦後，アメリカが主導する形で欧米諸国を中心とする自由貿易体制が発展した。途上国にとって，この自由貿易体制とどのように向き合うのかが，工業化戦略において重要な課題となった。またアメリカとソ連の対立が生み出した冷戦構造も途上国の動向に大きな影響を与えた。

　ソ連を中心とする社会主義圏は，計画経済システムに基づく経済運営を行った。1960年代までは問題を抱えつつも経済成長を実現した。しかし1970年代以降，苦境へと陥り，途上国と同様に，自由貿易体制とどのように向き合うのかが大きな課題となっていく。

1 冷戦と工業化

●東アジアの場合

> ▷▷　新たな独立国はどのような課題に直面していたのだろうか。
> ▷▷　冷戦は東アジア地域にどのような影響を与えたのか，考えてみよう。
> ▷▷　冷戦によってアジア域内市場はどのように再編されたのだろうか。

2つの課題：冷戦と工業化

　第二次世界大戦後における大きな構造変化のひとつは，宗主国から独立した新たな国家が数多く誕生した点にあった。多くの植民地が，西欧を中心とする宗主国から次々と独立していっ

た。「植民地主義」に批判的なアメリカの影響もあったが，多く
の西欧諸国は植民地を維持するコストに耐えられなくなり，徐々
に独立を認めざるをえなくなっていった。1960年にはアフリカ
において17カ国が一気に独立し，「アフリカの年」と呼ばれた。
その結果，1945年に設立された国際連合の加盟国数は，設立当
初の51カ国から急速に増大し，1961年には100カ国を超えた。

　これらの新たな独立国も含む，欧米以外の諸国が直面した課題
は大きく2つあった。ひとつは**冷戦**であった。第二次世界大戦後，
アメリカは自身を中心とする国際秩序の形成を目指した。これに
反発するソ連との間の対立は深まり，最終的にヨーロッパは東西
に分断され，冷戦が勃発した。そして冷戦はグローバルに拡大し
ていった。アメリカとソ連以外の諸国にとって，この冷戦構造へ
の対応が重要な課題となった。多くの国が冷戦の影響をうけ，そ
の政治・経済の方向性は大きく変化せざるをえなかった。

　もうひとつの課題は工業化の実現であった。経済力で優越する
欧米諸国に対してキャッチアップするためには，工業化を推進す
ることが必要であった。とくに旧植民地諸国には，宗主国に一次
産品を供給するモノカルチャー型の経済構造が形成されている場
合が多く，そこからの脱却が重要な課題であった。西側諸国にと
っては，アメリカが主導する自由貿易体制に対してどのような形
で対応するのかが，開発戦略上，重要な課題となった。東側諸国
は経済的に欧米諸国へとキャッチアップするだけではなく，軍事
的に西側諸国に対抗する必要性があった。ゆえに多くの場合，東
側諸国はソ連と同様の計画経済システムを導入し，軍事力の基礎
となる重工業の発展を目指した。

　以下では，この2点に留意しつつ，第二次世界大戦後から
1980年代に至るまでのアメリカと西欧以外の地域の動向につい
て見ていこう。

冷戦と東アジア

冷戦の初期に，その影響を最も強く受けたのは東アジア地域であった。まず戦後米ソによって分割占領されていた朝鮮半島では，1948年に大韓民国（以下，韓国）と朝鮮民主主義人民共和国（以下，北朝鮮）が相次いで建国された。そしてソ連の支援を受ける北朝鮮は，1950年6月に韓国へと侵攻し，**朝鮮戦争**が勃発した。その後，アメリカを中心とする国連軍が韓国を支援し，中国は人民義勇軍が参戦するという形で北朝鮮側に立って介入した。その結果，1953年の休戦に至るまで，両陣営の間で激しい戦闘が行われた。**こうして東アジアにも冷戦構造が持ち込まれることになった。**

中国大陸では，第二次世界大戦の終了後，国民党と共産党の間で内戦が生じた（第二次国共内戦）。**この内戦は共産党の勝利に終わり，中華人民共和国（以下，中国）が1949年に建国された。敗れた国民党は台湾へと逃れた。**建国後の中国は当初，急速に社会主義的な計画経済体制の構築を進めたわけではなく，国営部門と民間部門が混在する経済体制であった。しかし朝鮮戦争におけるアメリカとの戦闘のなか，中国は自国の軍事力が劣勢にあることを認識し，その基盤となる重工業化を急速に進めなければならないと考えた。そして戦後，急速にソ連との結びつきを強め，その支援のもとで社会主義的な計画経済体制を構築し，重工業の発展を目指した。

一方で台湾はアメリカからの援助を受け，中国に対抗した。アメリカは朝鮮戦争の勃発を契機として，台湾の防衛を重視するようになった。1950年代において中国と台湾は，台湾海峡において二度の紛争（1954〜55年，1958年）を戦うなど軍事的な対立を深めていたが，アメリカという後ろ盾をもつ台湾に侵攻することは，この時点の中国にとっては不可能であった。

このように米ソ対立が東アジア地域でも深まるなか，日本の占領

政策にも大きな転換が生じた。第二次世界大戦後における対日占領政策は、アメリカが主導権を握る形で実施されていた。終戦直後からアメリカのマッカーサー最高司令官（任期：1945～51年）率いる連合国軍最高司令官総司令部（以下、GHQ）は、日本の非軍事化を進めるために経済民主化政策（財閥の解体、農地改革による地主制の廃止、労働者の権利を確立するための労働改革）を実行した。これらは軍事力の基礎をなす経済力を解体し、経済面での民主化を進めることを目的としていた。つまり日本の戦後復興よりもその弱体化が重視されていた。しかし1947年頃からヨーロッパや東アジアにおいて冷戦が激化していくなか、GHQの占領政策は、非軍事化措置よりも経済復興や西側の一員としての国際社会への復帰が重視される方向へと転換していった。これを「逆コース」と呼ぶ。そして朝鮮戦争の勃発が日本経済に特需をもたらし、戦後復興は一気に進んだ。日本は、1951年に主として西側諸国との間でサンフランシスコ平和条約、アメリカとの間で日米安全保障条約に調印し、西側陣営の一員として明確に組み込まれた。

アジア域内市場の再編

冷戦によって東アジア地域が分断された影響は貿易面に現れた。1950年代以降のアジア域内市場は、冷戦構造の定着から大きな影響を受けるなかで発展していった。その影響は大きく2つ挙げられる。**第一に、中国と北朝鮮の退出である**。とくに中国の不在は大きな影響を与えた。中国は自給自足での経済成長を目指す「自力更生」路線を掲げ、事実上、国際的な貿易・投資関係から退場した。ゆえに戦後のアジア市場は、中国の不在という大きな構造変化のもと、出発せざるをえなかった。**第二に、アメリカを中心とした貿易構造の復活である**。第二次世界大戦によって貿易は途絶したが、両大戦間期においてアメリカとアジアの貿易は増大していた。その期

間に形成されていた構造が，第二次世界大戦後，冷戦がグローバル化していくに従って，徐々に復活へと向かっていった。

　アメリカは，1930年代に活性化していた日本と東南アジアの貿易関係を再構築することを通じて，中国抜きでアジア域内の分業関係を構築しようと考えた。東南アジア諸国は日本への一次産品の供給先であると同時に，日本の工業製品の需要先としても位置づけられ，アメリカによる一次産品の輸入や経済援助が東南アジア諸国のドル不足状況を補うとともに，東南アジアへの輸出によって日本が外貨を獲得できると想定した。

　これに呼応する形で**日本側からも東南アジアの開発を目指す構想がたびたび提案された**。その際の障害になったのは第二次世界大戦後の賠償問題の未解決状況であった。日本と東南アジア諸国の賠償問題をめぐる交渉は，1950年代を通じて各国と行われ，賠償協定が結ばれていくことで，一応の決着を迎えた。そのなかで，日本政府は，賠償と紐付き援助（⇨ **解説**）による経済協力を組み合わせる，物品などによる現物賠償を中心とする，といった方策を通して，日本企業の東南アジア諸国への経済進出，重化学工業製品の輸出を支援した。その結果，**1950年代に日本と東南アジアの貿易関係は大きく発展した**。

　このように東アジア地域においては冷戦による東西対立が波及した結果，中国が域内の貿易関係から退出し，その影響によって貿易構造も大きく変化せざるをえなかった。冷戦がグローバルに拡大していくなかで，他の地域も多かれ少なかれ似たような問題に直面し，冷戦構造のなかで自国の工業化を進めていかなければならなかったのである。

解説 **紐付き援助**　　援助によって実行するプロジェクトに従事する企業や関連する資材調達先などを援助国に限定することを被援助国に対して義務づけるタイプの国際援助。

2 援助と一次産品

> ▷▷　途上国は開発に必要な資金をどのようにして調達しようとしたのだ
> ろうか。
> ▷▷　一次産品価格の変化は途上国にどのような影響を与えたのだろうか。
> ▷▷　途上国による自由貿易体制への批判はどのような改革に結びついた
> のだろうか。

開発資金と東西援助競争

　途上国が工業化を進めるためには資金が必要であった。とくに外貨が重要である。海外から工業化に必要な資本財や原材料を入手する必要があったからである。**この外貨の供給源として重要であったのは，東西両陣営からの国際援助であった。**とくにその中心国であったソ連とアメリカが主要な担い手であった。

　西側では，たとえばイギリスは，アジア太平洋地域のイギリス連邦諸国を中心に援助を行うための枠組みとして，1950年に「コロンボ・プラン」を創設した。アメリカも1949年にトルーマン大統領が「ポイント・フォア計画」を打ち出し，途上国への経済援助を実行したのを皮切りに，歴代政権は途上国に対するさまざまな経済援助プログラムを立ち上げた。1960年代に入ると日本もアジア地域を中心に経済援助を徐々に拡大していった。**またアメリカが主導する国際援助機関であった世界銀行による借款も重要な役割を果たした。**こうした動きに対抗し，東側諸国ではソ連や中国が途上国を中心に経済援助を増強していった。

　東西両陣営による経済援助は，アメリカによる韓国や台湾への経済援助，ソ連の北朝鮮やモンゴルへの経済援助に見られるような，自陣営に属する諸国に対するものが中心であったが，両者と

も自陣営の拡大を狙って，激しい**援助競争**を各地域で繰り広げた。そこでは各国の政治経済体制の性格，すなわち資本主義か社会主義か，が問われることはなく，政治的な立場として米ソのどちらを支持するのかが重要であった。ゆえに途上国の側からすれば，たとえばインドのようにアメリカとソ連の両国から経済援助を引き出すことも可能であった。一方で，経済援助のすべてが贈与ではなく，借款である場合も多かった。ゆえに返済に窮する途上国も出てくることになり，債務の返済が経済成長の重荷になることもあった。

資源ナショナリズム　もうひとつの資金源として注目されたのが資源であった。植民地時代に宗主国やその企業によって独占されていた資源を奪い返し，それを活用することによって得られた利益を，自国の工業化のために投資していこうという動きである。このように自国に存在する資源を自ら保有し，開発・運営していこうという考えを指して**資源ナショナリズム**と呼ぶ。たとえば，エジプトによるスエズ運河の国有化（1956年）はそうした流れの代表的なものである。

　当初，エジプトは治水および電源と流域の開発を目的としてナイル川に建設予定であったアスワン・ハイ・ダムの資金を，アメリカからの経済援助に依存しようと考えていた。しかし交渉が決裂したため，別の資金源を確保するためにスエズ運河の国有化を実行した。最終的にはソ連からの経済援助によって，アスワン・ハイ・ダムの建設は進められたが，東西間の援助競争，資源ナショナリズムの動きを象徴する事例といえよう。

　資源ナショナリズムは，資源を支配していた欧米企業を国有化していく動きとしても現れた。たとえば中東における石油産業について見てみよう。中東において油田の開発が本格的に進められたのは，第一次世界大戦によってオスマン帝国が解体された後であ

った。その後，新たに中東を支配下に置いたのはイギリスとフランスであった。第二次産業革命にともなう石油需要の増大に対応し，両国の石油会社は中東での油田開発を進めるとともに，その石油資源を独占するようになった。のちにアメリカの石油会社も加わり，これらの石油メジャーと呼ばれる数社の巨大石油会社によって中東の石油は支配された。石油メジャーは国際カルテルを形成し，価格をコントロールした。

　こうした石油メジャーに対して産油国の多くは反発した。とくにイランのモサデク政権（任期：1951〜53 年）は石油国有化を1951 年に宣言し，石油メジャーに対抗した。しかし石油メジャーによるイランの石油市場からの締め出し，米英両政府による干渉によって，モサデク政権は 1953 年に崩壊し，元の米英支配の体制に戻った。しかし中東諸国の反発はより強まっていった。とくに石油メジャーが石油価格の決定権を握り，その価格の引下げを実行している点に不満が集中した。

　ゆえに石油産出国であるイラン，イラク，サウジアラビア，クウェート，ベネズエラは，石油メジャーから価格決定権を奪い返し，より多くの利益を獲得するため，1960 年に石油輸出国機構（OPEC）を設立し，対抗した。その加盟国は徐々に増加していき，石油メジャーに対する交渉力も上昇していった。その結果，産油国は 1970 年代に入ると価格決定権や採掘権を徐々に石油メジャーから奪い取っていった。

　そして第 10 章で触れたように，第四次中東戦争（1973 年）を契機として，中東産油国を中心としたアラブ石油輸出国機構（OAPEC）が石油価格を大幅に引き上げ，OPEC もこれに追随した（第一次石油ショック）。また 1979 年にも石油価格の引上げを実施し，第二次石油ショックを引き起こした。二度の石油価格の引上げによって，最終的に石油価格はそれ以前の約 10 倍に上昇

アスワン・ハイ・ダム：1960〜70年にかけて建設された。高さ111m，
全長約3600mに及ぶ巨大なダムである。
AFP＝時事

した。このプロセスにおいて産油国側は，価格の決定権を石油メ
ジャーから完全に奪い取り，自国の石油利権の国有化を進めてい
った。そして石油価格の大幅な上昇は，1970年代を通じて，産
油国への莫大な富の流入をもたらした。そして，**この莫大な資金
を自国の工業化に活用することができるかどうかが大きな課題とな
った。**

| 一次産品価格の低迷と国際貿易システムの改革 |

しかし第一次石油ショック以前において
は，**一次産品価格は国際的に低迷してお
り，一次産品輸出国は不満を募らせてい**
た。また多くの途上国は，アメリカが主導する自由貿易体制が，
工業化が進んでおらず，国際競争力が乏しい途上国側の利害をま
ったく踏まえていないとの批判を強めていた。

こうした主張に対応する形で，途上国の開発促進を目的として
設置されたのが国際連合貿易開発会議（UNCTAD）であった。第
1回総会における**プレビッシュ報告（1964年）**は，途上国の主張

Column ⑬　輸出ペシミズムと一次産品価格

　第1回 UNCTAD 総会において一次産品価格の上昇を要求した
プレビッシュ報告は，輸出ペシミズムという考えに基づいていた。
輸出ペシミズムとは，途上国は輸出主導による工業化を実現でき
ないという立場である。途上国の主要輸出品は一次産品である。
その価格は低く，不安定な状態に置かれている。一方，先進国の
主要輸出品である工業製品の価格はそれより高い。ゆえに途上国
は，貿易において不利な立場に置かれてしまう。

　では一次産品価格が上昇した場合，輸出を通じた途上国の工業
化は進むのだろうか。たとえば，1970 年代には石油ショックに
よって石油価格が上昇し，産油国には大量の資金が流れ込んだ。
しかし多くの産油国では，工業化が進まず，石油に依存する産業
構造から脱却できていない。つまり一次産品価格の上昇が，必ず
しも工業化につながるとは言い切れないのである。こうした状況
を指して「資源の呪い」と呼ぶ。

　「資源の呪い」が生じる理由については諸説あるが，有力な考
え方として，制度の質を問題にする考え方がある。つまり汚職が
蔓延するような状況の場合，資源の利益は工業化への投資には向
かわない。さらに独裁的な権力が，自身の権力基盤を維持するた
めに，得られた利益を支持勢力にばらまく場合もある。また巨額
の利益を生む資源（たとえば，ダイヤモンド）は，その採掘をめ
ぐって紛争が生じる場合もある。

　21 世紀に入り，中国やインドなどの新興国が急激に経済成長
を実現したことにより，一次産品への需要が高まり，その価格も
大幅に上昇している。現在，石油だけではなく，さまざまな一次
産品を産出するアフリカ地域にもその恩恵は及んでいる。アフリ
カ地域が「資源の呪い」に陥らずに，持続的な経済成長を実現す
ることができるか否かに注目していく必要があろう。

を典型的に示していた。この報告は，**一次産品価格の上昇・安定化や途上国に対する関税面での優遇措置の創設等を先進国に要求する**ものであった（*Column* ⑬を参照）。これは 1960 年代において，途上国側が団結して先進国に対してさまざまな要求を強めていったことを示している。

こうした動きに対応し，**GATT の条文に第 4 部「貿易と開発」**（第 36〜38 条）が新たに追加された（1965 年）。そこでは途上国の開発を進めることの重要性が指摘され，その貿易の拡大を目指すと規定されている。さらに途上国の主要な輸出品である一次産品の価格を安定化させるための措置を講じることも定められている。また途上国は貿易自由化を実施せずとも，GATT のラウンドで決定された貿易自由化措置の恩恵をうけることができるようになった。これにより途上国は，自国市場を保護しつつ，先進国市場へと輸出を拡大することが可能となった。また 1971 年には一般特恵関税制度（GSP）が導入された。この制度のもと，先進国は途上国からの輸入に対して，より低い関税率を適用することも可能となった。

このように自由貿易体制に途上国を包摂する仕組みが，1960年代から 70 年代にかけて構築されていった。とくにアメリカは，途上国からの輸出に対して自国市場を開放した。こうした状況に途上国側はいかに対応したのであろうか。

3 2 つの貿易戦略
●輸出主導か輸入代替か？

▶ アジア地域における輸出志向型工業化戦略の展開についてまとめてみよう。

▶ 輸入代替工業化戦略の，ラテンアメリカにおける展開を整理してみ

よう。

▶ インドにおける輸入代替工業化戦略から輸出志向型工業化戦略への転換プロセスを追ってみよう。

自由貿易体制に対する選択肢は2つあった。ひとつは，自由貿易体制に積極的に参入するという選択肢である。直接投資を受け入れるとともに，輸出産業を振興し，海外市場に対して積極的に輸出を行い，外貨を獲得する。その外貨をさらに輸出産業の振興に投資するという戦略である。これを輸出志向型工業化戦略と呼ぶ。これに対してもうひとつの戦略は，関税の引上げなど保護貿易政策を活用することによって，海外市場との関係を最小にし，従来は輸入に依存していた製品を自国で生産できるように工業化を進めていくというものである。これは輸入代替工業化戦略と呼ばれた。

輸出志向型工業化戦略
①：日本の台頭

まず輸出志向型工業化戦略を採用し，自由貿易体制のもと，いち早く急激に輸出を増大させ，高度経済成長を実現したのが日本であった。日本は1960年代に平均10％程度の実質GDP成長率を記録し，高度経済成長を実現した。その背景には，農村から都市への労働力の移動，それにともなう国内需要の拡大といった要素があったが，貿易自由化が進む世界市場への輸出の拡大による外貨の獲得も重要な要因のひとつであった。

日本は1955年にGATTへと加盟し，世界市場に復帰した。第9章で見たように，日本は戦前に一定の工業化に成功していた。ゆえに世界市場への復帰の条件が整えば，輸出を拡大してくことが可能であったが，1930年代に日本との経済摩擦を抱えていたイギリスは，日本のGATT加盟に強く反対した。しかし西側陣営の一角である日本の経済成長を重視するアメリカが後押しする

ことで，GATTへの加盟が実現した。そしてGATT加盟後，日本
は輸出を拡大していった。日本の輸出は年率で，1953～62年に
16.3％，1963～72年に15.8％と急激に伸びた。

　日本の輸出は，戦前からの中心産業であった雑貨や繊維といっ
た軽工業から始まった。それらは主としてアジア地域やアメリカ
に対して輸出された。その後，日本の産業構造の高度化にともな
い，1960年代以降は欧米諸国へと家電や鉄鋼，重工業製品の輸
出を拡大していった。一方においてそうした輸出の拡大は，欧米
諸国との間に経済摩擦を引き起こした。とくに1980～90年代に
かけて激化した日米経済摩擦は，第12章で見るように，当時の
両国にとって主要な経済問題であり続けた。

　また1950年代末より日本から韓国と台湾への輸出が増大し始
めていた。これは韓国と台湾の対米輸出の増大と関係している。
両国は，日本から資本財や中間財を輸入し，軽工業製品を中心に
対米輸出を徐々に増加させていった。つまりアメリカを主要な消
費市場とした，日本―韓国―台湾の分業関係が成立し始めていた。
この分業関係は，1960年代以降の両国の経済成長の基礎となった。

**輸出志向型工業化戦略
②：アジアNIEsの経
済成長**

輸出志向型工業化戦略を採用した日本に
続いたのがアジアNIEsであった。アジ
アNIEsとは，1960～70年代にかけて高
度経済成長の実現に成功した韓国，台湾，香港，シンガポールを
指す。表11-1は，1954～80年にかけてのアジアNIEsのGDP
と輸出の伸び率を示したものである。1960～70年代にかけて輸
出を大きく増加させるとともに，高い経済成長率を記録している
ことがわかる。

　韓国では，1961年に成立した朴正煕政権（任期：1961～79年）
が，当初，輸入代替工業化戦略を採用したが，国内の蓄積が十分
ではなく，輸出志向型工業化戦略へと転換した。アメリカからの

表11-1　アジアNIEsのGDP成長率および輸出の伸び率

(単位：％／年)

		1954～62年	1963～72年	1973～80年
香港	GDP	12.8	11.7	10.1
	輸出	6.9	14.0	9.8
韓国	GDP	3.8	9.1	8.3
	輸出	16.1	30.3	17.6
シンガポール	GDP	—	10.3	8.1
	輸出	0.3	6.0	29.1
台湾	GDP	7.3	10.9	8.4
	輸出	18.0	27.6	22.6

(出所)　マッコーリー（2018），22ページ。

　経済援助や日韓基本条約（1965年）に基づく無償・有償資金協力によって外貨や技術を獲得するとともに，輸出加工区や税制優遇などの輸出振興策を実行した。その後，財閥を中心とした経済構造を発展させ，輸出を拡大することで経済成長を加速していった。また1960年代から1970年代初頭にかけて生じたベトナム戦争にともなう軍需の増大も経済成長にとって重要であった。

　台湾の場合も当初は輸入代替工業化戦略によって軽工業等の発展を目指したが，国内市場が狭隘であり，輸出志向型工業化戦略へと転換した。日米から投資を呼び込むとともに，日本から資本財を輸入し，軽工業品をアメリカへと輸出する体制を構築した。アメリカ市場への参入が経済成長の重要な契機となったが，韓国とは異なり，その主体となったのは中小企業であった。

　シンガポールと香港も，国内市場が狭かったため，輸出志向型工業化戦略の成功が重要な課題となった。シンガポールは1965年にマレーシアから分離・独立した後，外資の誘致を積極的に実施し，単なる中継貿易港から脱却して，輸出志向型工業化を実現した。香港へは，中国の成立に前後して，本土からヒト・モノ・カネが流入し，輸出を中心に繊維産業が発展していった。また中

国にとっても，外部に開かれた窓口としての重要性を有していた。イギリス統治下で自由な経済活動が保障されていたことも重要であった。

これらの諸国はいくつかの共通した特徴をもつ。第一に，**輸出志向型工業化戦略を採用し，主としてアメリカ市場へと輸出を拡大し，経済成長への道を歩み始めた**。第二に，韓国と台湾は土地改革を進めた。地主による大土地所有を解体し，地主のもとで農業に従事していた農民の自作農化を進めた。自作農となった農民は，農業収益を地主ではなく自身が保有できるため，生産性向上へのインセンティブをもち，農業生産が増大した。農業生産の低迷は，工業部門への労働力の移動，食料の提供を困難とし，工業化の足かせとなるが，韓国と台湾はそうした足かせから自由であった。第三に，香港を除くアジア NIEs は，**開発独裁**といわれる政治体制下で経済成長を実現した。つまり経済成長の実現を最大の目標とする権威主義的な政治体制下で，輸出主導によって経済成長を実現したのである。

そしてアジア NIEs は，1970 年代以降，重化学工業を発展させるとともに，コンピュータ産業にも進出し，さらなる経済成長を実現した。1970〜80 年代の実質 GDP 成長率は 7〜9％程度と高い水準で推移した。そして日本は 1960 年代から形成されてきた貿易構造の延長線上で，工業生産に必要な資本財をアジア NIEs に輸出した。

輸入代替工業化戦略の展開①：ラテンアメリカの場合

これに対して輸入代替工業化戦略を採用した諸国も存在した。輸入代替工業化戦略を採用した代表的な地域は，世界大恐慌期から積極的に推進してきた国が多いラテンアメリカおよびイギリスから 1947 年に独立したインドであった。まずラテンアメリカ諸国から見ていこう。

第9章で指摘したように，世界大恐慌以前のラテンアメリカ諸国の経済構造は，一次産品を中心としていたが，世界大恐慌以降，政府が主導する形で輸入代替工業化を進めていった。そこでは軽工業が中心であった。この戦略は第二次世界大戦後も追求された。**ラテンアメリカ諸国政府は，保護貿易政策によって自国市場を保護するとともに，主要産業を国有化し，工業化を推進した。**そこではとくに重工業が重視された。この戦略は1960〜70年代にかけては成功を収め，ラテンアメリカ諸国の経済成長率は平均で年約5％を記録した。たとえば，ブラジルは1950年代から重工業，耐久消費財を中心に輸入代替工業化戦略を実施，1960〜70年代にかけては，高い経済成長率を維持し，「ブラジルの奇跡」といわれた。

　しかし多くのラテンアメリカ諸国では，**輸入代替工業化戦略を政府が主導したため，政府の財政赤字が徐々に拡大していった。**その赤字部分を埋め合わせるためにラテンアメリカ諸国の政府は，資本移動の自由化が進みつつあった国際金融市場において資金を調達した。1970年代の国際金融市場へは産油国のオイルマネーが流れ込んでいた。先述したように石油ショック後，産油国へは大量の資金が流れ込んだが，それがオイルマネーとして，先進国の金融機関を経由し，ラテンアメリカ諸国の政府による輸入代替工業化戦略の資金源となった。

　しかし第二次石油ショックは，そうした好循環に終焉をもたらすことになった。インフレーションに見舞われたアメリカは，レーガノミクスのもと，インフレ対策として金融引締政策を遂行した。その影響によって市中金利が上昇していった。このことはラテンアメリカ諸国の金利負担の増大を意味していた。その結果，多くの資金を海外から借り入れていたラテンアメリカ諸国の多くは，その債務の返済に行き詰まった。輸入代替工業化戦略を実行して

ラテンアメリカにおけるハイパーインフレーション：コロンビアの
ククタ通りにおける紙幣で作られた手工芸品の販売（2019年2月）。
通貨の価値が暴落し，紙幣でモノを買うことができなくなった。紙
幣それ自体は無価値となり，それで作られたモノのほうが価値をも
つという状況をこの写真は示している。
　AFP＝時事

いたため，輸出を急激に拡大し，外貨を獲得することも困難であ
った。

　こうしたラテンアメリカ諸国の累積債務問題は，国際的な経済問
題となった。ラテンアメリカ諸国に対する貸出が返済されない場
合，先進国の金融機関も危機に陥ってしまう可能性が高かったた
めである。ゆえに主要先進国や国際機関による緊急融資が行われ
るとともに，債務繰延べなどの救済措置がとられることになった。
一方，ラテンアメリカ諸国は輸入代替工業化戦略を放棄し，新自由
主義的な構造改革の実施を強制された。国営企業の民営化，財政
再建，貿易自由化，資本移動の自由化，規制緩和などの政策が実
行された。しかし急激な市場経済システムの導入は，各国経済の
混乱を招いた。とくに財政赤字をファイナンスするために大量の
紙幣が発行され，ハイパーインフレーションが生じた。インフレ
率は1980年代で235.3％，1990年代には379.4％に達した。そ

うした経済的な混乱によって，実質 GDP 成長率は 1980 年代に
1.8%，1990 年代は 2.8%と経済的な低迷が長く続くことになった。

輸入代替工業化戦略の
展開②：インド

1947 年に，イギリスから独立したイン
ドは，社会主義を掲げ，経済政策を実行
した。その輸入代替工業化戦略は，第二
次，第三次五カ年計画（1955～65 年）に基づいていた。重化学工
業の発展が重視され，インフラ部門とともに政府によって運営さ
れた。それ以外の消費財産業などの部門においては民間企業の経
営が許可されていた。農業部門においては土地改革が行われたが，
抜け穴が多く，地主による大土地所有はそのまま温存された。

　こうした体制のもと，インドは輸入代替工業化を追求した。1955
～64 年度にかけての実質 GDP 成長率は 4%，第二次産業部門の
成長率は 6.8%に達した。これは実質 GDP 成長率が 1%にも達し
ていなかった植民地期（1900～46 年）と比べて，高い成長率であ
った。しかし農業生産の停滞が大きな問題となった。農業生産の
停滞のためインドは食糧を輸入しなければならず，慢性的な食糧
不足も続いていた。とくに 1965～66 年には深刻な食糧危機に見
舞われた。さらに輸入代替工業化に必要な原材料や資本財の輸入
も増大し，国際収支の危機的な状況が続いた。

　そうしたなか，インドは徐々に経済自由化政策を実施していっ
た。しかし，アメリカがインドのベトナム戦争に対する批判的な
態度を理由として経済援助を停止（1966 年）すると，インドはこ
れに強く反発し，ソ連へと接近すると同時に輸入代替工業化戦略
をさらに強化することになった。重化学工業だけではなく，金融
機関や保険会社も政府の統制下に置かれた。一方で外国からの干
渉を防ぐために，食糧自給体制の構築を急ぎ，1969 年以降，い
わゆる「緑の革命」と呼ばれる農業の近代化政策を実行した。こ
の政策は一定の成果を収め，1967～80 年度にかけての穀物生産

量の年平均成長率は5.6%に達し，食糧はほぼ自給を達成した。農業部門の生産性向上は，のちのインドの高成長の基礎となった。

一方で，統制経済の非効率化，公的部門の肥大化によって1970年代の経済は全体として低迷した。たとえば，1971〜80年度の実質GDP成長率は3.2%に過ぎなかった。そうした状況においてインドにおいても政府による統制をゆるめ，経済自由化を進める改革を求める声が1980年代にかけて強まっていくことになる。

そしてインドは1991年に新経済政策を実行し，経済自由化の方向に舵を切った。産業に対する統制措置は撤廃され，民間企業は経営の自由度を高めた。その結果，市場での競争が激化すると同時に，公的部門ではなく，民間部門による投資の拡大が見られた。またサービス産業，とくにIT産業が急速に拡大した。IT産業は輸出の拡大によって成長の糸口をつかんだが，その背景には貿易自由化の進展があった。輸入ライセンス（⇨ 解説 ）は撤廃され，関税も徐々に引き下げられた。資本移動の自由化も進められ，1993年以降，海外からの証券投資や直接投資が急速に拡大していった。

こうした改革は，中央政府が経済をコントロールすることで輸入代替工業化を実現しようという路線から，そうしたコントロールを撤廃すると同時に，輸出志向型工業化戦略へと転換することを意味した。そして改革以降のインド経済は安定を取り戻し，1992〜2000年度は平均6.1%の実質GDP成長率を記録した。

このように輸出志向型工業化戦略を採用した国と輸入代替工業化戦略を採用した国の経済的なパフォーマンスは，1960〜70年代にかけてはほぼ同じであったが，それ以降，大きな差がついて

解説 **輸入ライセンス**　　企業が特定の製品を輸入するために必要とされるライセンス。政府による輸入管理のために使用され，保護貿易政策の手段のひとつとして活用される場合もある。

いくことになる。ゆえに高いパフォーマンスを記録したアジア NIEs の輸出志向型工業化戦略に注目が集まり，他の途上国にもその影響が波及していった。ラテンアメリカ諸国やインドの政策転換はその例といえよう。

また第10章で見たように，1980年代以降，先進国において新自由主義的な経済政策思想が定着してきたことも重要であろう。とくにアメリカは途上国に対して，貿易や金融の自由化や規制緩和など，市場経済システムの活性化を重視する「ワシントン・コンセンサス」（⇨ 解説）といわれる政策パッケージの採用を強く働きかけるようになった。

4 社会主義圏の動向
●計画経済か改革開放か？

▶ ソ連・東欧の経済が抱えていた問題は何で，なぜそうした問題が生じたのだろうか。
▶ 中国はなぜ改革開放路線へと転換したのだろうか。
▶ 中国による改革開放路線はどのように進められたのか，整理してみよう。

ソ連と東欧の高度成長と矛盾

1950～73年にかけて欧米諸国は高い成長率を記録したが，ソ連と東欧圏も同様であった。同期間における実質GDP成長率は，ソ連が4.8%，東欧が4.9%と欧米諸国を上回っていた。計画経済システムのもと，資本と労働の投入量を増大させ，生産を拡大したことが要因であった。しかし生産の拡大は重化学工業

解説 **ワシントン・コンセンサス**　IMF，世界銀行，アメリカ財務省といったアメリカの首都ワシントンD.C.に本拠地をもつ機関において，市場経済システムを重視する政策パッケージが共有されていることを指す。

に偏重しており，消費財や農業の生産は低迷を続け，効率性の向上も犠牲にされた。

　まずソ連から見ていこう。第二次世界大戦によってソ連は甚大な被害を被った。死者は 2000 万人を超え，国富の 3 分の 1 が失われていた。復興を目指したソ連は，1946 年に第四次五カ年計画を策定し，戦前と同様，重化学工業分野への投資を集中的に行った。アメリカとの対立が深まるなか，**軍事力の基礎となる重化学工業や技術への投資が重視された**。この方向性はその後も維持され，1970 年代に至るまでソ連の工業生産は増大を続けた。しかし**消費財の生産は優先順位が低いままであり**，低迷を続けた。また戦前から生産が伸び悩んでいた農業部門の状況も変化しなかった。危機感を抱いたソ連は，農業生産の増大を目指す運動を組織したが，生産の向上は見られなかった。農業の集団化は農民の生産意欲を減退させ，それを回復させることができなかった。ソ連は 1960 年代には西側諸国から穀物を輸入せざるをえなくなった。

　東欧諸国もソ連と同様の計画経済システムを導入し，同じように民間企業の国有化と農業の集団化を進めた。1960 年代初頭までには，ポーランドにおける農業の集団化を例外として，ほぼ完成した。東欧諸国政府は，西欧諸国の工業力へのキャッチアップを目指し，重化学工業部門への集中的な投資を行った。1950〜70 年にかけて東欧諸国の工業生産高は年率 10％弱のペースで成長した。しかし一方で消費財の生産が低迷するというソ連と同様の課題を抱えていた。

　こうしたソ連と東欧の経済は以下の 3 点の問題を抱えることになった。第一に，**生活水準の問題**である。1970 年代以降，消費財や農業生産はいくらか向上したとはいえ，西側諸国に比べると低い水準にとどまらざるをえなかった。これは国民の大きな不満

の種となった。第二に，コンピュータなど，**ハイテク技術面での遅れ**である。とくにソ連では軍事技術の開発を重視したため，ハイテク関連の民間技術の開発を行う技術者が少なくなっていた。第三に，**計画経済システムがもつ非効率性**である。ノルマの達成を重視する生産システムのもとでは労働者や農民のインセンティブを引き出し，生産性を向上させることができなかった。

　以上のような問題を解決するためには，抜本的な経済システムの改革が必要であったが，そうした方向にソ連や東欧諸国が動き出すのは 1980 年代中盤以降であり，それはすでに手遅れでもあった。

中国における社会主義体制の構築

　アジアの社会主義諸国もそれぞれ社会主義経済体制の構築を目指した。ここでは中国を例として，その動向を見ていこう。

　先述したように中国は，朝鮮戦争を契機としてソ連をモデルとした計画経済体制の構築を急速に推し進めた。ソ連や東欧諸国と同様に中国も民間企業の国営化，農業の集団化を実行し，それは 1950 年代末までにほぼ完成した。また第一次五カ年計画（1953年）を策定し，ソ連から技術面・資金面での援助を得て，重工業の発展を目指した。中国は農業部門，工業部門双方の労働者の賃金を低く抑えるとともに，農業製品を低価格，工業製品を高価格で販売した。その結果，工業部門における国営企業は高収益を獲得することができた。その収益は政府の収入となり，重工業の発展に向けてさらに投資された。

　中国は，こうした形で 1950 年代にソ連をモデルとした社会主義体制を構築した。しかし以下に述べるように，1950 年代末からソ連との関係が悪化していくなか，1960 年代以降，新たな社会主義モデルを模索するようになっていく。

　中国が社会主義国のなかで独自の路線を歩み始めたのは，1950年代以降の中ソ対立が契機であった。ソ連のフルシチョフ書記長（任期：1953〜64年）は，1956年に「スターリン批判」として，その個人崇拝と政治的粛清への批判を行った。これに反発した毛沢東（1893〜76年）は，ソ連との対立を深めていくなかで，独自の社会主義体制の建設を目指した。これに対抗したソ連は，1960年に対中経済支援を停止した。

　国際的に孤立する中国にとって最大の問題は国家の安全保障であった。ゆえに中国は軍事力の基礎となる重工業への集中的な投資をこれまで以上に進めようとした。毛沢東の指導のもと，1958年以降実行された大躍進政策はそうした試みのひとつであった。これは重工業分野への集中的な投資によって一気に重工業化を実現しようとする野心的な構想であった。しかし多くの農民が工業部門に移動させられた結果，食糧生産が急激に減少した。さらにそれを補うため，農村部から無理な形で食糧の供出が行われたため，大規模な飢饉が1959年に発生し，61年までの間に約3000万〜4000万人を超える餓死者が出た。また重工業化の試みも過大な目標の達成が重視されたため，不十分な形でしか実現しなかった。アジアNIEsとは違い，農業部門が低迷を続けたことは工業化の大きな足かせとなった。そうした点においては，消費財生産が低迷していたソ連と似たような産業構造を有していたといえよう。

　毛沢東は，その責任をとって一時的に権力の座を退き，劉少奇（1898〜1969年）や鄧小平（1904〜97年）を中心に計画経済体制を修正し，部分的に市場経済システムの導入を行うことによって経済の回復が試みられた。しかし毛沢東は，1966年から文化大革命を主導することを通じて主導権を回復し，劉少奇らは「走資

大躍進期の農村における工業化の様子：農村部において強制的な鉄の生産が行われた。しかし非効率であり，かえって農業生産の低下を招いた。

UIG / 時事通信フォト

派」として糾弾され，失脚した。文化大革命のもとで，多くの人々が「反革命分子」として糾弾され，中国の政治経済的混乱は，毛沢東の死後，1977 年に文革の終結が宣言されるまで続いた。

改革開放路線への転換

毛沢東の死後，主導権を取り戻した鄧小平は，1978 年 12 月に中国経済の改革・開放を進めていく路線を採用した。そこでは，計画経済から市場経済システムへの移行が進められた。まず集団農場の改革が行われた。一定の生産物を国に納めれば，後の生産・販売については農家の自由に任せるという請負制が導入された結果，農業生産は大きく増大した。このことは工業化の基礎として重要であった。農村で生まれた余剰労働力は，郷鎮企業によって吸収された。郷鎮企業は 1980〜90 年代にかけて，農村における工業の担い手として発展した。さらに中国政府は，徐々に価格や流通の規制を撤廃し，企業経営の自由化を認めていくなかで，国有企業の改革を

進めていくという形で，漸進的に市場経済システムの導入を目指した。

　対外関係においても大きな変化が生じた。1972年にアメリカのニクソン大統領（任期：1969〜74年）が電撃的に訪中することによって米中の間で国交回復に関する交渉がもたれるようになっていたが，文化大革命の終了後，1979年に正式な形で国交が回復した。日本との関係においても1972年に国交を回復していたが，1978年に日中平和友好条約に調印し，経済・文化面での交流の促進で合意が成立した。こうした西側諸国との関係改善によって中国は，外資の導入が可能となった。これは「自力更生」路線からの大きな転換であった。

　これ以降の中国は，1979年に始まる日本からの円借款など，海外からの経済援助を受け入れると同時に西側諸国からの資本や技術の導入を行った。たとえば，1979〜80年にかけて香港や台湾に近い深圳や厦門などに輸出加工区を設置し，海外から積極的に工場の誘致を行った。また海外から部品を輸入し，中国で加工を行い，輸出するという委託加工制度によって輸出の拡大を目指した。両者とも輸出入において関税などの税制優遇を適用され，外資の導入に成果をあげた。一方で，それ以外の中国の関税率は1990年代初頭までは40％を超えていた。中国は，こうした二重制度を活用することによって，外資を導入し，輸出を促進するという輸出志向型工業化戦略の実行と，輸入代替工業化戦略による自国産業の保護を両立させていたといえよう。こうした中国の戦略によって輸出は徐々に拡大していったが，一方においてGATTを中心とした国際的な自由貿易制度への参入はできておらず，このことが貿易をさらに拡大させる際の障壁となった。

1　冷戦は途上国の開発戦略にどのような影響を与えたのか，考えてみよう。

2　あるひとつの国を取り上げ，その開発戦略について，輸出志向型工業化戦略と輸入代替工業化戦略をふまえながら，特徴をまとめてみよう。

3　中国の開発戦略の変化について整理してみよう。

第12章

加速するグローバル化

多極化する世界経済

　本章では，1980〜90年代にかけての世界経済の変化について見ていく。この時代にグローバル化は急速に進展した。貿易面では，国際貿易に関する国際機関として世界貿易機関（WTO）が1995年に発足し，モノだけではなくサービスも含む形で貿易自由化が進展した。金融面でも，資本移動の自由化が途上国へも波及し，多くの資本が流入した。こうしたグローバル化のなかで，アジア諸国は経済成長を実現し，世界の「成長センター」と呼ばれるに至った。一方，社会主義圏は崩壊し，グローバル化が進む世界経済に包摂されていった。

1 世界経済の構造変化

●アジア経済の台頭

> ▷▷　第二次世界大戦後のグローバル化の進展プロセスについてまとめてみよう。
> ▷▷　GDP成長率を地域ごとに比較し，特徴はどこにあるのか整理してみよう。
> ▷▷　各地域のGDP成長率の格差はなぜ生じたのか，考えてみよう。

グローバル化の進展
　　　　　　　　　　第10章で見たように，第二次世界大戦後，アメリカが構築を主導した国際経済秩序は，IMF体制と呼ばれる固定相場制度とGATTを中心とした自由貿易体制から構成されていた。そのもとで，貿易のグローバル化が進む一方，金融のグローバル化は抑制されていた。その後，

IMF体制が崩壊し，1970年代末から資本移動の自由化が進んでいくとともに，金融のグローバル化が急速に進んでいった。

こうした貿易と金融のグローバル化の進展は，途上国の開発戦略に大きな影響を与えた。輸出志向型工業化戦略と輸入代替工業化戦略の2つの選択肢のうち，前者をとり，グローバル化が進む世界経済に参入したアジア諸国は経済成長を実現した。一方，輸入代替工業化戦略を採用したラテンアメリカ諸国は苦難の道程をたどることになった。同様に社会主義圏の諸国も，改革開放を進めた中国と計画経済体制を維持したソ連・東欧諸国の間で明暗が大きく分かれた。

こうしたグローバル化の流れは，1980年代以降も基本的に継続・深化していった。貿易の自由化はさらに進展し，1995年にGATTはWTOへと発展した。WTOのもとで世界貿易は拡大し，サービス貿易の自由化も進んだ。資本移動の自由化は，先進国だけではなく，途上国においても進んでいった。先進国から資本が証券投資や直接投資の形で途上国へと流入した。それを活用し，経済成長を加速させる途上国もアジア地域を中心に現れた。

グローバル化が進展するなかで，各国経済の相互依存は深化していった。このことは一国で生じた危機が，世界中へと急速に拡散していくことも意味した。とくに資本移動の自由化が進むに従って頻発するようになった金融危機は，発生国から世界中へと一気に波及し，深刻な国際金融・経済危機につながる可能性が大きく増大した。

こうした第二次世界大戦後のグローバル化の進展は，世界経済の構造にも大きな

GDP 成長率の地域比較

変化をもたらした。世界の各地域における実質GDPの年平均成長率を比較した表12-1から全体的な傾向を見ていこう。

まず1973～2001年の期間において欧米諸国の成長率は低下し

表 12-1 各地域の実質 GDP の年平均成長率の推移

（単位：％）

	1913～50年	1950～73年	1973～2001年
西ヨーロッパ	1.19	4.79	2.21
アメリカ	2.84	3.93	2.94
東ヨーロッパ	0.86	4.86	1.01
ソ連	2.15	4.84	-0.42
ラテンアメリカ	3.42	5.38	2.89
日本	2.21	9.29	2.71
中国	-0.02	5.02	6.72
インド	0.23	3.54	5.12
アジア（日本を除く）	0.82	5.17	5.41
アフリカ	2.57	4.43	2.89
世界平均	1.82	4.90	3.05

（出所）マディソン（2004），412 ページより筆者作成。

た。これは 1950～60 年代の高度経済成長が終焉したことを意味している。第 10 章で見たように，1970 年代の二度の石油ショックを契機として，欧米諸国の経済はスタグフレーションに見舞われたが，その後，新自由主義的な改革を進めていくなかで，一定の安定を取り戻した。しかし，その成長率は 1970 年代までと比べて低いレベルにとどまった。

これに対して成長率を大きく高めたのが日本を除くアジア地域であった。まず 1973～2001 年の期間に中国とインドは高い経済成長率を記録している。これは第 11 章で見たように，両国の経済改革が功を奏し，1980～90 年代以降に経済成長率が急激に上昇した結果が反映されている。また日本を除くアジア諸国の経済成長率も依然として高い。1950～73 年の期間には，日本が高度経済成長を実現しただけではなく，第 11 章で見たようにアジア NIEs が経済成長の軌道に乗り始めた。そして 1980 年代も重化学工業化やハイテク産業への進出を行い，経済成長を継続させた。加えて 1973～2001 年の期間においては，後述するように東南アジア諸国の経済成長も始まった。ゆえに同期間における日本を除

くアジア地域の経済成長率は高くなっている。**アジア地域は世界経済の成長の中心になったといえよう。**

これに対して成長率を低下させたのが，**日本，ラテンアメリカ，アフリカ地域，そしてソ連と東欧**であった。日本は，1960年代の高度経済成長に続く1980年代のバブル期まで一定の経済成長率を維持していたが，その崩壊後，経済再建に失敗し，「失われた20年」と呼ばれる長期経済停滞に陥った。第11章で触れたように，ラテンアメリカ諸国は累積債務問題後の新自由主義的な改革のなかで，ハイパーインフレーションに悩まされ，経済は不安定化していた。アフリカ地域では1960年代に多くの植民地が宗主国から独立した。しかしその後も政治的な混乱が続き，一貫した開発政策をとることが困難であった。また，後に触れるように，1980年代以降の**一次産品価格の下落**は，資源国の多いアフリカ経済に打撃を与えた。ソ連と東欧の経済も第11章で見たように低迷を続けており，後述するように社会主義経済圏は1980年代末に崩壊した。**そして社会主義圏の多くの諸国が，グローバル化が進む世界経済の一部として包摂されることになった。**これは第二次世界大戦後に再始動したグローバル化の潮流が，世界全体を覆い尽したことを意味した。

2 自由貿易体制の発展
●アメリカの経常収支赤字問題と東南アジアの経済成長

▷▷ GATTからWTOに至る自由貿易体制の発展プロセスをまとめてみよう。

▷▷ 東南アジア諸国に経済成長をもたらした要因について考えてみよう。

▷▷ グローバル化の進展を可能にしたインフラについて整理してみよう。

　次に世界貿易について見ていこう。まず
モノの世界貿易は IMF 体制下で引き続
き拡大した。1950〜73 年にかけての世界貿易の成長率は 7.9％で
あったが，1973〜2003 年は 5.4％であった。IMF 体制下よりも成
長率は低下したものの，依然として高い水準を保っていた。

　この時期には従来のモノの貿易に加えて，金融や保険，運輸や
通信，観光などのサービス貿易の拡大が見られた。1980 年代中
盤以降，サービス貿易の成長率が 10％を超える年が多くなり，
世界貿易全体に占める割合も 1990 年代には 20％程度で推移する
ようになった。その背景には，①1990 年代以降における情報通
信産業の発展によるサービス供給のグローバル化，②金融などの
サービス貿易の自由化，③多くの先進国や途上国における経済の
サービス化，といった要素があると考えられる。

　世界貿易は量的に拡大しただけではない。先進国が貿易全体に
占めるシェアが低下し，代わりにアジア諸国がシェアを増大させ
た。アジア諸国が世界貿易に占めるシェアは，1973 年の時点で
輸出入ともに 14.9％であったのが，2003 年になると輸出 26.1％，
輸入 23.5％へと増大している。この背景には第 11 章で見た日本
やアジア NIEs の輸出拡大があるが，1980 年代以降，輸出志向型
工業化を進めた東南アジア諸国や中国，インドの存在もあった。
このように 1970 年代以降の世界貿易は，アジアの経済成長とい
う新しい要素を含みつつ拡大したといえよう。

　では，こうした世界貿易の拡大を支えた自由貿易体制は，第
10 章で見た 1960 年代のケネディ・ラウンドの時代以降，どのよ
うに発展していったのか。

**アメリカの経常収支赤
字問題と保護主義**　　**自由貿易体制の大きな転機となったのは
1980 年代である。**その契機となったの
は，アメリカの経常収支赤字問題であっ

た。アメリカの経常収支赤字は，1980年代に入り，大きく拡大していった。とくに日本からの輸入の急増がその大きな要因であり，両国の経済摩擦は1980年代から90年代初頭にかけて激化の一途をたどった。そうしたなか，アメリカは自身により有利な貿易環境の構築を目指した。その目標は二国間レベル，地域レベル，多国間レベルで追求された。順に見ていこう。

二国間レベルでのターゲットになったのは，最大の貿易赤字相手国である日本であった。1980年代の日本はアメリカの貿易収支赤字の40％程度を占めていた。これに対してアメリカは，日本の対米輸出の拡大は「不公正な」手段によるものであるとして一方的に断罪し，1974年通商法301条を活用することで，関税の大幅引上げなどの報復措置を発動する可能性があると主張し，日本との交渉を行った。日本は自動車や家電，鉄鋼といった主要な輸出分野において輸出自主規制を実行することによって，アメリカの圧力に対応した。さらにアメリカは，自国製品の対日輸出が増大しないのは，系列や下請け制度といった企業間の閉鎖的取引慣行や政府による過度な規制が存在するためであると主張し，日米構造協議（1990〜91年）において，その改革を強く要求した。各国はこうしたアメリカの姿勢を，1970年代までの自由貿易政策から保護貿易政策へと転換したと評価した。

地域レベルでは，1994年に発効した北米自由貿易協定（NAFTA）が重要である。これはもともと緊密であったアメリカとカナダの経済関係にメキシコを取り込むことを意図したものであった。成立以降，NAFTA域内の貿易や投資は急激に拡大した。また1989年にはアジア太平洋経済協力（APEC）の第1回閣僚会議が実施された。1993年には第1回の首脳会議が行われ，翌年の首脳会議では「ボゴール宣言」が採択された。そこでは2020年までに，域内における貿易と投資の自由化を達成することが目標として掲

げられ，交渉が進められることになった。APECを通じてアメリカは，成長を続けるアジア太平洋地域において，自国を中心とした自由貿易地域の形成を主導し，その成長の果実を取り込み，自国企業の貿易や投資の利益の確保を目指した。アメリカの製造業は，NAFTAやアジア地域を中心に生産拠点の移転を進め，太平洋地域を中心とした生産ネットワークを構築していった。

　一方で，アメリカが地域レベルで貿易自由化を進めていく動きは，他の国や地域における自由貿易地域や自由貿易協定（FTA）の活性化を連鎖的に生み出していき，その潮流は現在にまで続いている。

　ウルグアイ・ラウンド
　とWTOの発足

多国間レベルでは，新たな貿易課題に対処しうる国際貿易体制の構築が目指された。その舞台となったのが，GATTのウルグアイ・ラウンド（1986〜94年）であった。ウルグアイ・ラウンドの参加国数は123カ国に及んだ。ケネディ・ラウンドと比べ，参加国数は倍増した。このことは多くの途上国が自由貿易体制へ参加したことを意味していた。

　アメリカはウルグアイ・ラウンドにおいて，自国の企業が競争力をもつ分野を強化しうる枠組みの形成を目指して，交渉を行った。そこでは金融や保険業などのサービス貿易のさらなる自由化，ハリウッドなどから生み出された娯楽製品やハイテク分野における最新技術を国際的に保護するための知的所有権に関する法的な枠組みの形成が目標とされた。

　一方，日本や西欧諸国は，先述したようなアメリカの保護貿易政策への転換に対応する必要性を感じていた。ゆえにGATTにおいては非常に弱いものであった貿易紛争の処理システムを強化し，アメリカが二国間交渉において保護貿易主義的な要求を一方的に相手国に突きつけ，のませることを防ごうと試みた。

　これらの目標は，ウルグアイ・ラウンドにおける交渉の結果と

して，GATT に代わって国際貿易を司る国際機関として**世界貿易機関（WTO）**が 1995 年に設立されるなかで，達成されることになった。WTO は，GATT のもとで実現してきた貿易自由化に関する成果を引き継ぐとともに，アメリカの要求に応じて，サービス貿易については「サービスの貿易に関する一般協定（GATS）」，知的所有権の保護については「知的所有権の貿易関連の側面に関する協定（TRIPS 協定）」を実現した。また貿易紛争の処理機能も大きく強化された。

　輸出志向型工業化を目指す途上国の立場からすれば，WTO への加盟は世界の貿易市場において輸出を拡大するために必須のものであった。また貿易紛争の処理機能が強化されたことも，アメリカへの輸出によって経済摩擦を抱える可能性が高い途上国にとって有利な改革であった。しかし WTO 加盟国は，サービス貿易の自由化や知的所有権の保護など，すべての協定に同意しなければならなかった。このことは途上国にとって大きな負担となった。

　一方でサービス貿易の自由化が WTO のもとで進められ，その一部として途上国の金融市場の自由化が進んでいくことは，競争力に勝る先進国の金融機関の経済活動にとっては有利な条件が整備されることを意味し，1990 年代後半以降における国際金融市場の活性化と金融危機の連鎖を生み出す基盤のひとつになった。

東南アジアの経済成長

　こうした自由貿易体制のもと，アジア NIEs に続いて輸出志向型工業化戦略によって経済成長を実現したのが東南アジア諸国であった。その大きな契機となったのは 1980 年代の一次産品価格の低迷であった。第一次石油ショック後，省エネルギー技術の発達，代替製品の開発が進んだ結果，先進国の一次産品への依存度が低下し，一次産品価格は 1980 年代に低迷の時代を迎えた。

　東南アジア諸国は豊富な一次産品を有しており，それを輸出す

ることによって外貨を獲得することができた。ゆえに宗主国からの独立後、その外貨を輸入代替工業化のための政策に使用することによって、工業化を実現しようと試みていた。しかし一次産品価格の低下は、そうした戦略を困難なものとした。そのため東南アジア諸国は輸出志向型工業化に舵を切り、さらなる経済成長を目指した。その結果、各国の輸出は大きく拡大した。たとえば、1973～98年にかけての年間輸出量の増加率は、マレーシア9.5％、タイ11.7％、インドネシア7.3％、フィリピン9.0％であった。また実質GDPは1973年から1998年にかけてマレーシアとタイは5倍、インドネシアは3.4倍、フィリピンは2.1倍に増大した。

　また東南アジア諸国は、経済的な連携を深めることでさらなる経済成長を目指した。その枠組みとなったのが東南アジア諸国連合（ASEAN）であった。ASEANは1967年にマレーシア、タイ、インドネシア、フィリピン、シンガポールの5カ国によって結成された。当初は、社会主義国家であったベトナム民主共和国（北ベトナム）を念頭に置き、社会主義勢力の拡大に対抗することが目的であった。その後、徐々に経済面での協力関係が重視されるようになっていった。1992年にはASEAN自由貿易協定を締結し、域内諸国間の貿易関係の強化を進めた。

　ASEANの加盟国も拡大していった。ブルネイが1984年に加盟した後、1995年にはベトナムも加盟した。

　中国に支援された北ベトナムとアメリカによって支持されたベトナム共和国（南ベトナム）の間で生じたベトナム戦争（1955～75年）は、アメリカの撤退後、北ベトナムが主導する形で、統一国家ベトナム社会主義共和国が誕生した（1976年）。

　ベトナム戦争の終結後、ベトナムは反ベトナムであったカンボジアのポル・ポト政権に対して侵攻し、親ベトナム政権を樹立し

た。これに対してポル・ポトを支持していた中国はベトナムに侵攻し，中越戦争が勃発した（1979年）。中越戦争自体は短期間で終結したが，両国国境は緊張したままであった。カンボジア国内にはベトナム軍が駐留するとともに，それに反発するポル・ポト派は抵抗を続け，カンボジアは長く内戦状態に陥っていた。一方ベトナムは，カンボジア問題により，経済制裁をうけ，その経済は停滞状態にあった。ベトナムは社会主義国として，国有企業を中心とした計画経済システムによる経済運営を行っていたが，経済活性化を目指して市場経済メカニズムの導入を徐々に進めていった（ドイモイ〔刷新〕政策）。さらに，ベトナムはASEANや中国との関係改善も探り，カンボジアから撤退した。その結果，カンボジアにおいても和平協定が1991年に成立し，内戦が終結し，ベトナム自身もASEANへと加盟した（1995年）。ベトナムの加盟は，反共を目的として設立されたASEANの性格が，東南アジアの地域協力を目的としたものへと転換したことを示すものであった。

その後，ラオス（1997年），ミャンマー（1997年）に続いて，カンボジア（1999年）もASEANへと加盟した。ASEANはカンボジアの加盟によって域内平和を実現し，**東南アジアにおける地域協力，ひいては共同体形成の中心的な位置を占めることになった。**

プラザ合意

東南アジア諸国に経済成長をもたらしたもうひとつの重要な要素は，**日本企業やアジアNIEsからの直接投資の拡大**であった。直接投資は雇用を生み出すだけではなく，技術や経営ノウハウの移転をもたらすなど，経済成長にとって大きな意味を有する。

東南アジアへの直接投資が増大した背景には，**プラザ合意（1985年）に基づく急激なドル安**が存在した。プラザ合意とは，米・英・仏・西独・日が協調し，為替レートを秩序立って，つま

りアメリカへの資金流入を維持し，ドルの急激な暴落を防ぐような形で，ドル安方向へと誘導するという合意である。第10章の*Column* ⑰で言及したように，ドル高が続くなか，アメリカ企業の競争力が低迷するとともに日本やアジアNIEsからの輸入が増大し，アメリカの経常収支赤字は深刻な問題となっていた。プラザ合意は，ドル安によってアメリカ企業の輸出競争力を向上させるとともに，アジア諸国からの輸入を減少させることで，アメリカの経常収支赤字の縮小を目指した。実際，ドル安が一気に進んだ。たとえば，円・ドルレートは，1ドル250円程度から，1986年末には150円程度にまで下落した。1987年に，それ以上のドル安を防ぐとの新たな合意がG7において成立し（ルーブル合意），ドルは下げ止まったが，ドル安傾向自体はその後も変化しなかった。その結果，アメリカの経常収支赤字は1987年から1991年にかけて縮小し，その後も1995年までは安定的に推移した。

　こうした急激なドル安の進展は，日本企業の輸出競争力を削ぐとともに，その海外への直接投資を活発化させた。**第一に対米投資である**。プラザ合意の影響でドル安となり，対米輸出は困難となったが，対米投資には有利な環境が生まれていた。また日米経済摩擦の激化と輸出自主規制は日本企業の成長制約となっていた。ゆえに自動車産業などの日本企業はアメリカに生産拠点を移転していった。**第二にASEAN諸国への進出である**。日本企業はアメリカだけではなく，新たな生産拠点としてASEAN諸国に注目し，直接投資を行った。日本はASEAN諸国を新たなアメリカへの輸出拠点とし，対米輸出を拡大した。アジアNIEsも日本の後を追い，ASEAN諸国への直接投資を拡大していった。当初は，企業内国際分業が中心であったが，ASEAN諸国に立地する企業の成長にともない，それらとの企業間取引（生産ネットワーク）も拡大していった。**その結果，日本，アジアNIEs，ASEAN間の貿易**

も大きく発展した。各地域に存在する生産拠点間における国際分業の発展によって構築された生産ネットワークが貿易拡大の背景にあった。

最終消費地としてのアメリカ

こうしたアジア地域における輸出の拡大を通じた経済成長を支えたのはアメリカであった。第10章で見たように，日本とアジアNIEsはアメリカを主要な輸出先としていたが，ASEANも同様であった。2001年以降，輸出を急激に拡大する中国にとっても，アメリカが最も重要な輸出先となっている（終章を参照）。そうした意味ではアジア地域の経済成長にアメリカが果たした役割は非常に大きい。また1994年にNAFTAが発効して以降，加盟国であるカナダとメキシコからアメリカへの輸出も大きく拡大している。

こうした各地域からの財やサービスの輸入は1980〜90年代にかけて大きく拡大し，1980年から2000年にかけて約5倍になった。アメリカは多くの国にとって最も重要な最終消費地であった。ゆえにプラザ合意後，いったんは縮小したアメリカの経常収支赤字も，結局は解消されることがなかった。

一方，経常収支が赤字であるということは，その赤字部分を埋め合わせる大量の資金がアメリカへと流入し続けていることを意味する。ゆえにアメリカ政府も，1990年代後半に入ると，経常収支赤字を問題としなくなった。むしろ経常収支の赤字を超える規模で資金の流入が生じていることは，アメリカ経済の強さを示しているとして，プラザ合意や先述した1980〜90年代後半に見られたような保護主義的な貿易政策によって経常収支赤字の削減を追求することはなくなった。その結果，アメリカの輸入はますます拡大した。経常収支赤字も1997年以降，急激に拡大していき，1990年と比べると，2000年には約5倍の規模へと拡大した。

一方，経常収支の赤字を埋め合わせる形で西欧諸国，日本，産油国からアメリカへ流入した資金によって，その金融市場は活況を呈した。

アメリカ経済の構造変化とグローバル・サプライチェーンの形成

アメリカ市場においてアジアからの輸入品との競争にさらされたアメリカ製造業は，生産拠点をグローバルに展開し，企業内国際分業を構築し，生産コストを削減していくことで対抗した。たとえば，自動車産業は，労働コストの低いメキシコに生産拠点を展開し，国内の生産拠点との間で生産ネットワークを構築していった。これは NAFTA によってアメリカとメキシコ間の貿易障壁が撤廃されたため可能となった。

またコンピュータ産業では，あらゆる部品・ソフトウェアの設計・製造から組立まで自社で行うタイプの企業が主流であったが，開発資金の巨額化，競争の激化，技術革新の進展によって，特定の部品やソフトウェアの生産を担う専業メーカーが，1980〜90 年代にかけて数多く登場・成長していった。そのなかには，コンピュータの中心部であるマイクロプロセッサ（MPU）の生産を行うインテル，Windows シリーズによってコンピュータのオペレーションシステム（OS）市場を主導したマイクロソフトなど，特定の市場で独占的な地位を築く専業メーカーも現れた。

多数の専業メーカーの登場は，必然的に国際的な競争の激化を招き，アメリカのコンピュータメーカーは，東南アジアや中国を中心に生産拠点を国際的に展開し，企業内国際分業体制を構築することで，生産コストの削減を行った。また，台湾の鴻海に代表されるようなアジア諸国における専業メーカーの急激な成長にともない，自身は製品の設計やデザイン，ソフトウェアなどで利益を確保し，部品の製造や組立についてはアジアの企業に委託し，多くの最終製品や半製品を輸入する企業も登場するようになった。

シンガポールのコンテナ港：規格が統一されたコンテナの使用とコンテナ輸送船の大型化によって，物流の効率性は飛躍的に増大した。
istock .com / NeoPhoto

Apple はその代表的な存在である。

　こうしたアメリカの製造業のグローバル化は，アジアからの輸入のさらなる拡大を生み出す要因となった。一方でこの動きは，アメリカ国内における生産拠点の閉鎖をともなうものであり，製造業での雇用喪失とアメリカ経済のサービス経済化をよりいっそう推し進めた。

　コンピュータ産業に見られるようなアジアや北米地域を中心とした企業内国際分業や専業メーカー間の生産ネットワークの形成は，先述した日本，アジア NIEs，ASEAN による生産ネットワークとも結びつき，グローバルなサプライチェーンを生み出していった。このことはサプライチェーンが，何らかの要因で切断された場合，その悪影響がグローバルに拡散してしまうというリスクが生み出されたことを意味した。

インターネットは，アメリカ国防総省の
資金提供によって開発された ARPANET
（1969 年）を起源とし，その後，各国の政府・研究機関によって
発展・運営されてきた。1990 年にアメリカにおいて，その商業
利用が解禁されて以降，世界各国で同様の動きが拡大し，インタ
ーネットの利用者は世界中で爆発的に拡大していった。

　こうした拡大を支えたのが，コンピュータ産業の発展であった。
コンピュータ産業における競争の激化は，さらなる技術革新とコ
ンピュータの小型化，低価格化をもたらした。こうした産業面で
の変化と結びつくことで，1990 年代以降，インターネットは爆
発的に発展し，21 世紀につながる新たなビジネスを生み出す基
盤を作り出した。

　インターネットという「インフラ」の上でさまざまな新しいビ
ジネスがアメリカを中心に生み出されていった。この時期に設立
された代表的な企業は，電子商取引の Amazon（1994 年設立）や
検索情報サービスの Google（1998 年設立）であった。これらの企
業は 21 世紀に入り，急激な成長を見せることになる。

第二次世界大戦後の自由貿易体制下での
国際貿易の拡大，直接投資の増大を可能
としたものとして，**輸送や通信にかかわ**
るコストの低下があった。輸送コストの低下は貿易をさらに拡大
させるものであり，国際分業体制の発展を支えるものである。ま
た通信費の低下によって生産拠点間の意思疎通もより容易に行う
ことができるようになった。第 6 章で触れたように，**19 世紀に**
は蒸気船や蒸気機関車の開発および電信や電話の発達によって輸送
や通信コストの低下が生じた。これが 19 世紀における自由貿易
体制の発達を支えたように，**第二次世界大戦後の自由貿易体制も**
新たな輸送や通信のインフラによって支えられていた。

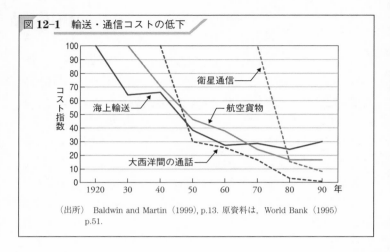

図 **12-1** 輸送・通信コストの低下

コスト指数

衛星通信

海上輸送

航空貨物

大西洋間の通話

1920　30　40　50　60　70　80　90　年

（出所）　Baldwin and Martin（1999），p.13. 原資料は，World Bank（1995）
　　　　p.51.

　図 12-1 はある時点の価格を 100 とし，そこからどの程度価格
が低下したかを示している。この図から明らかなように第二次世
界大戦後，海上輸送，航空貨物，国際電話・衛星通信の価格は大
きく低下してきている。この背景には，さまざまな技術革新，た
とえば海上輸送であれば，大型タンカーの導入，自動運転の発展，
コンテナの活用などが存在した。またエアライン産業の規制緩和
によって，航空運賃は低下し，モノやヒトの移動が以前よりも容
易になった。

　通信の面では，先述した 1990 年代以降におけるインターネッ
トの発達が大きく影響している。コンピュータ関連製品の価格は
急速に低下した。さらにインターネットを通じて，世界全体が結
ばれるようになり，通信にかかわる費用はいっそう低下していっ
た。これは前述したサービス貿易やグローバル・サプライチェー
ンの拡大をもたらす大きな要素のひとつとなった。

　こうした輸送や通信にかかわるコストの低下は，グローバル化
の進展を支える基礎となった。

3 資本移動の自由化の進展

●金融危機の頻発

▷▷ 資本移動の自由化はどのように進んでいったのだろうか。

▷▷ 金融危機はなぜ頻発しているのだろうか。

資本移動の自由化

次に国際的な資本移動について見ていこう。1973 年に IMF 体制が崩壊した後，アメリカはいち早く資本移動の管理を廃止する方針を示し，各国に対して資本移動の自由化を進めるように要求し続けた。そうしたアメリカの要求に対して，各先進国は資本移動の自由化を急速に進めた。たとえば 1979 年にイギリス，1980 年に日本が規制を撤廃し，大陸ヨーロッパ諸国は 1980〜90 年代にかけて自由化を達成した。途上国においては国や地域によって違いが見られるが，1990 年代に急速に自由化が進んだ点は共通している。途上国の資本移動の自由化には，先述した WTO のほかに，IMF も大きな役割を果たした。IMF 体制が崩壊した後，IMF は金融危機が生じた際の資金援助をその主要な任務のひとつとしたが，その際に資本移動の自由化を融資の条件とした。またアメリカも先進国に対してと同様，援助政策や通商政策を駆使し，途上国にも資本移動の自由化を要求した。途上国側も開発資金の必要性から資本移動の自由化に応じた。

その結果，国際的な資本移動は活発化した。たとえば世界のGDP に海外資産が占める割合は，1945 年の 5％から 1960 年には 6％までしか上昇しなかった。しかし 1980 年には 25％へと一気に上昇する。その後も 1985 年には 36％，1990 年には 49％と増大していき，2000 年には 92％へと達している。

こうした国際的な資本移動は，主として先進国間で行われた。し

かし1980年代以降，途上国への資金流入も徐々に増加していった。このことを途上国から見た場合，開発に必要な資金の供給源として国際金融市場がもつ役割がより重要になったことを意味する。直接投資という形で途上国に工場を建設するだけではなく，証券投資や銀行貸付といったさまざまな形態で途上国へと資金が流入するようになった。

金融危機の発生 一方で資本移動の自由化の進展は，国際的な金融危機を招く可能性を高めた。表12-2は，銀行危機（⇨[解説]）と通貨危機（⇨[解説]）の発生件数を時代ごとに比較したものである。ここから第一に，**金融グローバル化が抑制されていたIMF体制下（1945〜71年）におけるよりも，それ以降（1973〜97年）に金融危機の発生件数が増大していること**がわかる。これは1年当たりの平均発生件数を比較した場合も同様である。第二に，1973〜97年にかけて，金融危機は工業国，すなわち先進国市場よりも新興市場で多く発生している。1年当たりの平均発生件数で見ると，工業国は1.76，新興市場は3.80と倍以上の違いがある。このことは**資本移動の自由化が進むなかで，途上国に流入した資金が危機を引き起こしている**ことを意味している。

ここから明らかなように，**資本移動の国際的な拡大は，各国金融市場を緊密に結びつけ，ある国で生じた金融危機はすぐに国際的な金融危機へと拡大してしまう**。金融危機は実体経済へと波及し，各国経済は不況へと突入せざるをえない。1980年代のラテンアメリカにおける累積債務問題，1992〜93年のヨーロッパ通貨危機，1997〜98年のアジア通貨危機（*Column* ⑭を参照）が代表的

[解説] **銀行危機**　銀行が経営危機に陥ること。

通貨危機　ある通貨の対外的な価値が暴落し，その国の実体経済に対して深刻な経済危機をもたらすこと。

表 12-2 危機の数：市場別

市場	年	銀行危機	通貨危機	双子の危機	合計
工業国	1880〜1913	4	2	1	7(0.21)
	1919〜　39	11	13	12	36(1.71)
	1945〜　71	0	21	0	21(0.78)
	1973〜　97	9	29	6	44(1.76)
新興市場	1880〜1913	11	6	8	25(0.74)
	1919〜　39	7	3	3	13(0.62)
	1945〜　71	0	16	1	17(0.63)
	1973〜　97	17	57	21	95(3.80)

(出所)　荒巻 (2018), 54 ページ。原資料は, Eichengreen and Bordo (2002), p.41。
　　　　かっこ内は 1 年当たりの平均発生件数を示す。

なものである。

4 人 の 移 動

●移民の停滞と旅客の増加

▶▶　人の移動はどのように変化したのか, 前章と比較してみよう。

　次に人の移動について見ていこう。1960 年に海外に暮らす移民の数は 1 億人程度であったが, 2000 年には 1 億 5500 万人まで増加した。ただし世界人口はこの期間に倍増しており, それに比べるとそれほど高い伸び率ではない。次に移民の動向を示した図 12-2 をもとに, 1973 年以降における主要な人の移動の流れについて見ていこう。

　第一に, アメリカは世界最大の移民受入れ国であった。多くの移民は, 世界最大の経済大国であるアメリカに経済的な上昇の機会を求めた。アメリカは, 1980〜99 年に約 1600 万人の移民を受け入れた。その主要な供給源は中南米とアジア諸国である。たとえば, 同期間の移民の出身地別割合を見ると, 中南米が 46.7%, アジアが 32.8% を占めている。アジアではフィリピン, ベトナム,

Column ⑭ アジア通貨危機 ～～～～～～～～～～～～～～～～～～

　1997年にタイで発生した不動産危機を契機として，資金の海外への大量流出が生じた。急激かつ大量の資金流出はタイ経済を崩壊に追い込んだ。そして危機は東・東南アジア諸国に連鎖した。多くの投資家は，タイと似た経済構造を有するその他の東・東南アジア諸国においても同様の危機が生じると考え，資金を一斉に引き上げた。その結果，東・東南アジア諸国の多くが通貨・金融危機へと陥った。この事態を指して，アジア通貨危機と呼ぶ。

　東・東南アジア各国は，海外から借り入れた資金をもとにして投資を行い，輸出産業を中心に経済成長を実現してきた。ゆえに多くの対外債務を有していたが，一方でその経済的なパフォーマンスは良好であった。そのためタイの危機を契機としてパニックに陥った多くの投資家の行動が，この危機を拡大した大きな要因であったと考えられる。

　危機の結果，とくに経済的な落ち込みが激しかったタイ，インドネシア，韓国の3カ国は，IMFからの融資に頼らざるをえなかった。IMFは3カ国に対して，融資条件（コンディショナリティー）として構造改革を要求した。この構造改革は，規制緩和，財閥解体，財政の引締めなどの新自由主義的な性格を有するものであった。しかし，こうした急激な引締政策や構造改革は，かえって各国の経済状況の悪化を招き，危機はさらに深刻化した。各国では，IMFや政府に対する抗議活動が活発化した。とくにインドネシアでは政変が起こり，スハルト政権が倒壊した。最終的には，アメリカや日本を中心とする先進国の資金が大量に投入されることによって，3カ国からの資金の流出は食い止められ，危機は沈静化するに至った。

　このアジア通貨危機以降，IMFによる融資が新自由主義的な構造改革を条件とすることの是非が問題となった。投資家によるパニック的な資金引上げであれば，大量の資金を無条件に投入する

韓国ソウルの米国大使館前で，IMF の厳しい融資条件に反対して再
交渉を求める人々
AFP＝時事

　ことで危機を回避することは可能であった。また IMF の新自由
主義的な政策の背景には，出資比率の高い欧米諸国，とくにアメ
リカの影響が強くあるのではないかと問題視された。その後，中
国は 21 世紀に入り，途上国の出資比率を上げるといった IMF 改
革の必要性を強調するようになるとともに，終章で触れるように，
自ら国際金融機関の設立に乗り出している。

中国が多く，中南米ではメキシコが大きな部分を占めていた。
　第 10 章で見たように，アメリカは 1965 年移民法以降，移民
を受け入れる方針に転じ，それはこの時代にも維持されていた。
しかし一方で多数の「不法移民」が存在しており，徐々に大きな
社会問題となりつつあった。
　第二に，中国と東南アジアが再び移民の供給源として登場した。
中国は改革開放政策を採用して以降，国外への移民の制限を緩和

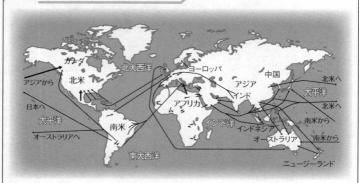

図 **12-2** 1973 年以降の移民の動向

（注）矢印の太さはおおよその動きの大きさを示している。正確な数値は入手できな
いものが多い。
（出所）Castles, Haas and Miller（2014）, p. 11.

した。東南アジア諸国も輸出志向型工業化戦略への転換以降，移
民に対する制限を緩和していった。中国からはアメリカ，東南ア
ジアからはアメリカやオーストラリア，中東への移民が多くなっ
ている。また 1970〜80 年代にかけては，ベトナム，ラオス，カ
ンボジアからインドシナ難民が大量に発生した。これら 3 カ国の
社会主義化によって弾圧される可能性が高かった中国系の人々が
中心であった。これらの難民は，最終的にはアメリカ，オースト
ラリア，カナダなどへの移民となった。

　第三に，**中東諸国への人の移動が増大した**。これは二度の石油
ショックによって富を蓄積した中東諸国が，大規模な建設工事を
実施していたことに起因する。労働力不足から，とくに東南アジ
ア諸国から多くの労働者が中東へと向かった。

　第四に，**オーストラリアは引き続き多数の移民を受け入れた**。
オーストラリアが白人以外の移民も受け入れるという方針に転換
したことを受けて，東南アジア諸国からオーストラリアへの移民

も拡大した。

　また人の移動という点では，先述した輸送や通信コストの低下
も大きな影響を与えている。観光客やビジネス目的の移動が増大
した。たとえば，1980年に2億7700万人だった海外観光客は，
2000年には6億7700万人へと急激に拡大した。

5　社会主義圏の崩壊
●グローバル経済への包摂

▷▷　ソ連と東欧の社会主義体制はなぜ崩壊したのだろうか，その要因を
　整理してみよう。
▷▷　ソ連と東欧の社会主義体制の崩壊が中国に与えた影響を考えてみよ
　う。

冷戦の崩壊

　以上のようにアメリカを中心とした西側
諸国では，貿易・金融のグローバル化が
進展していたが，社会主義圏の対応は大きく分かれていた。第
11章で見たように，中国は1978年以降，改革解放路線へと踏み
出し，輸出志向型工業化戦略を採用した。**これに対してソ連や東
欧諸国は，大胆な経済改革に踏み出せず，経済の停滞が続いていた。**

　ソ連の経済停滞に拍車をかけたのは，**軍事的な負担の重さ**であ
った。第一に，アフガニスタン侵攻の長期化である。アフガニス
タンの親ソ政権の支援を目的として軍事的に介入したソ連であっ
たが，その駐留は1989年の撤退完了まで長期に及んだ。アメリ
カや中東諸国によって支援されたアフガニスタンの諸勢力による
抵抗が続いたことがその背景にあった。第二に，レーガン政権の
軍拡政策である。レーガン政権は，ソ連を「悪の帝国」と批判し，
それに対抗する必要性を強調し，国防費を大幅に拡充した。これ
に対抗することは，経済的に疲弊していたソ連にとって大きな負

担となった。

　最終的には，1985年にソ連共産党書記長に就任したゴルバチョフ（任期：1985～91年）が「ペレストロイカ（再建）」をスローガンとして掲げ，農家や企業の自由な生産・販売を認めるなど，市場経済システムを部分的に導入する形での計画経済システムの見直しを進めざるをえなくなった。一方で，そうした改革は，あくまでもソ連共産党の一党独裁のもとで行われることが前提であった。

　またゴルバチョフは，軍事費による経済的な圧迫から逃れるために，アフガニスタンからの撤退とアメリカとの緊張緩和を実行した。中距離核戦力全廃条約（1987年）の締結など，レーガン政権との間での緊張緩和の試みを経た後，次のG. H. W・ブッシュ大統領（任期：1989～92年）とゴルバチョフとの間で行われたマルタ会談（1989年）において冷戦の終結が宣言された。

　こうしたゴルバチョフによる政治・経済改革への動きは，その勢力下にあった東欧諸国へも波及し，そこでも類似の政治・経済改革が実行された。こうした改革は，当初，共産主義政権の枠組みを崩さない範囲において行われていたが，長年の独裁体制に対する不満は，共産主義政権自体の打倒へと向かっていった。まず1989年2～4月にかけてポーランドにおいて開催された「円卓会議」において，政権側と反体制派の間で話し合いが行われ，民主化の方向へと舵が切られた。そしてポーランドを皮切りに，次々と東欧諸国で共産主義体制が崩壊し，民主化が進んでいった。経済システムの面では，計画経済体制から市場経済システムへの移行が急激に進められた。こうした流れはソ連自体にも及ぶことになり，1991年にソ連は崩壊し，ロシアやウクライナなどソ連を構成していた共和国は次々と独立していった。

　ソ連と東欧諸国の共産主義体制が崩壊し，計画経済体制から市

場経済システムへの転換を
進めたことは，西側諸国に
おいて進んでいるグローバ
ル化の波が社会主義圏にも
及んでいくことを意味した。
西側諸国は，ロシアなどの
旧ソ連諸国や東欧諸国が市
場経済体制へと転換するこ
とを支援した。一方で，市
場経済システムへの転換が
急激に進められたため，国
営企業の払下げにおいて汚
職が発生するなど，経済が
混乱し，経済危機に陥るケ
ースも見られた。

ベルリンの壁崩壊：1961年に東西ベルリン
の間に建設されたベルリンの壁は東西対立
の象徴であった。その崩壊は，冷戦の終わ
りを人々に強く印象づけた。
　　AFP＝時事

　また1991年には西ドイ
ツが東ドイツを吸収する形
で，統一ドイツが誕生した。
これにより新たな統一ドイ
ツはヨーロッパの枠内にとどまることになり，ドイツ自身も通貨
統合などヨーロッパ統合に積極的にコミットする姿勢を示した。
これにより東西対立は終焉を迎えた。ドイツをヨーロッパ統合の
枠内に封じ込めるという，ヨーロッパ統合当初の狙いは維持され
ることになったが，ドイツ自身の政治・経済力が統合の枠内で増
大していった際にどのように対応するのかという問題は残された。
またドイツの統一は，その後の東欧諸国のヨーロッパ統合への参
加の道を開くことにもなった。

こうしたソ連や東欧における民主化の動きは，社会主義国であった中国にも影響を与えた。第11章で見たように，中国は改革開放路線への転換後，アメリカが主導する自由貿易体制へと参入し，順調に経済を成長させていた。一方で急速な経済成長は，インフレや生活苦といった負の側面も生み出していた。こうした状況に不満をもつ市民や大学生を中心として，中国共産党に対して政治改革を求める運動が急速に拡大していった。これに対して鄧小平は，徹底的な武力弾圧で応じ，運動は壊滅させられた。これを**天安門事件**と呼ぶ（1989年）。**これ以降，中国では社会主義を強調する保守化路線が強まり，経済面でも改革開放路線が停滞するようになった。**しかし鄧小平は，1992年に武漢や上海などを視察した際に発表した声明（南巡講話）において経済面における改革開放路線を堅持する方針を明示し，再び市場経済システムの導入に向けた改革が進められることになった。その一方で政治改革への取り組みが行われることはなかった。

　また天安門事件は中国の自由貿易体制への復帰を遅らせるという影響もあった。中国は1986年からGATT加盟交渉を行っていたが，天安門事件の影響により，交渉が途絶し，その加盟は実現しなかった。1995年に新たに発足したWTOへと中国は加盟申請を行い，再び交渉が開始され，2001年にWTOへの加盟が認められた。中国が本格的に自由貿易体制へと参入し，貿易を大きく拡大するのはこれ以降のことになった。

Ｑuestion 章末問題

1　貿易，金融，人の移動のそれぞれについて，グローバル化の成果とデメリットについてまとめてみよう。

2 　アメリカの国際経済政策の展開についてまとめたうえで，それが世界経済に与えた影響について考えてみよう。
3 　社会主義圏の形成から崩壊に至るまでの歴史がグローバル化にとってもつ意味を考えてみよう。

終章 グローバル化の行方

　本書では，グローバル化が進む以前の世界経済について概観したうえで，16 世紀から現代に至るまでのグローバル経済の歴史について考察してきた。終章では，これまでの知見を踏まえたうえで，21 世紀に入って以降の状況を概観し，グローバル経済の今後について，歴史的な観点から考えてみたい。

世界経済の歴史的な変化

　21 世紀における世界経済の大きな変化は，BRICs 諸国（ブラジル，ロシア，インド，中国）に代表される新興国の台頭である。とくに中国を中心としたアジア諸国の経済成長に注目すべきである。これは歴史的な観点から見るとアジアの再勃興と捉えることができるだろう。

　大手経営コンサルティング会社マッキンゼー社が作成した図終-1 は，世界経済の重心の位置の推移を示している。1000 年〜1820 年にかけては，徐々にヨーロッパ方向に重心が移動しつつあるが，基本的に重心はアジア寄りに存在している。これは中国やインドに代表されるアジア地域が世界経済に占める比重が大きかったことに起因している。しかし 1820 年から 1913 年にかけて重心は急激にヨーロッパ方向へと移動していく。これはヨーロッパにおける産業革命，そして独立後におけるアメリカの急速な経済成長によってもたらされた。工業化の進展は，それ以前とは格段のスピードで経済成長を加速させた。第一次世界大戦後にアメリカは世界最大の経済大国となり，世界経済の重心もアメリカの方向へと移動していった。そして第二次世界大戦後は「パック

355

図終-1　世界経済の重心の位置の移動

（出所）　McKinsey Global Institute（2012），p. 17 より筆者作成。

ス・アメリカーナ」と呼ばれるようなアメリカを中心とした国際
経済秩序が形成された。

　ヨーロッパ諸国は，15 世紀中頃から海外へと積極的に進出し，
アフリカ，南北アメリカ大陸，そしてアジア地域を支配下に置い
ていった。多くの地域がヨーロッパ諸国の植民地とされた。植民
地とされない場合でも，ヨーロッパ諸国を中心としたグローバル
化の波に呑み込まれ，その経済・社会構造の大きな変容を迫られ
た。産業革命は，ヨーロッパ諸国とそれ以外の地域の経済格差を
さらに拡大し，その支配体制を確固たるものにした。そしてイギ
リスの植民地から独立したアメリカの経済成長は，そうした枠組
みをさらに強化した。

　しかし，こうした流れは第二次世界大戦後に変化し始めた。つ
まり重心が再びアジア方向に移動しつつある。図終-1 にあるよう
に 1950 年を境に，徐々に重心はアジア方向に動き始める。そ
して 1980 年以降，その移動のスピードは急激に加速した。この
背景には，日本の高度経済成長を皮切りとしたアジア諸国の連続

的な経済成長がある。1960年代における日本，1970〜80年代以降のアジアNIEs，ASEAN諸国の経済成長は，アジア地域が世界経済に占める重要性を大きく高めた。そして1970年代末から改革・開放を進め，21世紀に入り加速した中国の経済成長は，世界経済の重心の大西洋から太平洋への移行を一気に進めた。

こうしたアジア地域の経済成長の背景には第二次世界大戦後におけるグローバル化の進展が存在する。1930年代のブロック経済体制下で崩壊した世界貿易は，アメリカが主導する形で第二次世界大戦後，自由貿易を原則とする体制として再建された。貿易自由化が進展していくなかで，第二次世界大戦後の世界貿易量は大きく増大していった。また，1971年におけるIMF体制の崩壊後は資本移動の自由化も進み，各国間の投資も活発に行われるようになり，企業や金融機関も国境を越えてその活動の場を広げていった。多くのアジア諸国は，そうしたグローバル市場に対して国境を開き，投資を受け入れるとともに，積極的に輸出を拡大していくことを通じて，経済成長に成功した。

その典型例は中国である。天安門事件によって自由貿易体制への参入は遅れたが，WTO発足以降，加盟交渉を行い，2001年にWTOへの加盟を実現した。中国はWTOに加盟して以降，図終-2にあるように，輸出を大きく拡大した。こうした輸出の大幅な増大は，2014年頃まで年率7％を超える高い経済成長率の実現に貢献した。現在（2019年），中国は米国に次ぐ世界第2位の経済大国となっている。

図終-1に示されているマッキンゼー社の予想では，2025年に世界経済の重心は1500年と近い位置にまで戻ることになる。中国を中心としたアジア経済が世界経済の中心を占める構図は，工業化以前の世界経済の構造と類似しており，そうした意味で「アジアの再勃興」といえる状況が，現在到来しつつあるとも考えら

図終-2　中国の財・サービス輸出（1990〜2017年）

（出所）　World Bank Open Data（https://data.worldbank.org）
より作成（2019年2月22日アクセス）。

れる。

> 「一帯一路」構想と中
> 国経済のリスク

経済力を増大させた中国は，世界経済に
も大きな影響を与えている。とくに
2010年代に入ってからの積極的な海外
進出が注目される。2013年に公表された「一帯一路」構想（図
終-3）は，そうした中国の動向を典型的に示す野心的なものであ
る。中国は，過去における「陸のシルクロード」と「海のシルク
ロード」にならい，中国から中央アジアを経由してヨーロッパへ
と至るエリア，中国から東南アジア，インド洋を経由して中東に
至るエリアにおいて大規模な投資と開発を行い，そこに中国を中
心とした新たな経済圏を構築しようと試みている。そのため主と
してアジア地域を対象とした国際開発銀行としてアジアインフラ
投資銀行（2015年）を設立した。アジアインフラ投資銀行にはヨ
ーロッパ諸国も資本参加しており，まさに中国経済がグローバル
に大きな影響をもつようになっていることを示している。

　しかし一方で中国はさまざまなリスクを抱えている。たとえば，

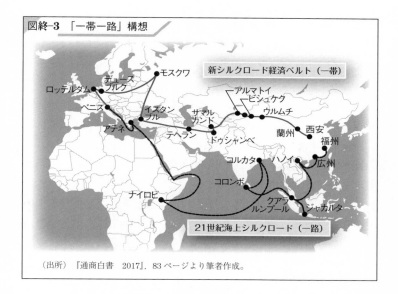

図終-3 「一帯一路」構想

新シルクロード経済ベルト（一帯）

ロッテルダム
デュース
ブルク
モスクワ
ベニス
イスタン
ブル
サマル
カンド
アルマトイ
ビシュケク
ウルムチ
アテネ
テヘラン
ドゥシャンベ
蘭州
西安
福州
コルカタ
ハノイ
広州
ナイロビ
コロンボ
クアラ
ルンプール
ジャカルタ

21世紀海上シルクロード（一路）

（出所）『通商白書 2017』，83ページより筆者作成。

労働賃金の上昇，不動産バブルの発生，所得格差・地域間格差の拡大，温存される国有企業の非効率性，鉄鋼に代表されるような過剰生産能力の拡大などが挙げられる。また少子高齢化が急速に進んでいることも大きな課題となっている。実際，2015年あたりから中国の経済成長率は低下し始めている。

　また海外諸国における中国に対する批判や脅威論の台頭も見られる。たとえば「一帯一路」構想にかかわるアジアインフラ投資銀行などを通じた中国による過剰な貸付は，貸付相手国を債務危機に陥らせる危険性が高く，そうした状況を利用して中国の意向を貸付相手国に押し付けようとしている，との批判が高まっている。

　中国にとって最も重要な輸出市場であるアメリカにおいても脅威論は高まりを見せ，米中経済摩擦を激化させている。アメリカでは対中貿易赤字の拡大が問題視されるとともに，ファーウェイ

に代表されるような中国のハイテク企業による知的所有権の侵害や，それらの企業と中国政府との強いつながりに対する警戒心が拡大している。アメリカのトランプ政権（2017～21 年）は，中国からの輸入品に対する関税を引き上げるとともに，ハイテク企業中心に経済制裁を実施した。これに対して中国もアメリカからの輸入品に対する関税引上げで応じ，1930 年代に見られたような貿易戦争の様相を呈しつつある。

　世界経済を牽引する 2 つの大国間の経済摩擦の激化は，対米輸出に依存してきた中国経済にとって大きなリスクである。さらに第二次世界大戦後におけるグローバル化の進展のなかで世界中の国が貿易を通じて強く結びつくようになっている現在，世界経済全体にも影を投げかける大きな問題となっている。

アフリカは新たなフロンティア？
アジア諸国のように経済成長の実現に成功する国が登場する一方，成長への糸口をなかなかつかむことのできない地域が存在する。それがアフリカである。しかし近年，一次産品価格の上昇や中国の進出によってアフリカは注目度を増している。

　中国は，多くの資源を産出する資源国でもあるが，経済が成長していくにつれ，必要とされるさまざまな一次産品を大量に輸入するようになった。このことは一次産品に対する需要増を意味し，その価格の高騰を招いている。また中国は，一次産品の安定的な確保のために，その主たる輸入先であるアフリカ諸国への進出を加速させてきた。中国は援助，投資，貿易を組み合わせた「三位一体」型でアフリカへと進出している。つまり援助によって資源の利権を獲得し，企業をそこへと進出させている。そして周辺地域のインフラに投資を行うというパターンを構築している。こうした一次産品価格の上昇および中国の進出はアフリカ経済にも大きな影響を与えている。

アフリカ地域の経済的な停滞は，国連を中心に2000年にミレニアム開発目標が設定された際にも大きな問題として国際社会にとらえられていた。たとえば2005年に開催されたグレンイーグルズ・サミットでは，対アフリカ援助の倍増を目指す決議が行われている。

　しかし2000年代に入り，アフリカの経済成長率は約5%で推移している。この背景として，一次産品価格の高騰や中国の経済的な進出が存在するが，それのみではない。豊富な天然資源，人口の増大，インターネットの普及によるビジネスインフラの整備と新興企業の勃興などにより，生産地としても消費地としても徐々に「新たなフロンティア」として注目されるようになっている。その結果，アフリカ各国の経済は徐々に成長の兆しを示している。しかし一方において，改善される兆しのない所得格差の問題，エネルギーや食料の不足，一次産品を保有する国とそうでない国の間の格差，感染症の蔓延，内戦などの問題が解決されたわけではない。民間ベースの投資が増大することも必要であるが，公的な支援の必要性もまだまだ大きい。

グローバル化と金融危機

　グローバル化の進展は，中国に代表されるアジア諸国の経済成長を実現し，その影響のもと，アフリカ経済も離陸へのきっかけを徐々につかもうとしている。ではグローバル経済は，そのようなプラスの側面のみで語ることができるのであろうか。そして，その流れは止まることがないのであろうか。ここでは3点にわたり，グローバル化の弊害に関する側面について指摘しておきたい。

　第一に，国際的な金融危機の頻発である。第12章で触れたように1997〜98年にかけて発生したアジアにおける金融危機はアジア経済に大きな傷跡を残した。その後，2000年代に入っても

金融危機の発生はおさまらなかった。

　2000年代を通じて，アメリカへのヨーロッパからの多額の資本流入は，アメリカ国内において住宅バブルを形成する一因となった。一方で，中国をはじめとするアジア諸国は，アメリカに対して経常収支黒字を大きく計上する一方で，アメリカ国債を購入し，自国が金融危機に巻き込まれるのを防ぐために外貨準備を増大させることで，アメリカの経常収支赤字のファイナンスに貢献した。

　しかし住宅価格の下落を契機として発生したサブプライム危機（2007年）は，こうした構造を崩壊させた。アメリカ金融市場は危機へと陥り，アメリカ政府は多額の税金を金融機関に投入せざるをえなかった。また危機からの経済回復のスピードは遅く，失業率もなかなか低下しなかった。サブプライム危機によってアメリカ金融市場が崩壊しただけではなく，そこに大量の投資を行っていたヨーロッパ諸国の金融機関にも大きなダメージがあった。このダメージはユーロ危機へとつながっていき，現在においてもヨーロッパ統合の行方を大きく揺さぶっている。

　このような国際的な金融危機が頻発する背景には，国際的な資本移動の自由化の進展が存在する。各国間の金融市場は相互依存を強め，短期資本の大規模かつ活発な移動が経済を不安定化させ，金融危機のリスクを高めている。こうした状況において，金融危機をもたらすような短期的な資本移動の自由を規制するなど，金融危機の発生を防ぐための国際的なレジームの設定が必要となっているのではないだろうか。

グローバリズムへの反発と先進国の混乱

　第二の問題は所得格差の拡大である。ブランコ・ミラノビッチが作成した「グローバル化の象のカーブ」（図終-4）は，グローバル化の進展が人々の所得に与えた影響を端的に示している。

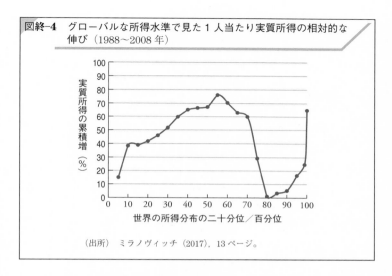

図終-4　グローバルな所得水準で見た1人当たり実質所得の相対的な伸び（1988～2008年）

（縦軸）実質所得の累積増（%）

（横軸）世界の所得分布の二十分位／百分位

（出所）　ミラノヴィッチ（2017），13ページ。

図終-4は，各所得階層別に1988年から2008年までの所得の伸び率を示している。ここから明らかになるのは以下の2点である。第一に所得が大きく伸びているのは低～中間所得階層および最上位層という点である。前者にあたるのが新興国の人々であり，後者は先進国の最富裕層である。グローバル化が進展するなかで新興国を中心に途上国の人々の所得は上昇している。また先進国の最富裕層はさらにその富の蓄積を増している。第二に，所得がほとんど伸びず，グローバル化の恩恵を受けていない部分に位置する人々は先進国の中間層である。先進国における中間層の所得の伸びは低下し，中間層自体が全体に占める割合も低下し続けている。つまり先進国においては中間層の崩壊と二極化が進んでいるといえよう。

　所得格差の拡大という現象自体は，世界各国で観察されている。しかし経済成長によって全体の所得が向上していくなかで格差が拡大している新興国と，大幅な経済成長が見込めないなかで格差

が大きく拡大している先進国が置かれている状況は大きく異なる。ゆえに先進国においては，グローバル化に反発する反グローバル化の動きが徐々に強まっている。イギリスの EU からの離脱，アメリカにおけるトランプ政権の成立と保護貿易政策の実行は，そうした流れを象徴しているといえよう。

　こうした先進国における格差の拡大に対する不満は，移民に対しても向けられている。トランプ政権の「メキシコ国境に壁を建設すべきだ」という主張に代表されるように，移民の排斥を求める政治勢力が先進各国において力を増している。先進国への人の移動は，今後さらに停滞する可能性がある。一方でアジア圏では経済成長にともなう労働力需要の高まりから人の移動が活発化している。貿易面だけではなく，人の移動という面でもアジア地域が世界の中心になりつつあるのかもしれない。

> グローバル化と新たな課題

このように反グローバル化の動きが強まる一方で，第二次世界大戦後に進んできたグローバル化の流れは，世界の一体化を推し進めており，各国間の協力をますます必要とするような新たな課題が数多く生み出されている。上述した国際的な金融危機もそうした問題のひとつであるが，ここでは3つの課題を取り上げておこう。

　第一に，いわゆるプラットフォーム・ビジネスの問題である。第 12 章で見たように，20 世紀末に登場したインターネットは，グローバル化の進展を支える「インフラ」として機能している。インターネット上でのビジネスは，21 世紀に入り急激な勢いで発展した。情報検索サービス，広告，電子商取引，ソーシャルネットワーク，動画や音楽などのさまざまな配信サービス，多様な決済システムなど，数多くの企業がインターネット上でのビジネスに参入し，グローバルに活動している。その結果，グローバル

化の潮流はますます加速している。こうした動きを牽引しているのは，GAFA（Google, Amazon, Facebook, Apple）に代表されるような巨大企業である。これらの企業はさまざまなサービスが提供される土台＝プラットフォームを支配することで，圧倒的な競争力を有している。一方，これらの巨大企業に対する懸念も高まっている。たとえば，収集している膨大な個人情報やデータの扱い，インターネット上でグローバルに活動している巨大企業に対する課税のあり方，競争制限的な行為などプラットフォームの独占から生じる弊害，などが問題となっている。規制対象の巨大企業自体がグローバルに活動しているがゆえに，それに対する規制もグローバルにならざるをえないだろう。

　第二に，地球環境にかかわる問題である。地球温暖化の影響や大気・水質汚染等の環境問題は，国境を越えて拡大していく。先進国だけではなく，グローバル化のなかで多くの途上国が経済成長の実現に成功していくと，さまざまな環境問題が各地で発生する。とくに近年注目を集めているのが地球温暖化問題である。二酸化炭素などの温室効果ガスの排出によって，地球全体の気温が上昇し，深刻な気候変動を引き起こすことが懸念されている。ゆえに温室効果ガス排出量の削減を目的とした国際的な枠組みの構築が進められてきた。現在，2020年以降の国際的な枠組みとしてパリ協定が2015年に締結されている。しかし世界第2位の温室効果ガス排出国であるアメリカのトランプ政権が2017年に脱退を表明し，早くも実効性が懸念されている。また各国が自主的に設定する削減目標が不十分であるとの批判も強い。また途上国は，工業化に先行し，温室効果ガスの排出を長年続けてきた先進国が責任を取るべきであると批判し，地球温暖化問題への対応策で自国の開発戦略が制限されることを強く警戒している。

　第三に，感染症の問題である。感染症が，ある国で発生した後，

世界中へと広く拡大していくリスクが大きく高まっている。たとえば，2002 年 11 月に中国広東省で発生した重症急性呼吸器症候群（SARS）は，2003 年に入るとアジアを中心に世界中へと拡大した。WHO が 2003 年 7 月に収束を宣言したが，その間に 32 の国と地域において 8000 名以上が感染した。その後も 2009 年に新型インフルエンザ，2012 年に中東呼吸器症候群（MERS）が発生し，世界的に流行した。グローバル化が進んでいくなかで，ビジネスや観光などを目的とした人の国際的な移動が活発化しており，感染症のグローバルな拡大を招いている。

　1980 年代以降，加速してきたグローバル化の流れは，上記のような問題だけではなく，ほかにも国際的な協力を必要とする課題を数多く生み出している。こうした課題を適切な形で制御するような新たな枠組みについて議論を進めていく必要があるだろう。グローバル化によって生み出された先進国が抱える所得格差の拡大の問題についても同様であろう。

　しかし世界各国は，そうした課題に協力して取り組むことが可能なのだろうか。一転して，国家を中心とした 1930 年代のような状況へと逆戻りするのか，それともグローバル化が適切な形で制御されるような新たな時代が作られるのか。はたまたグローバル化の流れは多くの課題を解決できないまま加速していくのか。今後とも注目していく必要がある。

参考文献
References

◆ 序章・第1部 ◆

足立啓二『明清中国の経済構造』汲古書院，2012 年。

アメリカ合衆国商務省編，斎藤眞・鳥居泰彦監訳『新装版　アメリカ歴史統計　植民地時代〜1970 年』第 1 巻，東洋書林，1999 年。

アレン，R. C. アブー，ジャネット L. = ルゴド（佐藤次高・斯波義信・高山博・三浦徹訳）『ヨーロッパ覇権以前——もうひとつの世界システム　上・下』岩波書店，2001 年。

アレン，R. C.（眞嶋史叙・中野忠・安元稔・湯沢威訳）『世界史のなかの産業革命——資源・人的資本・グローバル経済』名古屋大学出版会，2017 年。

五十嵐武士・福井憲彦『世界の歴史 21　アメリカとフランスの革命』中央公論社，1998 年（中公文庫，2008 年）。

石澤良昭編『岩波講座東南アジア史 2　東南アジア古代国家の成立と展開』岩波書店，2001 年。

岩井茂樹『中国近世財政史の研究』京都大学学術出版会，2004 年。

上田信『貨幣の条件——タカラガイの文明史』筑摩書房，2016 年。

ウォーラーステイン，I.（川北稔訳）『近代世界システム』（I〜IV）名古屋大学出版会，2013 年。

絵所秀紀『開発の政治経済学』日本評論社，1997 年。

小笠原弘幸『オスマン帝国——繁栄と衰亡の 600 年史』中央公論新社，2018 年。

尾形勇・加藤友康・樺山紘一・川北稔・岸本美緒・黒田日出男・佐藤次高・南塚信吾・山本博文編『歴史学事典』（全 15 巻・別巻 1）弘文堂，1994〜2009 年。

尾形禎亮『地域からの世界史 7　西アジア　上』朝日新聞社，1993 年。

岡本隆司編『中国経済史』名古屋大学出版会，2013 年。

梶谷懐『中国経済講義——統計の信頼性から成長のゆくえまで』中央公論新社，2018 年。

加藤博「イスラム経済の基本構造」『経済研究所年報（成城大学）』29，2016 年。

加藤弘之『中国経済学入門——「曖昧な制度」はいかに機能しているか』名古屋大学出版会，2016 年。

金澤周作監修『論点・西洋史学』ミネルヴァ書房，2020 年。

辛島昇『地域からの世界史 5　南アジア』朝日新聞社，1992 年。

川田順造『地域からの世界史 9　アフリカ』朝日新聞社，1993 年。

河原温『ブリュージュ──フランドルの輝ける宝石』中央公論新社，2006 年。

神田さやこ『塩とインド──市場・商人・イギリス東インド会社』名古屋大学出版会，2017 年。

岸本美緒『清代中国の物価と経済変動』研文出版，1997 年。

岸本美緒・宮嶋博史『世界の歴史 12　明清と李朝の時代』中央公論社，1998 年（中公文庫，2008 年）。

岸本美緒『東アジアの「近世」』山川出版社，1998 年。

岸本美緒『中国の歴史』筑摩書房，2015 年。

岸本美緒「グローバル・ヒストリー論と『カリフォルニア学派』」『思想』1127，2018 年。

岸本美緒編『歴史の転換期 6　1571 年──銀の大流通と国家統合』山川出版社，2019 年。

木村靖二編『新版世界各国史 13　ドイツ史』山川出版社，2001 年。

木村靖二・岸本美緒・小松久男監修『山川　詳説世界史図録』山川出版社，2014 年（第 3 版，2020 年）。

キャメロン，R., L. ニール（速水融監訳）『概説世界経済史 1　旧石器時代から工業化の始動まで』東洋経済新報社，2013 年。

久保亨編『中国経済史入門』東京大学出版会，2012 年。

黒田明伸『中華帝国の構造と世界経済』名古屋大学出版会，1994 年。

黒田明伸『貨幣システムの世界史──〈非対称性〉をよむ』岩波書店，2003 年（増補新版，2014 年）。

後藤春美『アヘンとイギリス帝国──国際規制の高まり　1906〜43 年』山川出版社，2005 年。

小谷汪之編『世界歴史大系　南アジア史 2　中世・近世』山川出版社，2007 年。

斎藤修『プロト工業化の時代──西欧と日本の比較史』日本評論社，1985 年（岩波現代文庫，2013 年）。

斎藤修『比較経済発展論──歴史的アプローチ』岩波書店，2008 年。

斎藤修「1600 年の全国人口──17 世紀人口経済史再構築の試み」『社会経済史学』84 巻 1 号，2018 年。

桜井由躬雄・石沢良昭・桐島昇『地域からの世界史 4　東南アジア』朝日新聞社，1993 年。

佐藤彰一・松村赳『地域からの世界史 13　西ヨーロッパ　上』朝日新聞社，
　1992 年。

佐藤次高『世界の歴史 8　イスラーム世界の興隆』中央公論社，1997 年（中
　公文庫，2008 年）。

杉原薫『アジア間貿易の形成と構造』ミネルヴァ書房，1996 年。

杉山正明『クビライの挑戦——モンゴル海上帝国への道』朝日新聞社，1995
　年。

猿谷要『地域からの世界史 15　北アメリカ』朝日新聞社，1992 年。

澤井一彰『オスマン朝の食糧危機と穀物供給——16 世紀後半の東地中海世
　界』山川出版社，2015 年。

澤井一彰「16 世紀後半におけるイスタンブルの人口規模」『歴史学研究』
　977，2018 年。

蔀勇造『物語　アラビアの歴史——知られざる 3000 年の興亡』中央公論新
　社，2018 年。

妹尾達彦『グローバル・ヒストリー』中央大学出版部，2018 年。

武田幸男・宮嶋博史・馬淵貞利『地域からの世界史 1　朝鮮』朝日新聞社，
　1993 年。

田辺明生・杉原薫・脇村孝平編『現代インド 1　多様性社会の挑戦』東京大
　学出版会，2015 年。

谷口謙次「近世南アジアの貨幣制度と 18 世紀ベンガルにおける貨幣の多様
　性」『松山大学論集』　24 巻 4-2 号，2012 年。

田家康『気候で読み解く日本の歴史——異常気象との攻防 1400 年』日本経
　済新聞出版社，2013 年。

ド・フリース，J.，A. デァ・ワウデ（大西吉之・杉浦未樹訳）『最初の近代
　経済——オランダ経済の成功・失敗と持続力 1500-1815』名古屋大学出版
　会，2009 年。

中島楽章『徽州商人と明清中国』山川出版社，2009 年。

永田雄三・羽田正『世界の歴史 15　成熟のイスラーム社会』中央公論社，
　1998 年（中公文庫，2008 年）。

パーカー，ジェフリ（大久保桂子訳）『長篠合戦の世界史——ヨーロッパ軍事
　革命の衝撃 1500〜1800 年』同文館，1995 年。

長谷川輝夫・大久保桂子・土肥恒之『世界の歴史 17　ヨーロッパ近世の開
　花』中央公論社，1997 年（中公文庫，2009 年）。

羽田正『興亡の世界史 15　東インド会社とアジアの海』講談社，2007 年（講
　談社学術文庫，2017 年）。

濱下武志『近代中国の国際的契機——朝貢貿易システムと近代アジア』東京

大学出版会, 1990 年。

濱下武志・川勝平太編『アジア交易圏と日本工業化——1500-1900』リブロポート, 1991 年（新版, 藤原書店, 2001 年）。

林佳世子『興亡の世界史 10　オスマン帝国 500 年の平和』講談社, 2008 年

弘末雅士『東南アジアの港市世界——地域社会の形成と世界秩序』岩波書店, 2004 年。

フォン・グラン, リチャード（山岡由美訳）『中国経済史——古代から 19 世紀まで』みすず書房, 2019 年。

深沢克己『海港と文明——近世フランスの港町』山川出版社, 2002 年。

深尾京司・中村尚史・中林真幸編『日本経済の歴史 2　近世——16 世紀末から 19 世紀前半』岩波書店, 2017 年。

フランク, アンドレ・グンダー（山下範久訳）『リオリエント——アジア時代のグローバル・エコノミー』藤原書店, 2000 年。

ブリュア, ジョン（大久保桂子訳）『財政＝軍事国家の衝撃——戦争・カネ・イギリス国家 1688-1783』名古屋大学出版会, 2003 年。

布留川正博『奴隷船の世界史』岩波書店, 2019 年。

ポメランツ, K.（川北稔監訳）『大分岐——中国, ヨーロッパ, そして近代世界経済の形成』名古屋大学出版会, 2015 年。

松井透『世界市場の形成』岩波書店, 1991 年。

マディソン, アンガス（金森久雄監訳・政治経済研究所訳）『経済統計で見る世界経済 2000 年史』柏書房, 2004 年。

松村赳・西川正雄・山口定『地域からの世界史 14　西ヨーロッパ　下』朝日新聞社, 1993 年。

マディソン, アンガス（政治経済研究所監訳）『世界経済史概観——紀元 1 年～2030 年』岩波書店, 2015 年。

間野英二・中見立夫・堀直・小松久男『地域からの世界史 6　内陸アジア』朝日新聞社, 1992 年。

丸川知雄『チャイニーズ・ドリーム——大衆資本主義が世界を変える』筑摩書房, 2013 年。

丸橋充拓『シリーズ中国の歴史②　江南の発展——南宋まで』岩波書店, 2020 年。

水島司『グローバル・ヒストリー入門』山川出版社, 2010 年。

水島司・加藤博・久保亨・島田竜登編『アジア経済史研究入門』名古屋大学出版会, 2015 年。

三浦徹・岸本美緒・関本照夫編『比較史のアジア——所有・契約・市場・公正』東京大学出版会, 2004 年。

宮澤知之『中国銅銭の世界——銭貨から経済史へ』思文閣出版，2007 年。

ミンツ，シドニー・W.（川北稔・和田光弘訳）『甘さと権力——砂糖が語る近代史』平凡社，1988 年。

村上衛「「大分岐」を超えて—— K. ポメランツの議論をめぐって」『歴史学研究』949 号，2016 年。

森安達也・南塚信吾『地域からの世界史 12　東ヨーロッパ』朝日新聞社，1993 年。

家島彦一『イスラム世界の成立と国際商業——国際商業ネットワークの変動を中心に』岩波書店，1991 年。

山崎元一『世界の歴史 3　古代インドの文明と社会』中央公論社，1997 年。

和田春樹『地域からの世界史 11　ロシア・ソ連』朝日新聞社，1993 年。

和田光弘『シリーズアメリカ合衆国史 1　植民地から建国へ—— 19 世紀初頭まで』岩波書店，2019 年。

葛剣雄主編『中国人口史』（全 6 巻）上海：復旦大学出版社，2000〜2002 年。

Broadberry, Stephen "Accounting for the Great Divergence," London School of Economics and Political Science, Department of Economic History Working Papers, No. 184, Nov. 2013.

Frey, James W., The Indian Saltpeter Trade, the Military Revolution, and the Rise of Britain as a Global Superpower, *The Historian*, Vol. 7, Issue 3, 2009.

Kuroda, Akinobu, The Eurasian Silver Century, 1276–1359: Commensurability and Multiplicity, *Journal of Global History*, 4(2), 2009.

Carlos, Ann M. and Larry Neal, "Amsterdam and London as Financial Centers in the Eighteenth Century", *Financial History Review*, Vol. 18, Issue 1, 2011.

Ogilvie, Sheilagh, *Institutions and European Trade: Merchant Guilds, 1000–1800*, Cambridge: Cambridge University Press, 2011.

Matthee, Rudolph P., *The Politics of Trade in Safavid Iran: Silk for Silver, 1600–1730*, Cambridge: Cambridge University Press, 1999.

Roy, Tirthankar, *An Economic History of Early Modern India*, London and New York: Routledge, 2013.

Yun-Casalilla, Bartolomé and Patrick K. O'Brien, eds., *The Rise of Fiscal States: A Global History, 1500–1914*, Cambridge: Cambridge University Press, 2012.

Wong, R. Bin, *China Transformed: Historical Change and the Limits of European Experience*, Ithaca and London: Cornel University Press, 1997.

World Steel Association, *Steel Statistical Yearbook 2018*, 2018.

Historical statistics of the United States

http://www.slavevoyages.org/

🚣 第2部 ⸺

秋田茂『イギリス帝国の歴史——アジアから考える』中公新書，2012 年。

秋田茂編著『アジアからみたグローバルヒストリー——「長期の 18 世紀」から「東アジアの経済的再興」へ』ミネルヴァ書房，2013 年。

秋田茂編『「大分岐」を超えて——アジアからみた 19 世紀論再考』ミネルヴァ書房，2018 年。

秋田茂編『グローバル化の世界史』ミネルヴァ書房，2019 年。

秋元英一『アメリカ経済の歴史 1492-1993』東京大学出版会，1995 年。

浅羽良昌『アメリカ経済 200 年の興亡』東洋経済新報社，1996 年 。

アレン，R. C.(眞嶋史叙・中野忠・安元稔・湯沢威訳)『世界史のなかの産業革命——資源・人的資本・グローバル経済』名古屋大学出版会，2017 年。

飯島渉・村田雄二郎・久保亨編『シリーズ 20 世紀中国史 1　中華世界と近代』東京大学出版会，2009 年。

石井米雄・桜井由躬雄編『新版世界各国史 5　東南アジア史Ⅰ　大陸部』山川出版社，1999 年。

池端雪浦編『新版世界各国史 6　東南アジア史Ⅱ　島嶼部』山川出版社，1999 年。

尾形勇・岸本美緒編『新版世界各国史 3　中国史』山川出版社，1998 年。

岡田泰男『アメリカ経済史』慶應義塾大学出版会，2000 年。

小川道大『帝国後のインド——近世的発展のなかの植民地化』名古屋大学出版会，2019 年。

奥西孝至・鴋澤歩・堀田隆司・山本千映『西洋経済史』有斐閣，2010 年。

籠谷直人・脇村孝平編『帝国とアジア・ネットワーク——長期の 19 世紀』世界思想社，2009 年。

辛島昇編『新版世界各国史 7　南アジア史』山川出版社，2004 年。

河﨑信樹・奥和義編著『一般経済史』ミネルヴァ書房，2018 年。

神田さやこ「19 世紀半ばにおけるベンガル製塩業衰退要因の再検討——『脱工業化』をめぐる一考察」，『三田学会雑誌』109 巻 3 号，2016 年。

神田さやこ『塩とインド——市場・商人・イギリス東インド会社』名古屋大学出版会，2017 年。

木越義則『近代中国と広域市場圏——海関統計によるマクロ的アプローチ』京都大学学術出版会，2012 年。

北川勝彦・北原聡・西村雄志・熊谷幸久・柏原宏紀編『概説　世界経済史』昭和堂，2017 年。

貴堂嘉之『南北戦争の時代——19 世紀』岩波新書，2019 年。

木村靖二『第一次世界大戦』ちくま新書，2014 年。

木村靖二編『新版世界各国史 13　ドイツ史』山川出版社，2001 年。

キャメロン，R., L. ニール（速水融監訳）『概説世界経済史 I　旧石器時代から工業化の始動まで』東洋経済新報社，2013a 年。

キャメロン，R., L. ニール（速水融監訳）『概説世界経済史 II　工業化の展開から現代まで』東洋経済新報社，2013b 年。

経営史学会編，湯沢威編集代表『外国経営史の基礎知識』有斐閣，2005 年。

こうじや信三『天然ゴムの歴史——ヘベア樹の世界一周オデッセイから「交通化社会」へ』京都大学学術出版会，2013 年。

呉凝・鈴木充「初期鉄道建設からみた日中両国の都市近代化過程——日中両国の都市近代化過程の比較研究 (1)」，『日本建築学会計画系論文集』59 巻457 号，1994 年。

酒井良清・鹿野嘉昭『金融システム［第 4 版］』有斐閣，2011 年。

沢井実・谷本雅之『日本経済史——近世から現代まで』有斐閣，2016 年。

杉原薫『アジア間貿易の形成と構造』ミネルヴァ書房，1996 年。

園田英弘『世界一周の誕生——グローバリズムの起源』文春新書，2003 年。

立石博高『新版世界各国史 16　スペイン・ポルトガル史』山川出版社，2000 年。

千葉正史『近代交通体系と清帝国の変貌——電信・鉄道ネットワークの形成と中国国家統合の変容』日本経済評論社，2006 年。

土屋大洋「太平洋における海底ケーブルの発達——情報社会を支える大動脈」，SFC 研究所日本研究プラットフォーム・ラボ，ワーキングペーパーシリーズ，No. 2，2012 年

坪井祐司『ラッフルズ——海の東南アジア世界と「近代」』山川出版社，2019 年。

狭間直樹・岩井茂樹・森時彦・川合悟，『データでみる中国近代史』有斐閣，1996 年。

羽田正『興亡の世界史 15　東インド会社とアジアの海』講談社，2007 年（講談社学術文庫，2017 年）。

濱下武志・川勝平太編『アジア交易圏と日本工業化——1500-1900 年』リブロポート，1994 年（新版，藤原書店，2001 年）。

深尾京司・中村尚文・中林真幸編『日本経済の歴史 2　近世——16 世紀末から 19 世紀前半』岩波書店，2017 年。

深尾京司・中村尚文・中林真幸編『日本経済の歴史3　近代1――19世紀後半から第一次世界大戦前 (1913)』岩波書店，2017年。

福井憲彦編『新版世界各国史12　フランス史』山川出版社，2001年。

牧野博「イギリスの対インド鉄道投資 (1849〜1868年)」『経済学論叢』19巻4号，1970年。

松井透『世界市場の形成』岩波書店，1991年。

マディソン，アンガス（金森久雄監訳・政治経済研究所訳）『経済統計で見る世界経済2000年史』柏書房，2004年。

水島司・加藤博・久保亨・島田竜登編『アジア経済史研究入門』名古屋大学出版会，2015年。

水島司・島田竜登『グローバル経済史』放送大学教育振興会，2018年。

南塚信吾編『情報がつなぐ世界史』ミネルヴァ書房，2018年。

村上衛『海の近代中国――福建人の活動とイギリス・清朝』名古屋大学出版会，2013年。

桃木至朗ほか編『東南アジアを知る事典』平凡社，2008年。

森杲『アメリカ職人の仕事史――マス・プロダクションへの軌跡』中公新書，1996年。

Accominotti, O. and M. Flandreau, "Bilateral Treaties and the Most-Favored-Nation Clause: The Myth of Trade Liberalization in the Nineteenth Century," *World Politics*, 60(2), 2008.

Baines, E., *History of the Cotton Manufacture in Great Britain: with a Notice of its Early History in the East, and in All the Quarters of the Globe*, London, 1835.

Banerjee, A. and L. Iyer, "History, Institutions, and Economic Performance: The Legacy of Colonial Land Tenure Systems in India," *American Economic Review*, 95(4), 2005.

Bairoch, P., "Geographical Structure and Trade Balance of European Foreign Trade from 1800 to 1970," *Journal of European Economic History*, 3(3), 1974.

Bairoch, P., "International Industrialization Levels from 1750 to 1980," *Journal of European Economic History*, 11(1&2), 1982.

Bairoch, P., "European Trade Policy, 1815-1914," in Mathias and Postan (1989), Chapter 1, 1989.

Berend, I. T., *An Economic History of Nineteenth-Century Europe*, Cambridge: Cambridge University Press, 2013.

Broadberry, S., "How Did the United States and Germany Overtake Britain? A Sectoral Analysis of Comparative Productivity Levels, 1870–1990," *Journal of Economic History*, 58(2), 1998.

Broadberry, S., B. M. S. Campbell, A. Klein, M. Overton, and B. van Leeuwen, *British Economic Growth*, *1270–1870*, Cambridge: Cambridge University Press, 2015.

Broadberry, S. and L. Gardner, "Economic Growth in Sub-Saharan Africa, 1885 –2008," Oxford Economic and Social History Working Papers, No. 169, 2019.

Broadberry, S. and M. Harrison eds., *The Economics of World War I*, Cambridge: Cambridge University Press, 2005.

Broadberry, S. and K. H. O'Rourke eds., *The Cambridge Economic History of Modern Europe, Vol. 1: 1700–1870*, Cambridge: Cambridge University Press, 2010a.

Broadberry, S. and K. H. O'Rourke eds., *The Cambridge Economic History of Modern Europe, Vol. 2: 1870 to the Present*, Cambridge: Cambridge University Press, 2010b.

Bulmer-Thomas, V., *The Economic History of Latin America since Independence*, 2nd ed., Cambridge: Cambridge University Press, 2003.

Butler, M. E. S., "Railroads, Commodities, and Informal Empire in Latin American History," *Latin American Politics and Society*, 53(1), 2011.

Carlos, A. M. and L. Neal, "Amsterdam and London as Financial Centers in the Eighteenth Century," *Financial History Review*, 18(1), 2011.

Chamberlain, M. E., *The Scramble for Africa*, 3rd ed., London and New York: Routledge, 2010.

Chambers, W. and R. Chambers eds., *Chambers's Information for the People*, 5th ed., Vol. I, London and Edinburgh, 1874.

Chaudhary, L., B. Gupta, T. Roy, and A. V. Swamy eds., *A New Economic History of Colonial India*, Abingdon and New York: Routledge, 2016.

Chaudhuri, K. N., *The Trading World of Asia and the English East India Company, 1660–1760*, Cambridge: Cambridge University Press, 1978.

Crafts, N., "Long-run Growth," in Floud and Johnson (2004b), Chapter 1, 2004.

Federico, G. and M. Vasta, "What Do We Really Know about Protection before the Great Depression: Evidence from Italy," *Journal of Economic History*, 75(4), 2015.

Findlay, R. and K. H. O'Rourke, *Power and Plenty: Trade, War, and the World Economy in the Second Millennium*, Princeton: Princeton

University Press, 2007.

Fletcher, M. E., "The Suez Canal and World Shipping, 1869–1914," *Journal of Economic History*, 18(4), 1958.

Floud, R., J. Humphries, and P. Johnson eds., *The Cambridge Economic History of Modern Britain, Vol. I: 1700–1870*, New Edition, Cambridge: Cambridge University Press, 2014a.

Floud, R., J. Humphries, and P. Johnson eds., *The Cambridge Economic History of Modern Britain, Vol. II: 1870 to the Present*, New Edition, Cambridge: Cambridge University Press, 2014b.

Floud, R. and P. Johnson eds., *The Cambridge Economic History of Modern Britain, Vol. 1, Industrialisation, 1700–1860*, Cambridge: Cambridge University Press, 2004a.

Floud, R. and P. Johnson, *The Cambridge Economic History of Modern Britain, Vol. 2, Economic Maturity, 1860–1939*, Cambridge: Cambridge University Press, 2004b.

Ford, A. G., "International Financial Policy and the Gold standard, 1870–1914," in Mathias and Postan (1989), Chapter 3, 1989.

Guarnieri, M., "Revolving and Evolving – Early dc Machines," *IEEE Industrial Electronics Magazine*, 12(3), 2018.

Guo, Y., Z. Zhang, B. van Leeuwen, and Y. Xu, "A View of the Occupational Structure in Imperial and Republican China (1650–1952)," *Australian Economic History Review*, 59(2), 2019.

Herranz-Loncán, A., "The Contribution of Railways to Economic Growth in Latin America before 1914: a Growth Accounting Approach," MPRA paper No. 33578, 2011.

Hughes, J. and L. P. Cain, *American Economic History*, 8th ed., Boston: Pearson Addison-Wesley, 2011.

Irwin, D. A., "Multilateral and Bilateral Trade Policies in the World Trading System: an Historical Perspective," in de Melo and Panagariya (1993), Chapter 4, 1993.

Johannesssen, J.-A., *Innovations Lead to Economic Crises: Explaining the Bubble Economy*, Cham, Switzerland: Palgrave Macmillan, 2017.

Magee, G. B., "Manufacturing and Technological Change," in Floud and Johnson (2004b), Chapter 4, 2004.

Mahoney, J., "Long-Run Development and the Legacy of Colonialism in Spanish America," *American Journal of Sociology*, 109(1), 2003.

Martí-Henneberg, J., "European Integration and National Models for Railway Networks (1840–2010)," *Journal of Transport Geography*, 26, 2013.

Mathias, P., *The First Industrial Nation: The Economic History of Britain 1700–1914*, 2nd ed., London and New York: Routledge, 1983.

Mathias, P. and M. M. Postan eds., *The Cambridge Economic History of Europe, Vol. 8, The Industrial Economies: The Development of Economic and Social Policies*, Cambridge: Cambridge University Press, 1989.

Mauldin, E. S., "Freedom, Economic Autonomy, and Ecological Change in the Cotton South, 1865–1880," *Journal of the Civil War Era*, 7(3), 2017.

McKeown, A., "Global Migration 1846–1940," *Journal of World History*, 15(2), 2004.

Meissner, C. M., "A New World Order: Explaining the International Diffusion of the Gold Standard, 1870–1913," *Journal of International Economics*, 66 (2), 2005.

De Melo, J. and A. Panagariya eds., *New Dimensions in Regional Integration*, Cambridge: Cambridge University Press, 1993.

Milward, A. and S. B. Saul, *The Economic Development of Continental Europe, 1780–1870*, 2nd ed., London: Allen & Unwin, 1979.

Mitchell, B. R., *European Historical Statistics: 1750-1970*, London: Palgrave Macmillan, 1975.

Mitchell, B. R., *British Historical Statistics*, Cambridge: Cambridge University Press, 1988.

Mitchell, B. R., *International Historical Statistics: the Americas 1750-1988*, 2nd ed., London: Palgrave Macmillan, 1993.

Mitchener, K. J., M. Shizume, and M. D. Weidenmier, "Why Did Countries Adopt the Gold Standard? Lessons from Japan," *Journal of Economic History*, 70 (1), 2010.

Moggridge, D. E., "The Gold Standard and National Financial Policies, 1913–39," in Mathias and Postan (1989), Chapter 4, 1989.

Parthasarathi, P., *Why Europe Grew Rich and Asia Did Not: Global Economic Devergence, 1600–1850*, Cambridge: Cambridge University Press, 2011.

Pearson, R. and D. Richardson, "Insuring the Transatlantic Slave Trade," *Journal of Economic History*, 79(2), 2019.

Persaud, A., "Escaping Local Risk by Entering Indentureship: Evidence from Nineteenth-Century Indian Migration," *Journal of Economic History*, 79(2),

2019.

Riello, G., *Cotton: The Fabric that Made the Modern World*, Cambridge: Cambridge University Press, 2013.

Riello, G. and T. Roy eds., *How India Clothed the World: The World of South Asian Textiles, 1500–1850*, Leiden and Boston: Brill, 2009.

Riello, G. and P. Parthasarathi, *The Spinning World: A Global History of Cotton Textiles, 1200–1850*, Oxford and New York: Oxford University Press, 2009.

Rothermund, D., *An Economic History of India from Pre-Colonial Times to 1991*, London and New York: Routledge, 1993.

Solar, P. M., "Opening to the East: Shipping Between Europe and Asia, 1770–1830," *Journal of Economic History*, 73(3), 2013.

Solar, P. M. and L. Hens, "Ship Speeds during the Industrial Revolution: East India Company Ships, 1770–1825," *European Review of Economic History*, 20(1), 2016.

Solar, P. M. and K. Rönnbäck, "Copper Sheathing and the British Slave Trade," *Economic History Review*, 68(3), 2015.

Schmidt, K. J., *An Atlas and Survey of South Asian History*, Armonk, NY: Routledge, 1995.

US Bureau of Census, *Historical Statistics of the United States: Colonial Times to 1970*, Bicentennial edition, 1975.

Walsh, B., *British Social and Economic History*, London: Hodder Murray, 1997.

Wilkins, M., *The History of Foreign Investment in the United States, 1914–1945*, Cambridge, MA: Harvard University Press, 2004.

第3部・終章

秋元英一『アメリカ経済の歴史　1942-1993』東京大学出版会，1995 年。

浅井良夫『IMF 8 条国移行——貿易・為替自由化の政治経済史』日本経済評論社，2015 年。

浅羽良昌『アメリカ経済 200 年の興亡』東洋経済新報社，1996 年。

安部悦生「イギリス」原輝史・工藤章編『現代ヨーロッパ経済史』有斐閣，1996 年。

荒巻健二『アジア通貨危機と IMF——グローバリゼーションの光と影』日本経済評論社，1999 年。

荒巻健二『金融グローバル化のリスク——市場の不安定性にどう対処すべき

か』日本経済新聞出版社，2018 年。

飯島寛之・五百旗頭真吾・佐藤秀樹・菅原歩『身近に感じる国際金融』有斐
閣，2017 年。

飯田隆『図説　西洋経済史』日本経済評論社，2005 年。

池田美智子『ガットから WTO へ──貿易摩擦の現代史』ちくま新書，1996
年。

石川城太・菊池徹・椋寛『国際経済学をつかむ［第 2 版］』有斐閣，2013 年。

石川禎浩『革命とナショナリズム　1925〜1945』岩波新書，2010 年。

伊藤正直・浅井良夫編『戦後 IMF 史──創生と変容』名古屋大学出版会，
2014 年。

猪木武徳『戦後世界経済史──自由と平等の視点から』中公新書，2009 年。

石見徹『国際通貨・金融システムの歴史　1870〜1990』有斐閣，1995 年。

岩本武和・奥和義・小倉明浩・河﨑信樹・金早雪・星野郁『グローバル・エ
コノミー［第 3 版］』有斐閣，2012 年。

絵所秀紀『開発の政治経済学』日本評論社，1997 年。

絵所秀紀『離陸したインド経済──開発の軌跡と展望』ミネルヴァ書房，
2008 年。

大野健一・桜井宏二郎『東アジアの開発経済学』有斐閣，1997 年。

岡田泰男『アメリカ経済史』慶應義塾大学出版会，2000 年。

岡本隆司編『中国経済史』名古屋大学出版会，2013 年。

奥和義『日本貿易の発展と構造』関西大学出版部，2012 年。

奥村茂次・柳田侃・清水貞俊・森田桐郎編『データ世界経済』東京大学出版
会，1990 年。

オルドクロフト，デレック・H.（玉木俊明・塩谷昌史訳）『20 世紀のヨーロ
ッパ経済　1914〜2000 年』晃洋書房，2002 年。

梶谷懐『中国経済講義──統計の信頼性から成長のゆくえまで』中公新書，
2018 年。

加納啓良「国際貿易から見た 20 世紀の東南アジア植民地経済──アジア太
平洋市場への包摂」『歴史評論』539 号，1995 年。

上川孝夫『国際金融史──国際金本位制から世界金融危機まで』日本経済評
論社，2016 年。

上川孝夫・矢後和彦編『国際金融史』有斐閣，2007 年。

河﨑信樹『アメリカのドイツ政策の史的展開──モーゲンソープランからマ
ーシャルプランへ』関西大学出版部，2012 年。

河﨑信樹・吉田健三・田村太一・渋谷博史『現代アメリカの経済社会──理
念とダイナミズム』東京大学出版会，2018 年。

河﨑信樹・奥和義編著『一般経済史』ミネルヴァ書房，2018 年。

河音琢郎・藤木剛康編著『オバマ政権の経済政策——リベラリズムとアメリカ再生のゆくえ』ミネルヴァ書房，2016 年。

キャメロン，R., L. ニール（速水融監訳）『概説世界経済史Ⅱ　工業化の展開から現代まで』東洋経済新報社，2013 年。

キンドルバーガー，C. P.（石崎昭彦・木村一朗訳）『大不況下の世界　1929-1939 ［改訂増補版］』岩波書店，2009 年。

久保亨・加島潤・木越義則『統計でみる中国近現代経済史』東京大学出版会，2016 年。

久保亨編『中国経済史入門』東京大学出版会，2012 年。

久保亨『社会主義への挑戦　1945〜1971』岩波新書，2011 年。

経済産業省『通商白書 2019』2019 年。

国際開発学会編『国際開発学辞典』丸善出版，2018 年。

国際銀行史研究会編『金融の世界史——貨幣・信用・証券の系譜』悠書館，2012 年。

国連世界観光機関『Tourism Highlights 2014 Edition 日本版』国連世界観光機関，2015 年。

児玉幸多編『日本史年表・地図』吉川弘文館，1995 年。

小堀聡「二つのエネルギー革命をめぐって」社会経済史学会編『社会経済史学の課題と展望』有斐閣，2012 年。

斉藤叫「両大戦間期におけるラテン・アメリカの貿易構造——貿易統計の整理を中心に」『商学論纂』23 巻 3 号，1981 年。

斉藤叫「1920 年代におけるラテンアメリカ地域の貿易構造・資本輸入・国際収支——『世界貿易の多角的体系』との関連を中心に」『商学論纂』30 巻 4・5・6 号，1989 年。

佐々木隆雄『アメリカの通商政策』岩波新書，1997 年。

沢井実・谷本雅之『日本経済史——近世から現代まで』有斐閣，2016 年。

重松美加・岡部信彦「SARSC 重症急性呼吸器症候群とは」IDWR，第 6 号，2005 年。https://www.niid.go.jp/niid/ja/kansennohanashi/414-sars-intro.html（2020 年 3 月 15 日にアクセス）

渋谷博史・河﨑信樹・田村太一編『世界経済とグローバル化』学文社，2013 年。

下村恭民・大橋英夫＋日本国際問題研究所編『中国の対外援助』日本経済評論社，2013 年。

末廣昭『新興アジア経済論——キャッチアップを超えて』岩波書店，2014 年。

杉原薫『アジア間貿易の形成と構造』ミネルヴァ書房，1996 年。

杉山伸也『グローバル経済史入門』岩波新書，2014 年。

田中素香・長部重康・久保広正・岩田健治『現代ヨーロッパ経済［第 5 版］』有斐閣，2018 年。

谷口明丈・須藤功編『現代アメリカ経済史——「問題大国」の出現』有斐閣，2017 年。

中川淳司『WTO ——貿易自由化を超えて』岩波新書，2013 年。

中村宗悦『テキスト　現代日本経済史』学文社，2018 年。

成瀬治・山田欣吾・木村靖二編『世界歴史体系　ドイツ史 3　1890 年～現在』山川出版社，1997 年。

西島章次・小池洋一編著『現代ラテンアメリカ経済論』ミネルヴァ書房，2011 年。

西山隆行『移民大国アメリカ』ちくま新書，2016 年。

野口悠紀雄『1940 年体制——さらば戦時経済［増補版］』東洋経済新報社，2010 年。

萩原伸次郎『アメリカ経済政策史——戦後「ケインズ連合」の興亡』有斐閣，1996 年。

平野克己『経済大陸アフリカ——資源，食糧問題から開発政策まで』中公新書，2013 年。

深尾京司・中村尚史・中林真幸編『日本経済の歴史 5　現代 1 ——日中戦争期から高度成長期（1937-72）』岩波書店，2018 年。

福永文夫『日本占領史　1945～1952 ——東京・ワシントン・沖縄』中公新書，2014 年。

藤和彦『石油を読む——地政学的発想を超えて［第 2 版］』日経文庫，2005 年（第 3 版，2007 年）。

堀和生編『東アジア高度成長の歴史的起源』京都大学学術出版会，2016 年。

堀和生『東アジア資本主義史論 I　形成・構造・展開』ミネルヴァ書房，2009 年。

前田啓一「貿易——世界貿易の不均衡と新保護主義の台頭」柳田侃編著『世界経済——グローバル化と自立』ミネルヴァ書房，1989 年。

牧野裕『冷戦の起源とアメリカの覇権』御茶の水書房，1993 年。

マッコーリー，ピーター（浅沼信爾・小浜裕久監訳）『アジアはいかに発展したか——アジア開発銀行がともに歩んだ 50 年』勁草書房，2018 年。

マディソン，アンガス（金森久雄監訳，政治経済研究所訳）『世界経済の成長史 1820～1992 年——199 カ国を対象とする分析と推計』東洋経済新報社，2000 年。

マディソン，アンガス（金森久雄監訳，政治経済研究所訳）『経済統計で見る世界経済 2000 年史』柏書房，2004 年。

マディソン，アンガス（政治経済研究所監訳）『世界経済史概観──紀元 1 年～2030 年』岩波書店，2015 年。

丸川知雄『現代中国経済』有斐閣，2013 年。

水島治郎『ポピュリズムとは何か──民主主義の敵か，改革の希望か』中公新書，2016 年。

宮城大蔵『戦後日本のアジア外交』ミネルヴァ書房，2015 年。

宮崎犀一・奥村茂次・森田桐郎編『近代国際経済要覧』東京大学出版会，1981 年。

宮本正興・松田素二編『新書アフリカ史［改訂新版］』講談社現代新書，2018 年。

ミラノヴィッチ，ブランコ（立木勝訳）『大不平等──エレファントカーブが予測する未来』みすず書房，2017 年。

山本栄治『国際通貨システム』岩波書店，1997 年。

山本和人『多国間通商協定 GATT の誕生プロセス──戦後世界貿易システム成立史研究』ミネルヴァ書房，2012 年（増補版，2019 年）。

郵政省『平成 11 年度版　通信白書』1999 年。

湯沢威編『イギリス経済史──盛衰のプロセス』有斐閣，1996 年。

米倉茂『落日の肖像──ケインズ』イプシロン出版企画，2006 年。

ラテン・アメリカ政経学会編『ラテン・アメリカ社会科学ハンドブック』新評論，2014 年。

Baldwin, E. Richard and Philippe Martin, "Two Waves of Globalisation: Superficial Similarities, Fundamental Differences," NBER Working Paper 6904, 1999, pp.1-33. https://www.nber.org/papers/w6904.pdf（2020 年 3 月 15 日にアクセス）。

Castles, Stephen, Hein De Haas and Mark J. Miller, *The Age of Migration: International Population Movements in the Modern World*, 5th edition, Palgrave Macmillan, 2014.

Eichengreen, Barry and Michael D. Bordo, "Crises Now and Then: What Lessons From the Last Era of Financial Globalization?," NBER Working Paper 8716, January 2002. https://www.nber.org/papers/w8716.pdf（2020 年 3 月 15 日にアクセス）

McKinsey Global Institute, *Urban World: Cities and the Rise of the Consuming Class*, McKinsey & Company, 2012. https://www.mckinsey.

com/~/media/McKinsey/Featured%20Insights/Urbanization/Urban%20 world%20Cities%20and%20the%20rise%20of%20the%20consuming%20 class/MGI_Urban_world_Rise_of_the_consuming_class_Full_report.ashx （2020 年 3 月 15 日にアクセス）。

Obstfeld, Maurice and Alan M.Taylor, *Global Capital Markets: Integration, Crisis, and Growth*, Cambridge: Cambridge University Press, 2004.

World Bank Open Data. http://data.worldbank.org （2019 年 2 月 22 日アクセス）。

World Bank, *World Development Report 1995, Workers in an Integrating World*, Oxford University Press, 1995. http://documents.worldbank.org/ curated/en/365821468168543533/pdf/148660REPLACEMENT0WDR01995. pdf （2020 年 3 月 15 日にアクセス）。

　著者らが大学院生時代を過ごした 1990 年代には，一国史的な叙述や西欧中心史観に対する批判や反省は目新しいものではなくなりつつあり，これらを相対化するような研究成果にリアルタイムで遭遇しながら研究者としてのトレーニングを受けていたように思う。それから四半世紀を経た今，グローバルヒストリーという言葉は歴史学や経済史の分野で定着し，特定の国や地域を対象とした研究であっても他国や他地域との比較を意識したり，対象地域を越えた普遍的な含意をもつことが要求されるようになってきている。

　他方で，日常的な会話のなかで「世界ではこうだ」といった発言があったときの「世界」は，いまだに無意識のうちに欧米，とりわけアメリカのことを指しているということが少なくない。また，議会制民主主義からパンとコーヒーの朝食に至るまで，我々の日常生活のさまざまな領域に欧米起源のものがあふれていることは普段ほとんど意識されることがない。グローバル化やグローバル・スタンダードが叫ばれるときに，その内実が欧米化やアメリカン・スタンダードであることも多いし，それがうまくいかないときに，歴史的に形成されたその地域に特有の制度や慣習に思いが至らないことも多いように思う。

　本書の狙いのひとつは，このような学界における認識と一般的な認識との乖離を多少なりとも縮めたいというものである。近代以前において世界の各地でさまざまな制度がそれぞれどのように形成されていったのか。各地域は，大航海時代から本格化し 19世紀の蒸気船定期航路や電信網の発達によって全面化する地球規模での経済の一体化にどのように包摂されていくのか。第二次世

界大戦後のアメリカ主導のグローバル化の展開や世紀転換期以降のアジアの台頭は，各地にどのような影響を与えたのか。こうした歴史の大まかな流れについて，各地域での歴史的な文脈を踏まえたうえで知っておくことは，現在の私たち自身の立ち位置を確認し，グローバル化の将来を構想するうえで，必要不可欠であるというのが著者らの思いである。本書が少しでもその助けになれば幸いである。

　本書の企画がスタートしたのは2015年の年末で，2016年の3月に最初の会合をもった。この間に，我々の予想をはるかに超えるグローバル化に対する逆行が生じている。2016年はアメリカ大統領選挙の年であり，6月にはイギリスのEU離脱の国民投票が予定されていた。ドナルド・トランプは泡沫候補扱いであり，イギリスの国民投票も適度なガス抜き程度に捉えられていた。しかし，トランプ大統領は誕生し，就任直後から保護主義的な政策を立て続けに打ち出した。イギリスでは離脱派が勝利し，2020年1月31日をもってEUを正式に離脱した。今後，2020年末までの移行期間を経て，EUとイギリスとの間に再び国境が築かれることになる。

　さらに，このあとがきを書いている2020年5月現在，世界経済は100年に一度ともいわれる感染症の爆発的な流行によって大混乱に陥っている。2019年12月に中国武漢市で原因不明の肺炎が報告され，その後，これまで確認されていなかった新型のコロナウイルスによる急性呼吸器疾患であることが判明した。COVID-19と名付けられたこの新型肺炎は，2020年1月には武漢市のある湖北省を中心に急激な広がりを見せ，月末までに中国国内で1万人を超える感染者を出し，200名以上が死亡した。中国政府は武漢市を封鎖し国民の国内移動や海外渡航を禁止したが，すでに春節休暇で多くの市民が武漢を離れており，韓国やタイ，

日本，シンガポールなどの近隣諸国での感染も拡大を始めた。2月末にはイタリアで急激な感染者数の増加が見られ，その後，ヨーロッパ全域に感染が広がった。3月中旬にはWHOが感染拡大の中心地は中国からヨーロッパに移ったと宣言するに至り，次いで4月には北米での感染者数が急増して新たな感染中心地となり，アメリカでは100万人を超える感染者を出した。中国での感染者拡大が把握されてから4カ月余りが経過した今，全世界の感染者数は600万人を超え，36万人以上の死者を出す事態となっている。

　こうした事態をうけて，各国では人の移動や集会についてさまざまな制限措置がとられている。日本では，感染が急拡大している国・地域からの入国拒否を実施し，日本人帰国者についても帰国後14日間の自宅等での自己隔離と公共交通機関の不使用の要請がなされている。また，大規模集会の中止要請も行われ，小中高等学校の全国一斉休校措置もとられた。ヨーロッパ各国では罰金をともなう全土での移動禁止や外出禁止令に加え，国境の封鎖も行われており，EU全体としても外国人の入境を禁止した。アメリカでもカリフォルニア州を皮切りに多くの州で外出禁止令が出され，大陸間の長距離航空路線も大幅に制限されている。

　これにともない，経済活動の低下も各国で深刻化の度合いを増している。外出禁止や外出自粛が行われているところでは，レストランやバー，映画館，フィットネスクラブなどが閉鎖に追い込まれ，タクシー会社などへの打撃も大きい。また，外出禁止令はやむをえない場合の通勤は除外しているケースが多いものの，感染してそもそも働ける状態にない，軽い発熱や咳だが感染が疑われるため自宅で自己隔離している，学校が閉鎖されたため子どもの世話で自宅を離れられない，といった人たちが増加していて，多くの職場で人手不足が生じている。企業の稼働率の低下は部品

や原材料の供給減少を招いており，国内の自動車メーカーの多くが中国製部品の入手困難から工場の一部操業停止を行うなど，サプライチェーンが寸断されて，製造業は大きなダメージを受けている。また，トラック運転手や港湾労働者などの不足，国境の封鎖，通関手続きの厳格化などによって，物はあっても輸送できなかったり遅延したりが常態化しつつあり，ここ数カ月で世界的なヒト・モノの移動は急激に縮小している。

　もっとも，この緊急事態に際して，近年のネット関連技術の進歩が可能とした在宅勤務やweb会議，大学でのオンライン講義などが急速に普及しつつあり，映画のストリーミングや電子書籍などのデジタルコンテンツの消費も増加傾向を示している。ネット決済やオンライン・バンキングを通じた資金移動も滞りなく行われており，カネや情報の流通はむしろ活発化している。ヒト・モノの移動に関していえば，本書で叙述してきた数千年にわたる経済のグローバル化の歩みは，今後，数年にわたって停滞・後退することは不可避であるが，今回の災禍が一段落した後には，おそらく人の移動をそれほど必要としない，これまでとは異なる経済のあり方が立ち現れてくるだろう。私たちは，間違いなくグローバル経済の歴史のひとつの転換点に立ち会っている。

　本書は3部構成をとっているが，近代中国史を専門とする村上衛が序章と第1部を，18，19世紀イギリス史を専門とする山本千映が第2部を，現代アメリカ史を専門とする河﨑信樹が第3部と終章を主に担当している。専門地域・時代が偏るこの3名で，世界全体をカバーした叙述を行うのは大きな挑戦であったが，可能な限り文献にあたり，互いに草稿を読み合って正確を期したつもりである。また，南アジアについては金沢大学国際基幹教育院の小川道大氏に草稿をご確認いただき，大阪大学大学院経済学研究科博士後期課程の日髙卓朗君には初校を通読してもらった。貴

重な時間を割いて多くの率直なコメントをお寄せくださった両氏に，心よりお礼申し上げる。もちろん，残された誤りや説明の不足はすべて著者らの責任である。読者の方々からのご批判を賜りたい。

　最後に，有斐閣の藤田裕子さんには度重なる執筆の遅延を辛抱強くお待ちいただき，時宜をえた適切な助言と励ましをたくさんいただいた。遅れを心からお詫びするとともに，深く感謝したい。

　　　2020 年 5 月

著者を代表して　山 本 千 映

事項索引

人名索引

❀ 著者紹介

河﨑 信樹（かわさき・のぶき）
　関西大学政策創造学部教授

村上 　衛（むらかみ・えい）
　京都大学人文科学研究所准教授

山本 千映（やまもと・ちあき）
　大阪大学大学院経済学研究科教授

グローバル経済の歴史
A History of the Global Economy

ARMA
有斐閣アルマ

2020 年 8 月 20 日　初版第 1 刷発行
2023 年 1 月 30 日　初版第 3 刷発行

著　者	河　﨑　信　樹
	村　上　　　衛
	山　本　千　映
発 行 者	江　草　貞　治
発 行 所	株式会社　有　斐　閣

郵便番号101-0051
東京都千代田区神田神保町 2-17
http://www.yuhikaku.co.jp/

組版　ティオ
印刷　大日本法令印刷株式会社／製本　牧製本印刷株式会社
©2020. KAWASAKI, Nobuki, MURAKAMI, Ei, YAMAMOTO, Chiaki.
Printed in Japan
落丁・乱丁本はお取替えいたします。
★定価はカバーに表示してあります。

ISBN 978-4-641-22148-2